国家社科基金重大项目（15ZDC034）阶段性成果

东北大学秦皇岛分校教材专著出版基金资助

陈凯 ◎ 著

资源利用文化软实力
运行机制路径易学范式分析

中国社会科学出版社

图书在版编目（CIP）数据

资源利用文化软实力运行机制路径易学范式分析／陈凯著．—北京：
中国社会科学出版社，2016.12
ISBN 978 - 7 - 5161 - 8484 - 4

Ⅰ.①资… Ⅱ.①陈… Ⅲ.①文化事业—研究—中国 Ⅳ.①G12

中国版本图书馆 CIP 数据核字（2016）第 146116 号

出 版 人	赵剑英
责任编辑	宋燕鹏
责任校对	董晓月
责任印制	李寡寡

出 版	中国社会科学出版社
社 址	北京鼓楼西大街甲 158 号
邮 编	100720
网 址	http://www.csspw.cn
发 行 部	010 - 84083685
门 市 部	010 - 84029450
经 销	新华书店及其他书店

印 刷	北京君升印刷有限公司
装 订	廊坊市广阳区广增装订厂
版 次	2016 年 12 月第 1 版
印 次	2016 年 12 月第 1 次印刷

开 本	710 × 1000 1/16
印 张	16.25
字 数	298 千字
定 价	68.00 元

图 2-1 ䷕ 贲 通贝之德与类花之情

图 3-1 机制基础《履》䷉ 通行之德与类履之情

图 3-2《履》䷉ 奎宿星座与履虎尾

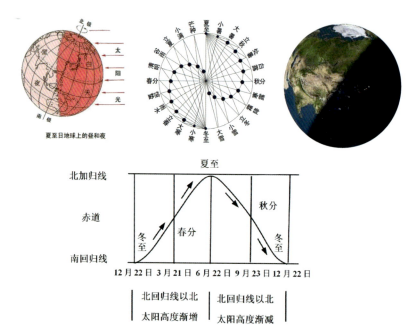

图 3-5 太阳运行在夏至与冬至之间反复其道

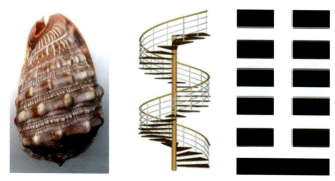

图 3-6 机制之本《复》☷☳通旋之德与类螺之情

图 3-7 机制之固䷏ 通久之德与类树之情

图 3-8 机制之修䷑ 通贡之德与类簋之情

图 3-10 机制之裕䷩ 通益之德与类赈之情

— 3 —

图 3-14 机制之地 ䷏ 通序之德与类井之情

图 3-15 机制之制 ䷲ 通制之德与类线之情

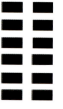

图 4-2 坤 ䷁ 通厚之德与载物之情

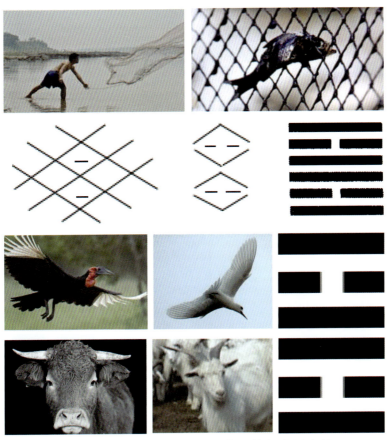

图 5-1 生产《离》☲通渔之德与类网之情

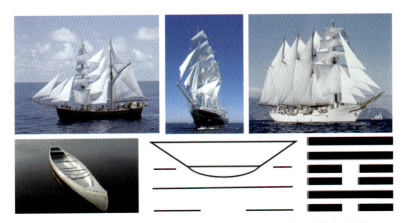

图 5-2 水运交通物流《涣》☴通运之德与类舟之情

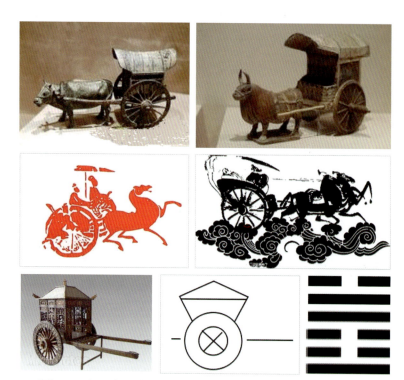

图 5-4 陆运交通物流《随》☵☶通运之德与类车之情

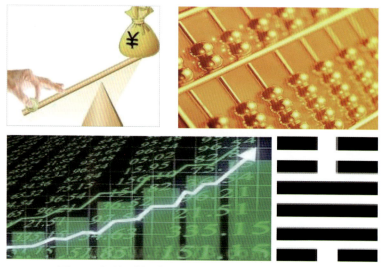

图 5-6 投资《恒》☳☴通融之德与类数之情

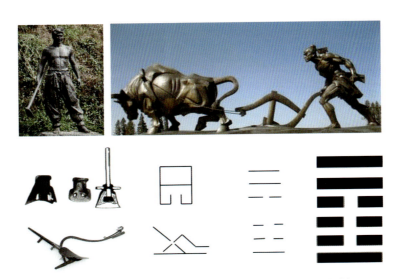

图 5-8 技术进步《益》䷩通耕之德与类犁之情

图 5-10 食品加工业《小过》䷽通工之德与类臼之情

图 5-12 信息化《家人》䷤通讯之德与类风之情

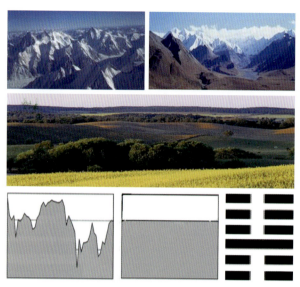

图 5-26《谦》䷎ 通济之德与类坦之情

图 6-1 通泰䷊之德与类天地交融之情

图 9-3 自然物理法则与谦逊之道

图 9-2 自然界元亨利贞

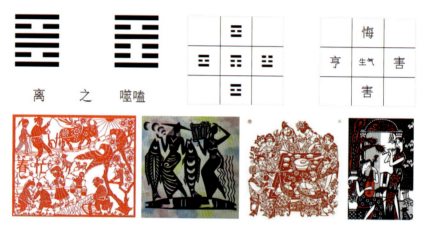

图 9-4 自由经济经纬

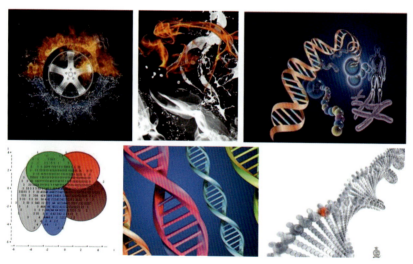

图 9-8 通秩序之德与类位相之情

图 9-9 ▓ 通育渔之德与类天平之情

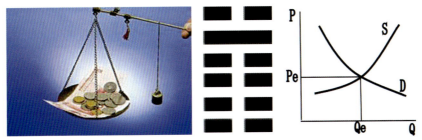

图 9-10 市场运行之 ▓ 通轻重之德，类秤之情

图 9-11 经济社会发展动力☷通生长之德与类婴之情

图 9-12☶通整饬修治之德与类蜜蜂桑蚕之情

图 9-13 治理者元亨利贞

图 9-14 ䷜ 通婚姻之德与类新娘之情

图 9-15 ䷗ 通积累之德与类资本之情

图 9-16 ䷎ 通改革之德与类创新之情

前　　言

　　本书是笔者作为首席专家主持的国家社科基金重大项目（15ZDC034）《建立能源和水资源消耗、建设用地总量和强度双控市场化机制研究》的阶段性成果中的第一部专著，旨在为该社科重大项目提供一种研究范式，化为利器，充实项目工具箱。

　　《建立能源和水资源消耗、建设用地总量和强度双控市场化机制研究》项目是研究资源利用的，即是一个如何让资源配置所组成的力发挥最大功效的问题。资源力与天下万物一样，具有阴阳属性。由资源直接构成的力叫硬实力，为阳；而由资源利用文化形成的力叫软实力，为阴。一般来讲，硬实力是有形的，而软实力是无形的。老子《道德经》曰："故常无，欲以观其妙；常有，欲以观其徼。此两者，同出而异名，同谓之玄。玄之又玄，众妙之门。"有形的硬实力，有关信息是显性的，如经济活动中的土地、水、能源、劳动力、资产、企业、产业、国家机器等，我们可以对它定义（可名）用以观其徼（状态、模式、结构、边界、终结、结果）；而无形的软实力，有关信息是隐性的，如意识形态、人文精神、教化思想、道德观念、行为规则等，对这种非常状态，我们用以观其妙（趋势、频率、概率、联系、程序、过程）；资源处在常态（有形），我们可以对其描述、分析和测度（可名），揭示其规律（可道）；资源处于非常态（无形），其机理是一种非常道，我们只能利用现有技术将其隐性信息转换为显性信息，将非常道转换为常道。在这种信息传递、变通、转换（玄之又玄）中，重在把握转换的范式与要领（门），这种信息转换的法门就是本书的易学理论方法体系。

　　《资源利用文化软实力运行机制路径易学范式分析》作为国家社科基金重大项目《建立能源和水资源消耗、建设用地总量和强度双控市场化机制研究》的阶段性成果，两者的中心议题是一致的，即"机制"。机制同秩序一样，都是规律的反映，是行为者默认并共同遵守的一系列原则、规范、规则和程序。机制内向，属阴，是规律的隐性体现；而秩序外向，属阳，是规律的显性表现。机制与秩序是规律一体的阴阳两面。

既然机制和秩序是一体的，那么，我们就可以通过秩序的量化去测度机制。《资源利用文化软实力运行机制路径易学范式分析》研究的主要内容是资源利用秩序。整个资源利用秩序由 5 部分构成，可分为上下 5 层：第 5、第 1 层为天时地利层；第 4 层是资源宏观利用层；第 3 层为资源微观利用层；第 2 层是环境生态层。五层相互耦合、协调，统筹化一。资源宏观与微观利用秩序细分成 8 个领域，分别为金融、市场、劳动力、信息、政府、组织、资本、计划。宏观的核心问题是稳定；微观的核心问题是搞活。资源利用秩序系统纵横交错一分为二，双向测度，合二为一，整体标注。纵向从吉到凶依次为元、亨、利、贞、悔、吝、厉、咎；横向从优到劣依次为延年、天医、生气、辅弼、禄存、廉贞、破军、文曲。资源利用秩序要素关系在前述的基础上，采用计量经济学和复杂性科学测量。

本书在写作过程中，参阅和引用了国内外同行的图片和研究成果，凡是能查到出处的都已注明。在此特向相关图片、论文和著作的作者表示衷心的感谢！但有部分图片的作者未能联系到，请看到本书后与笔者联系。

由于笔者水平有限，本书错误和遗漏难免，敬请各个领域内的专家、学者和读者批评指正。

2016 年 4 月 5 日星期二

目　　录

导　　论

第一节　研究独到价值和意义

一　问题的提出

随着习近平同志"优秀传统文化是我们最深厚的文化软实力"① 讲话的公布与传播，一个学习领会总书记讲话精神、传承与发展中华优秀传统文化软实力的热潮正在兴起，资源利用文化软实力成为学界讨论的热点，"文化软实力"研究也必将进入新阶段。

习近平同志指出："从历史的角度看，包括儒家思想在内的中国传统思想文化中的优秀成分，对中华文明形成并延续发展几千年而从未中断，对形成和维护中国团结统一的政治局面，对形成和巩固中国多民族和合一体的大家庭，对形成和丰富中华民族精神，对激励中华儿女维护民族独立、反抗外来侵略，对推动中国社会发展进步、促进中国社会利益和社会关系平衡，都发挥了十分重要的作用。"②

二　以易为纲　纲举目张

资源利用文化体系庞杂。如笼统研究，浮于空泛，主线不清，难分头绪。因此，在资源利用文化研究初期，应从其源头开始。易学为中华优秀传统文化的渊源，是其灵魂，为之精华。

以易学为切入点，提纲挈领，抓住了传统文化研究的龙头，克服已有研究头绪凌乱的弊端。以"资源利用文化软实力运行机制路径易学范式

---

① 习近平：《全国宣传思想工作会议讲话》，《人民日报》2013 年 8 月 21 日。
② 习近平：《纪念孔子诞辰 2565 周年国际学术研讨会上的讲话》，《人民日报》2014 年 9 月 24 日。

分析"为题，定有四两拨千斤之效。

范式被认为研究问题的理论方法体系。易学范式是一种可渗透各个学科的揭示事物发展规律的分析方法。

资源经济易学范式作为一种分析工具，触及的空间无限，大到无外，小至无内。它是现代资源经济分析方法的补充，不仅可以确定系统同质要素相关关系，而且能够正确客观测定系统异质（金、木、水、火、土）要素的相生、相克、相冲、相合、相刑、相害、相会等关系。

三　五个软实力　分合有序

已有研究描述中华优秀传统文化软实力主要为凝聚力，本书将我国资源利用文化软实力系统化为包容力、发动力、凝聚力、中和中正力和整合力。五个力以包容力为发端，经发动力、凝聚力、中和中正力，功成于整合力，五个力可单独发挥作用，也可联合行动，合与分按事物发展规律和变通机制因时因地制宜。

软实力五个分力内在联系揭示资源利用文化软实力发展变化原理，有助于我国资源利用文化软实力传承发展模式、结构、趋势、特征等的确定。

四　运行机制　贯通中西

在已有中西文化融合研究中，注意力多集中在文化理念和形式，本书注重文化软实力的运行机制研究。

文化软实力运行机制之基、柄、本、固、修、裕、首、地、制，运行机制是事物发展规律的体现，中西文化经济形式和理念尽管差异显著，但其运行机制一致性较强，强化运行机制研究，有利于中西文化和经济的贯通。

中西文化多样性及其产生形成和发展过程论证了世界古文化只有中华文化一脉相承的缘由以及中华优秀传统文化软实力的优势所在，同时揭示出中华优秀传统文化软实力实现路径，有利于中西文化和经济的贯通和中华优秀传统文化软实力传承，为我国资源利用文化内外发展政策提供参数依据。

五　命题证伪　结合实证

已有研究强于理论演绎，证伪和实证严重不足，本书初试易学命题证伪，结合实证。一改千百年来认为易学命题不能证伪，难于实证研究的传统观念，将中华优秀传统文化软实力理论方法纳入科学研究范式中，使其系统化、科学化和操作化。

六　软硬实力　整合一体

已有研究最大缺陷是软实力与硬实力脱节。本书将两者的目标、动力和中间各环节整合于一体。例如，12 个发动力，既是文化建设的动力又是经济发展之引擎；凝聚力、中和中正力、包容力和整合力可用于文化系统，也可用在经济体系。它们不仅是形式的整合，而且是原理、机理和机制的融为一体。

探讨文化软实力变化规律与社会经济硬实力客观规律的内在联系，揭示两者的目标、动力、传导和工作机理，能有效地促成国家硬实力与软实力的结合，其实控参数可为各级政府决策提供科学根据。

第二节　文化软实力研究现状

一　文化软实力概念的研究现状

在当今由军事力量和经济力量构成的"硬实力"影响逐渐式微的时代背景下，一个国家国力的另一组成部分"软实力"表现出空前的重要性，且越来越受学者们关注。软实力一词由 Joseph Nye（1990）提出①，在 2007 年首次被引入中国共产党全国代表大会报告中，2010 年出台的"十二五"规划提出了"增强中华文化国际竞争力和影响力，提升国家软实力"的目标，强调提高国家文化软实力的重要性

（一）中国学者对文化软实力概念的认识与延伸

中国学者自 Joseph Nye 于 1990 年提出软实力的概念后对其相关著作进行了翻译和阐述，并结合中国国情把软实力概念融入中国的文化建设中，发展形成了"文化软实力"的概念。

---

① Joseph S. N. , "Soft Power", *Foreign Policy*, 1990, 80：153 – 171.

中国学者对文化软实力概念具有代表性的研究有：王沪宁认为民族文化是构成国家权力的属性之一，文化权力构成国际关系中强权政治新的表现形式[①]；贾海涛从西方权力理论框架出发，把软实力概念拓展到文化软实力[②]；蒋东旭强调以社会主义与马克思主义作为中国文化软实力的核心价值[③]；舒明武区分了软实力与硬实力的组成要素，认为软实力包括国家的凝聚力、文化的认同程度和参与国际机构的程度[④]；张国祚认为文化要素在软实力构成中起决定性作用[⑤]；杨淖伟结合中国古代文化，从学理上阐明了文化软实力的内涵，认为软实力的思想在中国古代就存在，并提出了理论寻根探源、传统文化转化、横向比较借鉴和流行文化升华四种文化软实力的研究方法[⑥]；Li Xin 和 Verner Worm 认为软实力作为新生的概念，正在中国形成一个全新的国家战略[⑦]；刘德定阐述了中西方学者对文化软实力内涵的认识和关注点存在的差异[⑧]。

现有国内研究都未曾脱离 Joseph Nye 在 1990 年提出的软实力概念界定，且阐明了文化软实力的内涵及其在当今中国社会发展中越来越凸显的重要性。

资源可以构成力，由资源直接组成的力是硬实力，而由资源利用文化所形成的力为软实力。一般地讲，硬实力是有形的，如土地、资产、劳动力、企业、国家机器等；软实力是无形的，如意识形态、人文精神、教化思想、道德观念、行为规则等。

（二）Joseph Nye 对软实力概念的扩展研究：软实力的资源与转化条件

Joseph Nye 又结合 21 世纪初国际局势发展对软实力概念作了深化与完善[⑨]，之后又提出软实力的三种主要资源：文化、政治价值观和外交政

---

① 王沪宁：《作为国家实力的文化：软权力》，《复旦学报》（社会科学版）1993 年第 3 期。

② 贾海涛：《试析文化软实力的概念和理论框架》，《岭南学刊》2008 年第 2 期。

③ 蒋东旭：《软权力与中国的文化安全探析》，《中国特色社会主义研究》2010 年第 5 期。

④ 舒明武：《中国"软实力"》，上海大学出版社 2010 年版，第 60—66 页。

⑤ 张国祚：《2010 中国文化软实力研究报告》，社会科学文献出版社 2011 年版，第 4—18 页。

⑥ 杨淖伟：《中国"文化软实力"研究现状综述》，《中国文化研究》2011 年第 2 期。

⑦ Li Xin, Verner Worm, Building China's Soft Power for a Peaceful Rise, *Journal of Chinese Political Science*, 2011, 16：69 - 78.

⑧ 刘德定：《当代中国文化软实力研究》，人民出版社 2013 年版，第 1—13 页。

⑨ Joseph S. N., *The Paradox of American Power：Why the World's Only Superpower Can't Go it Alone*, London：Oxford University Press, 2002：5 - 11.

策，其中文化只有在能对他国产生吸引力的时候才转化为软实力①，且进一步论证指出了当代国际关系背景下文化软实力的实现方法②，为本书指明了文化资源向文化软实力转化的研究方向。

二　文化软实力形态的研究现状

（一）关于中华传统文化形态的两类研究

对中华传统文化形态的研究，各学科学者们仁者见仁，智者见智。这些研究总体可分为两类：物质文化研究和非物质文化研究。

在物质文化方面，由于相关法律颁布实施较早，对研究对象的保护工作相对充分，这方面的研究工作成果明显；而非物质文化方面的相关法律制定较晚，关注程度相对较低，因此越来越多的研究集中于对非物质文化的保护与整合。中华传统非物质文化中的思想文化资源对我国文化建设的作用近年来渐受学者们关注，如楼宇烈等③、刘梦溪④、陈剑⑤等从儒释道文化中哲理、伦理、政治层面的思想探讨了中华传统文化的表现要素，归纳了中华传统文化的核心观念和价值，认为中华传统文化的核心观念符合当今世界的和平发展趋势，也能得到其他国家从思想文化角度的认同。

（二）已有研究的薄弱点：中华传统文化的对外吸引力

关于中华传统文化的研究中，对物质文化的研究随着考古技术的进步与相关法律的完善得到了较多成果；对非物质文化的研究深入探讨了中华传统文化的思想精髓，总结了中华传统文化与其他文化的共通之处。⑥ 这些研究整合了文化软实力所需的文化资源，对文化软实力的研究具有理论意义，但未能总结出中华传统文化对其他国家或民族的具有吸引力的特色所在。

中国文化资源对外吸引力的作用对象是其他国家和民族。学者们长期探讨的中华传统思想文化的精髓，所归纳总结出的"道"和"义"的具

---

① Joseph S. N. , *Soft Power*：*The Means to Success in World Politics*，New York：New York Public Affairs，2004：11 – 15.

② Joseph S. N. , *The Powers to Lead*，London：Oxford University Press，2008：20 – 23. *The Future of Power*，Public Affairs，2011：45 – 56.

③ 楼宇烈、黄匡时、冯佳等：《传统文化的误读与重建——楼宇烈教授专访》，《北京大学研究生学志》2010 年第 1 期。

④ 刘梦溪：《传统价值现代意义》，《光明日报》2011 年 10 月 31 日第 15 版。

⑤ 陈剑：《中华文化的基本精神》，《求是》2013 年第 11 期。

⑥ 施忠连：《五缘文化：中华民族的软实力》，同济大学出版社 2013 年版，第 9 页。

体内涵与实践意义①尚未形成定论，且对现代社会发展的正向促进作用没有实证检验与经验证明，因此也只是得到其他国家和民族从思想文化角度的认同，对其他国家和民族缺乏实质吸引力，而只是通过其众多形成的神秘感使其对外具有诱惑力，尚缺少转化成文化软实力的条件。而目前的中华传统文化中只有饮食、传统体育、汉字、历史古迹等对外具有明显吸引力，并通过市场化转化为中国的文化软实力。

三 文化软实力转化路径的研究现状

（一）文化软实力转化意义的研究现状

中华民族在 5000 年历史中积累了比他国更多的文化资源，但这些还不是文化软实力。文化软实力是成功转化为综合国力的文化资源，对此，中国学者们的研究尚处于起步阶段，但已经普遍认识到文化资源向文化软实力转化的重要性。

有学者通过对中、美两国的文化与软实力的比较，认为中国是一个文化资源大国，但却是文化产业小国和文化软实力的弱国；相比之下，美国的文化历史不如中国深厚，却能通过市场化扩大其文化在全球的影响，向世界各国输出自己的文化软实力，如赵磊（2008）、阎学通和徐进（2008）、李智（2008）等的相关研究②。因此，文化资源与文化软实力不是正相关的，文化资源不等同于文化产业，也不等同于文化软实力。将中华优秀传统文化"成功转化"是继承和发展中华优秀传统文化软实力的核心。

（二）中华传统文化转化为软实力的措施研究现状

一些研究探讨了中华传统文化向软实力转化的措施与成效。有较多学者探讨中国孔子学院和对外汉语教学的发展，了解其与中国文化软实力的关系③。另有学者以中华传统体育文化的发展作为切入点，研究北京奥运会、广州亚运会等体育活动对中国文化软实力的提升作用④。董刚等则强调中国传统武术的对外传播，促进武术的国际化有利于文化软实力的发展⑤。李

---

① 韩经太等：《省鉴与传习：中国道德文化的传统与现实》，人民出版社 2013 年版，第 10 页。

② 阎学通、徐进：《中美软实力比较》，《现代国际关系》2008 年第 1 期。

③ 高金萍、郭之恩：《孔子学院与公共外交》，《中国文化研究》2013 年第 4 期。

④ 陶荣兵、刘红建、孙庆祝、徐小红：《北京奥运会对我国文化软实力的提升》，《首都体育学院学报》2009 年第 4 期。

⑤ 董刚、赵宝虎、何灿：《文化软实力背景下的武术对外传播》，《运动》2009 年第 3 期。

晓灵和王晓梅（2009）、肖帅（2011）等认为大众影视媒体是文化软实力的重要载体和核心组成部分①；冯海波指出上海世博会是国家文化软实力的展示舞台②；孙寿山认为促进文化创新产业发展和深化文化体制改革是提高中国文化软实力的核心环节③。

　　另有一些研究指出了对外交流对中国传统文化转化为软实力的促进作用。罗豪才从研究区域文化入手，认为激发海外侨胞对中华传统文化的共鸣是提升中华传统文化软实力的有力措施④。罗建波和余意建议中国应参与国际文化机制的建设，通过参与国际文化规范、规则的制定和修改，来反映中国的文化主张，维护中国的文化利益与文化安全。有更为积极地主张对外文化开放的学者通过经验证明，现代化程度越高的国家或地区，其开放性越强，其传统文化也传承和发展得越好⑤。

　　（三）已有研究的盲点：软实力与硬实力的结合

　　根据舒明武提出的硬实力与软实力之间载体与延伸的关系论断⑥，软实力的发展必须以基本资源、军事力量、经济力量和科技力量等硬实力的发展为基础。已有研究⑦没有明确软实力的提升的目标是综合国力的提升，忽视了软实力与硬实力的相互作用与协调关系以及中国与西方不同的政治体制、中国威胁论的影响以及日渐高涨的民族主义等事实对中国文化向软实力转化的局限作用，因此这些研究也未能证明所提出的文化软实力提升措施对综合国力提升的有效性。

　　Joseph Nye 在 1990 年提出软实力的概念，是为了驳斥当时国际上"美

　　① 肖帅：《论影视传媒的文化软实力》，《求索》2011 年第 1 期。

　　② 冯海波：《上海世博的国家文化软实力透视》，《华北电力大学学报》（社会科学版）2011 年第 2 期。

　　③ 孙寿山：《坚持改革创新以创业大发展推动文化软实力大提升》，张国祚：《2010 中国文化软实力研究报告》，社会科学文献出版社 2011 年版，第 401—407 页。

　　④ 罗豪才：《弘扬中华优秀传统文化　增强民族认同感和凝聚力》，《中央社会主义学院学报》2007 年第 2 期。

　　⑤ 张效民、罗建波：《中国软实力的评估与发展路径》，《国际论坛》2008 年第 5 期。

　　⑥ 舒明武：《中国"软实力"》，上海大学出版社 2010 年版，第 60—66 页。

　　⑦ ［澳］杰夫·刘易斯：《文化研究基础理论》（第 2 版），清华大学出版社 2013 年版，第 1 页；［美］迈克尔·巴洛：《中国软实力：谁在害怕中国》，石竹芳译，中信出版社 2013 年版，第 7 页；［美］约瑟夫·奈：《软实力》，马娟娟译，中信出版社 2013 年版，第 5 页；花建：《中国软实力：全球化背景下的强国之道》，上海人民出版社 2013 年版，第 4 页；陈守聪、王珍喜：《中国传统文化的价值与现代德育构建》，光明日报出版社 2013 年版，第 4 页。

国衰退论"的普遍说法，他认为美国的硬实力和软实力都远远超越了世界各国，而在追求国家利益的时候，也应将这两种力量结合在一起。而美国的经验是在全球化背景下通过其经济和军事等硬实力的发展过程使其文化大量输出到世界各国，并未刻意地从其历史中探寻可转化为文化软实力的资源。

从中国的经验来看，古代中国在东亚地区的众多藩属国以及古代中国文化在欧洲等地区的传播是古代中国强大文化软实力的表现，这和当时中国强大的经济和军事等硬实力密不可分。当今席卷世界多数国家的"汉语热"等中国文化软实力有效提升的表现，也是因为中国改革开放后经济发展不断加快，所取得的经济建设成就引起他国关注，中国庞大的人口基数也被其他国家认为是巨大的市场，为其他国家带来了经济利益与发展机遇。

第三节　研究思路和研究方法

一　总体思路

总体思路见下图。研究设置以软实力的发动力、凝聚力、包容力、中和中正力、整合力的传承与发展为主干，以我国资源利用文化软实力产生、形成与演进变动规律与原理为先导，坚持软实力与硬实力相结合，践行于政治、国土、军事、经济、产业、金融、科技、信息、生态、能源、水安全等领域，重在中华优秀传统文化软实力转换为社会生产力，通过一系列有效手段，达到科研目标，为管理决策提供科学依据。

本书设计力求目标明确、研究路线清晰、理论基础扎实、资料数据来源可靠、模型成熟、技术手段科学，预期结论可得。

二　研究视角

中国素以雄厚的典籍蕴藏而闻名于世。中华优秀传统文化文献浩瀚如海。以易学为切入点，至少有如下功能。

（1）易学为中华优秀传统文化的渊头，溯本求源，是本课题的根，根基牢靠，项目大厦稳定。

（2）易学是系统哲学，大道无形，揭示出软实力和硬实力发展一般规律与变动原理。为本书提供完整的理论方法体系，构建中华优秀传统文化软实力传承与发展研究范式。

（3）易学是技术性的科学方法。其抽象模型法，系统分解法，差异均衡法，结构整合、矫正、优化法，等等，满足我国资源利用文化软实力传承与发展研究的技术要求。

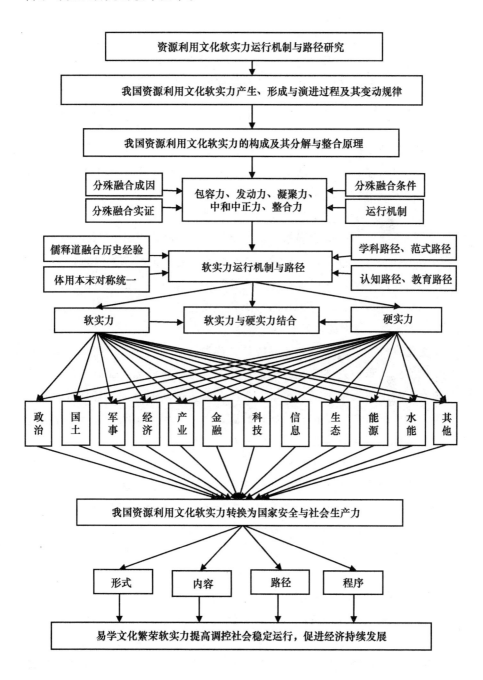

三　研究路径

（一）一般→特殊→一般

首先，揭示我国资源利用文化软实力产生、形成和演进的规律；其次，分析我国资源利用文化软实力当前的表现形式、结构和特征；最后，概括我国资源利用文化软实力传承与发展的规律与对策。

（二）总体→部分→整体

首先，研究我国资源利用文化软实力总体演变形式、结构和特征；其次，分析我国资源利用文化软实力的包容力、发动力、凝聚力、中和中正力、整合力各部分形式、结构和特征；最后，结合实际整体把握我国资源利用文化软实力传承与发展措施。

（三）学科→范式→认知→原理

首先，建立我国资源利用文化软实力分析范式；其次，考察我国资源利用文化软实力学科生产、形成与演变的系统结构和特征及其理论方法体系；再次，深入实际认识现在我国资源利用文化软实力的表现形式、结构和变动机理；最后，条理化我国资源利用文化软实力发展原理。

（四）宏观→中观→微观→宏观

文化具有明显的区域和地方特色。首先，从全国层次上研究资源利用文化软实力传承与发展情况与国策；其次，考察区域和各民族资源利用文化软实力传承与发展情况及政策；再次，深入民间调查现在各种资源利用软实力的表现形式、结构和特征；最后，综合全部资源利用文化软实力传承发展情况，寻求软实力差异性传承发展方略。

（五）思想→应用→理论

首先，挖掘中华优秀传统文化软实力各种思想；其次，研究我国资源利用文化软实力的包容力、发动力、凝聚力、中和中正力、整合力的应用形式与效果；最后，分析我国资源利用文化软实力的包容力、发动力、凝聚力、中和中正力、整合力的思想应用过程及其内在联系与作用机理，形成系统化理论。

（六）命题→证伪→实证

首先，系统化我国资源利用文化软实力的包容力、发动力、凝聚力、中和中正力、整合力内容、运行机制、演进规律，将其条理化为各种命题；其次，把命题纳入证伪程式加以证伪；最后，联系实际，对我国资源利用文化软实力的发动力、凝聚力、包容力、中和中正力、整合力的各个命题进行分析。

（七）易学推演→模式转换→数量模型

首先，用易学推演法则，将我国资源利用文化软实力的包容力、发动力、凝聚力、中和中正力、整合力内容、运行机制、演进规律等模型化；其次，分析易学模型的现存条件，当模型要素五种性质（金、木、水、火、土）可转化为同质时，把易学模型简化为现代数量经济模型；最后，进行实证研究。

（八）描述→分析→对策

首先，描述我国资源利用文化软实力传承与发展概况、规模、结构、变动趋势等；其次，分析我国资源利用文化软实力传承与发展概况、规模、结构、变动趋势中问题的成因、变动机理和运行机制；最后，针对性地提出解决问题的对策措施。

第一章

易学范式

范式被认为是研究问题的理论方法体系。易学范式是一种可渗透各个学科的揭示事物发展规律的分析方法。

经济易学范式作为一种分析工具，触及的空间无限，大到无外，小至无内。它是现代社会经济分析方法的补充，不仅可以确定系统同质要素相关关系，而且能够正确客观测定系统异质（金、木、水、火、土）要素的相生、相克、相冲、相合、相刑、相害、相会等关系。

第一节　八卦

一　八卦产生

《系辞传》上篇"易与天地准，故能弥纶天地之道"。"法象莫大乎天地"，研究事物，不外乎建立一套模型仿真宇宙与地球万物，而易就是模拟宇宙与地球万物运行的，自然能揭示包罗天地间的一切规律了。

（一）先天八卦

易之所以能显示自然规律，缘由其八卦生成演绎方法来源于自然规律所形成的公理化法则：（1）"万物负阴而抱阳"，地球万物的能量源自太阳，因此北半球人坐北向南成为常态。（2）"左阳右阴"，左边是太阳升起的地方，为阳。右边是太阳落山的地方，为阴。（3）"上阳下阴"，太阳在头上，为阳。地球在脚下，为阴。上行为阳，下行为阴。（4）"一阳一阴谓之道"，白天过后是晚上，晚上过后是白天，昼夜交替是规律。（5）"向前阳，返后阴"，往外者为阳，来内者为阴，往阳来阴。

依据以上法则，采用两种方法可以画出八卦。

第一种方法，不变式还原或因子公理化法。世界万物皆分阴阳，阳者为"▬"，阴者为"▬▬"，它们分居三位。上位代表天，下位代表地，中间代表天地之间的万物。由近及远，分别以"左阳右阴""上阳下阴""一阳一阴"画成，如图1—1所示。

1.左阳右阴　　　　　　　2.上阳下阴　　　　　　　3.一阳一阴

图1—1　先天八卦平面图形成过程

宇宙太极，初生阴阳，地球产生，天地呼应。太极生两仪，天盘与地盘。天盘，☰乾为首，以逆时针一阳一阴之道转动，出现☰→☱→☲→☳；地盘，☷坤为先，以逆时针一阴一阳之道转动，出现☷→☴→☵→☶。天盘四卦与地盘四卦合成立体八卦图，如图1—2所示。①

《系辞传·上》曰："是故易有太极，是生两仪，两仪生四象，四象生八卦，八卦定吉凶，吉凶生大业。"

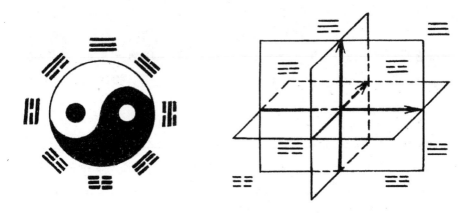

图1—2　先天八卦立体图形成过程

① 郑军：《太极太玄体系——普适规律的易学探奥》，中国社会科学出版社1992年版，第2页。

现代生物学研究表明，基因组长度 L = 3 的二进制基因组序列空间[1]就是先天八卦立体图的另一种表现形式，见图1—3。图1—3 的1、0 与图1—2 的▬、▬▬对应。

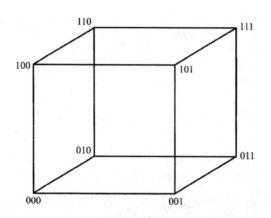

图1—3   长度 L = 3 的二进制基因组序列空间

人类第一次提出生物基因组"序列空间"概念的是英国理论生物学家约翰·梅纳德·史密斯（John Maynard Smith，1920—2004），他描述道：置于空间的所有蛋白质序列，相邻两个蛋白质仅在一个氨基酸上存在差异。类似中国的八卦，相邻八卦差异，只在一个爻的阴阳变动。如上层的☰→☱→☲→☳，下层的☴→☵→☶→☷。如果阴阳爻按二进制序列编码，若系列长度是 L，则构成方式有 2^L，当 L = 3 时，构成方式为 8 种，即八个单卦。

基因组变化类似蛋白质系列变动。假设所有具有一定长度的核苷酸序列按照同样的方式被放置在空间中，距离最近的两个核苷酸序列之间仅在一个位置上存在差异。若序列长度为 L，就会生成 L 维空间中的一个晶格，每一维有四种可能组成。因此，此空间共存在 4^L 种可能的序列。当 L = 3 时，构成序列为 64 种，即 64 个复卦。

---

①   Martin A. Nowak：《进化动力学——探索生命的方程》，李镇清、王世畅译，高等教育出版社 2010 年版，第 23 页。

基因组序列空间的特点是距离短，维数高。如微小病毒的基因组序列空间是 10000 维，人类基因组序列空间大约是 30 亿维。虽然序列间距离不远，但从一个序列移动到另一个序列的过程中可能发生许多紊乱，进化过程被看作序列空间的一条轨道，而沿此轨道正确运行则依靠一个有效的指南。

（二）后天八卦

先天八卦是伏羲时期的八卦。春秋时代文王调整了八卦的方位，形成了九宫八卦，称为"后天八卦"，如图 1—4 所示。

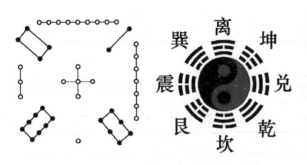

图 1—4　后天八卦

第二种方法，构造性整合法也称"整体公理化法"。古人观察世界，是以整体立论的，一有全有，一体分成。如人之身，就是一有全有，不可能生脚生头生手生五脏组合而成，只能是先有整体，然后解剖分析。故《易》之整体即"太极"，太极大衍筮成一对对六爻卦体，共六十四卦，然后主次两卦根据前述日常五规则，将六爻卦体展开，荡成八卦。[①]　如否之未济、未济之归妹，如图 1—5 所示。

小成图天盘下面配置地盘。地盘就是后天九宫八卦图，见图 1—6 左，图 1—6 右是天地盘合璧图。由于所有的八卦小成图地盘都不动，无变化，一般省略不画。

---

① 霍斐然：《周易正解：小成图预测学》，华龄出版社 2009 年版，第 270—271 页。小成图画法首先由霍斐然先生画出，但笔者画法与霍先生不同。霍先生主次两卦的互卦上下水平画出，而笔者主次两卦的互卦 45 度斜线垂直画出。

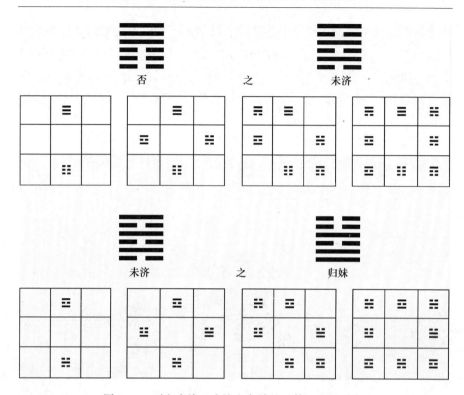

图1—5　否之未济、未济之归妹的八卦小成图天盘

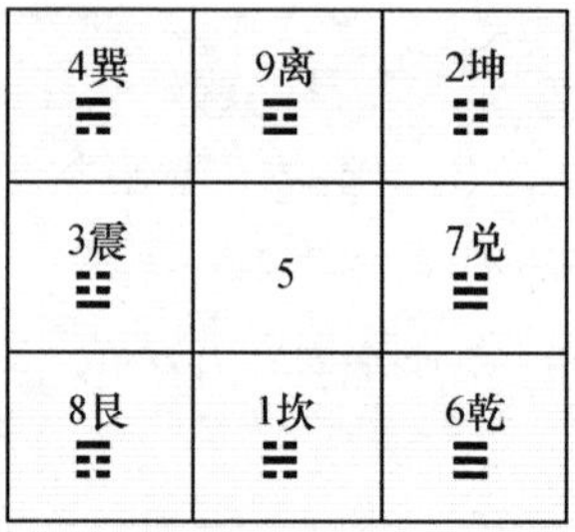

地盘 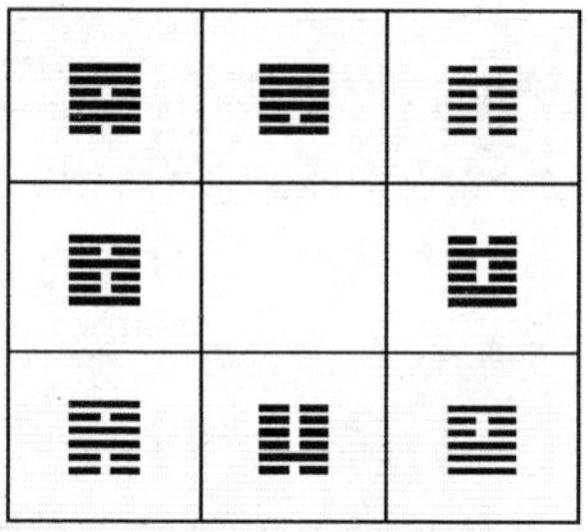　　　　　　　　否之未济的天地盘合璧图

图1—6　否之未济的八卦小成图地盘与天地盘合璧

二　八卦与数

八卦与数相对应，但根据不同的情况所对应的数有所差异，如表1—1所示。

表 1—1　　　　　　　　　　　　　八卦与数

八卦	先天数	后天数	天数（天干）	地数（地支）	太乙数
☰	1	6	甲1，壬9	戌，亥：11，12	1
☱	2	7	丁4	酉，10	6
☲	3	9	己6	午，7	2
☳	4	3	庚7	卯，4	4
☴	5	4	辛8	辰，巳：5，6	9
☵	6	1	戊5	子，1	8
☶	7	8	丙3	丑，寅：2，3	3
☷	8	2	乙2，癸10	未，申：8，9	7

第二节　五行

一　内涵

阖、辟、往、来四象是研究事物整体发展变化的第一步，识别八卦阴阳配置及其变动趋势是其关键。欲知事物系统结构关系，除四象态势外，还必须清楚五行。

五行：金、木、水、火、土。

五行之说由来已久，对五行的认识是古代先贤的智慧结晶，也是中华传统文化的根本所在。相传，公元前7712年，伏羲氏仰观俯察，画八卦以演易而究天人之机，认为天地万物均禀受五行阴阳之气；神农氏尝味草木，发明医药，四气五味升降浮沉，酸、苦、淡、甘、辛、咸已蕴于其中；公元前2698—前2599年，轩辕氏黄帝与岐伯、伯高、雷公等讨论天文、地理、明察人事而穷究五藏、五方、五味、五色、五音、五星……之理，而天人相应、天人合一的思想，五行生克制化，吉凶福祸，皆可辩证论治的整体观，使后来学者有理可寻，有法可依。

此后，天文家以五星论述五行之理；地理家把山川的形势、外貌、方位等分为五行；易学家以卦象论五行，把纷繁的世界万化统归于五行；命学家以干支论五行；相学家以身体面貌部位分配五行；音律家又以音调不同而分五行；儒家学派的治世理念，以仁、义、礼、智、信迎合五行之说作为五常之道，教化世人。医学家为了进一步完善理论体系，探究人的生命个体与自然界水土气候的关系，认为自然界中的风、寒、暑、湿、燥、热和水土与人有一定感应关系；四季的春温、夏热、暑湿、秋燥、冬寒与五脏六腑的功能状态有相应关系；日月的运转，昼夜的节律，月亮的圆缺，与人身劳逸阴阳气血精神的旺衰都有一定的相合关系。而道家学派认为：人身是一小天地，身外是一个大天地，这个小天地和大天地是物气五行相合、相应、相通，并互为影响构成不可分割的整体。[1]

八卦五行：金☰、木☳、水☵、火☲、土☷。

八卦五行相生：金☰生水☵，水☵生木☳，木☳生火☲，火☲生土☷，土☷生金☰。

八卦五行相克：金☰克木☳，木☳克土☷，土☷克水☵，水☵克火☲，火☲克金☰。

天干五行：甲木、乙木、丙火、丁火、戊土、己土、庚金、辛金、壬水、癸水。

天干阴阳：甲、丙、戊、庚、壬，属阳；乙、丁、己、辛、癸，属阴。

天干相生：甲乙木生丙丁火，丙丁火生戊己土，戊己土生庚辛金，庚辛金生壬癸水，壬癸水生甲乙木。

天干相克：甲乙木克戊己土，戊己土克壬癸水，壬癸水克丙丁火，丙丁火克庚金辛，庚金辛克甲乙木。

天干化合：甲己化土，乙庚化金，丙辛化水，丁壬化木，戊癸化火。

地支：子、丑、寅、卯、辰、巳、午、未、申、酉、戌、亥。地支五行：寅卯属木，寅为阳木，卯为阴木；午巳属火，午为阳火，巳为阴火；申酉属金，申为阳金，酉为阴金；子亥属水，子为阳水，亥为阴水；辰戌丑未属土，辰戌为阳土，丑未为阴土，未戌为干土，丑辰为湿土，干土者其中藏火，湿土者其中藏水。

二　方位

木、火、土、金、水五种物质的每一类，它们的情况各有不同。如世间有各种各样的草木属类，它们因性情、质地以及同一类木属生长的地域环境不同而各有差别。世间的火性属类也是大有不同。就我国的方域来看：东、西、南、北、中，有青、白、红、黑、黄等不同的土色，而且在

———————————

① 李宇林：《大道五行统论》，宗教文化出版社 2013 年版，第 1 页。

一个较小的范围内也有多种不同的土质。更不用说千差万别的金属类物质，不知有多少种分类。既然金属土石各有不同，水的质地也自然差别很大。

金、木、水、火、土五类物质的物理属性差异缘于所处环境，而抽象掉具体物理性质的一般事物之间的五行关系，更大程度上取决于其所在空间位置。

（一）垂直方位

在空间垂直轴上，易学分为两层、三阶、六节。

两层用两个单卦重叠表达。一个六爻卦可分上卦与下卦，其外互与内互可组成一个六爻卦。卦两层表现出阖、辟、往、来四象，分别对应为元与咎、利与厉、亨与悔、贞与吝。

三阶称为"天、地、人三才"。一卦之中一（初）二爻为地，三四爻属人，五六（上）爻属天，一卦中包括了天道、地道、人道，使天地人三才之道各占两爻而包容于卦画之中。《系辞》下第十章写道："易之为书也，广大悉备，有天道焉，有人道焉，有地道焉，兼三才而两之故六。六者非它也，三才之道也。"可见，《易传》把天体运行变化的过程和法则叫作"天道"，把地球上万物生长变化的法则叫作"地道"，把人类社会的活动法则称为"人道"。《说卦》进一步提出："昔者圣人之作易也，将以顺性命之理，是以立天之道曰阴与阳，立地之道曰柔与刚，立人之道曰仁与义。"

六节即六爻。易学认为每卦六爻，每爻所在的位置有其特定属性，如一、三、五爻为阳位，二、四、六爻为阴位。卦爻吉凶的基本原理之一便是阳爻须居阳位，阴爻须居阴位，这称为"当位"或"得位"。如果阳爻居阴位或阴爻居阳位，即为不当位或失位，当位则吉，失位则凶。如既济卦☲☵，阳爻居初、三、五位，阴爻居二、四、上位，阴阳爻都当位，《象》传为了解释此卦之吉，说"利贞，刚柔正而位当也"。

"位"，不仅用当位或失位来解释，还提出应位与不应位。应位指每卦的上下两经卦的初与四，二与五，三与六位是相应的。《象》传认为相应的两位上必须是不同属性的爻才为吉，如初爻为阳，四爻为阴，阴与阳相应为有应，否则为无应。有应便吉，无应则凶。如大有卦☲☰，六五爻为阴爻，而居阳位，为不当位，应属不吉，但此卦六五爻辞为吉，《象》说"大有，柔得尊位大中，而上下应之"，上下应之即九二（阳爻）与六五

（阴爻）有应。又如未济卦䷿六爻都不当位，卦辞却为亨，《象》解释说"虽不当位，刚柔应也"。

《易传》认为"中"或"中正"为事物的稳定合理状态，上卦与下卦、中互的上互与下互组成的卦以及小成图天盘八个宫与地盘八个宫的卦，如果为元、亨、利、贞，就为"中正"；另外，上下卦之中位即二、五爻为阴与阳，或二、五爻为阳与阴且呼应，则整卦一般为吉。

《易传》还十分重视"时"的观念，认为六爻的吉凶由于所处的条件不同而有差别，因所处的时机不同亦有不同。顾时而行、因时而变者为吉。如同居中位，不一定都吉，随时则吉，失时则凶。如节卦䷻，兑下坎上，九二与九五都居中位，阴阳不呼应，因此九二爻辞曰"不出门庭，凶"。《易传》解释说："不出门庭，凶，失时极也。"指九二虽居中位，但应出击，即二爻动变☳震，☳震为动为行，上互艮☶为门庭，故宜出门庭。如该出时不出，失去时机，故为凶。所以《易传》强调"与时偕行""时止则止，时行则行，动静不失其时"。

（二）水平方位

在水平平面上，易学分为九宫、十干、十二支，如图1—7所示。

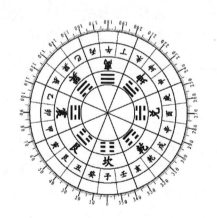 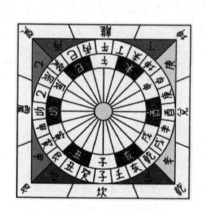

图1—7　九宫、干、支（罗盘）

如图1—7所示，左图内第一圈是先天八卦，核心圆是中宫，另外八宫在第二圈，分别为1坎☵，2坤☷，3震☳，4巽☴，6乾☰，7兑☱，8艮☶，9离☲；第三圈24格交替分布乾巽艮坤、甲乙丙丁庚辛壬癸、子丑寅卯辰巳午未申酉戌亥；右图较左图，12地支与8个天干分别单独占一圈。

天干相冲：甲庚冲，乙辛冲，壬丙冲，癸丁冲，戊己位中央无方冲。

十二地支有合、会、冲、刑、害、破的关系，如图1—8所示。

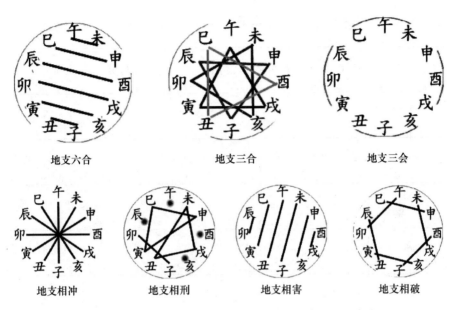

图1—8　地支相合、相会、相冲、相刑、相害、相破关系

地支六合：子丑合化土，寅亥合化木，卯戌合化火，辰酉合化金，巳申合化水，午未合化土。

地支三合：申子辰合成水局，巳酉丑合成金局，寅午戌合成火局，亥卯未合成木局。

地支三会：亥子丑会北方水局，寅卯辰会东方木局，巳午未会南方火局，申酉戌会西方金局。

地支相冲：子午相冲，丑未相冲，寅申相冲，卯酉相冲，辰戌相冲，巳亥相冲。

地支相刑：寅刑巳，巳刑申，申刑寅，为无恩之刑；未刑丑，丑刑戌，戌刑未，为持势之刑；子刑卯，卯刑子，为无礼之刑；辰刑辰，午刑午，酉刑酉，亥刑亥，为自刑之刑。

地支相害：子未相害，丑午相害，寅巳相害，卯辰相害，申亥相害，酉戌相害。

地支相破：子酉相破，午卯相破，巳申相破，寅亥相破，辰丑相破，戌未相破。

三　旺衰

易学将事物发展过程划分为 12 个阶段。（1）长生。就像人生出于世，或降生阶段，是指万物萌发之际。（2）沐浴。为婴儿降生后洗浴以去除污垢，是指万物出生，承爱大自然沐浴。（3）冠带。小儿可以穿衣戴帽了，是指万物渐荣。（4）临官。像人长成强壮，可以做官、化育、领导人民，是指万物长成。（5）帝旺。象征人壮盛到极点，可辅助帝王大有作为，是指万物成熟。（6）衰。指盛极而衰，是指万物开始发生衰变。（7）病。如人患病，是指万物困顿。（8）死。生气停止。（9）墓。也称"库"，如人死后归入于墓，是指万物功成后归库。（10）绝。如人形体灭化归为土，是指万物前气已绝，后继之气还未到来，在地中未有其象。（11）胎。如人受父母之气聚成胎，是指天地气交之际，后继之气来临，并且受胎。（12）养。像人养胎于母腹之中，之后又出生，是指万物在地中成形，继而又萌发，又得经历一个生生灭灭、永不停止的天道循环过程。

五行一般简论旺、相、休、囚、绝五个阶段。木：旺于春（最旺），相于冬（次旺），休于夏（衰），囚于立春、立夏。立秋、立冬前各十八天（次衰），绝于秋（最衰）；火：旺于夏（最旺），相于春（次旺），休于立夏、立秋、立冬前各十八天（衰），囚于秋（次衰），绝于冬（最衰）；土：旺于立春、立夏、立秋、立冬前十八天（最旺），相于夏（次旺），休于秋（衰），绝于春（最衰）；金：旺于秋（最旺），立夏、立秋、立冬前各十八天（次旺），休于冬（衰），囚于春（次衰），绝于夏（最衰）；水：旺于冬（最旺），相于秋（次旺），休于春（衰），囚于夏（次衰），绝于立春、立秋、立冬前各十八天（最衰）。

第三节　四象八态

一　四象

八卦小成演进法则在《周易·系辞》上篇第十一章描述如下：

> 是故阖户谓之坤，辟户谓之乾，一阖一辟谓之变，往来不穷谓之通，见乃谓之象，形乃谓之器，制而用之谓之法，利有出入，民咸用

之谓之神。

阖、辟、往、来四象。极为形象地取门户为喻，阖户谓之坤，如关门之式，由大至小，由通至塞，由上至下，坤阴之象。辟户谓之乾，如开门之式，由小至大，由塞至通，由下至上，乾阳之象。一阖一辟，或关或开叫变，从中或出或入，往来不穷叫通。由门内向门外走叫"往"，由门外向门内走叫"来"，所谓"通变之谓事"，也就是包括了"阖辟往来"四象内容，"见乃谓之象"，即有具体卦象可以认识。"形乃谓之器"，即有此四种定体形状可见。实际上这是易学判断的四大纲要，即四项基本运动方式用卦象的反映。[①]

二　八态

阖、辟、往、来的效果，如异性阴阳得配多吉，间或元、厉、亨、贞；若同性阴阳失配多凶，间或咎、利、悔、吝。吉一般指事物发展顺利，凶多指事物发展不顺利，并非一定是凶险；悔与吝，处在吉与凶的中间地带。悔，趋向吉，又称"渐吉"。吝，趋向凶，又称"渐凶"。阴阳爱恶相攻而吉凶生也，情伪相感而利害见也。

阖、辟、往、来四象具体规则如下：

乾☰坎☵艮☶震☳为阳，阳主升，独坎☵下降。

巽☴离☲坤☷兑☱为阴，阴主降，独离☲上升。

八纯卦上下相重叠，组合成 64 个六爻卦，出现阖、辟、往、来四类现象，八种状态，如表 1—2 所示。

表 1—2　　　　　　　　　　四象八态

四象	异性阴阳得配	同性阴阳失配
阖（向心之式）	元（元吉，大吉，上吉）	咎（凶险，逆境，不顺利）
辟（离心之式）	厉（伤害，牵制，内耗）	利（有利，双赢，较顺利）
往（外引之式）	亨（亨通，畅通，顺利）	悔（由凶转吉，吉之渐）
来（内引之式）	贞（贞吉，小吉，坚韧）	吝（由吉转凶，凶之渐）

① 霍斐然：《周易正解：小成图预测学》，华龄出版社 2009 年版，第 276 页。

阖者，下卦升，上卦降，向心之式。若阴阳得配为有情，元吉，例泰䷊；如阴阳失配（同性相攻）为咎，例蹇䷦。经济社会变量，随价格变高而升者为阳＋，如供给线 S；随价格变高而降者为阴－，如需求线 D，如图 1—9 所示。

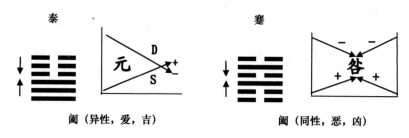

泰　　　　　　　　　　　　　蹇

阖（异性，爱，吉）　　　　　　阖（同性，恶，凶）

图 1—9　阖之泰与蹇的吉凶比较

辟者，下卦降，上卦升，离心之式。若阴阳离心分手为厉，例否䷋；如同性相分为两利，例暌䷥，如图 1—10 所示。

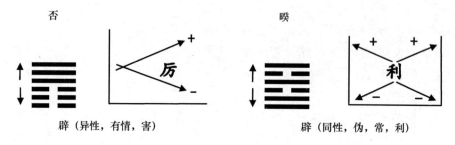

否　　　　　　　　　　　　　暌

辟（异性，有情，害）　　　　　辟（同性，伪，常，利）

图 1—10　辟之否与暌的利害比较

往者，下卦升，上卦升，外引之式。若阴阳得配为有情，为亨，例如大有䷍；阴阳失配（同性）为悔，例离䷝，吉之渐，如图 1—11 所示。

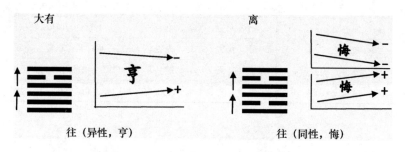

大有　　　　　　　　　　　　离

往（异性，亨）　　　　　　　往（同性，悔）

图 1—11　往之大有与离的亨悔比较

来者，下卦降，上卦降，内引之式。若阴阳得配为有情，为贞，例如比䷇；阴阳失配（同性）为吝，例如，中孚䷼，凶之渐，如图 1—12 所示。

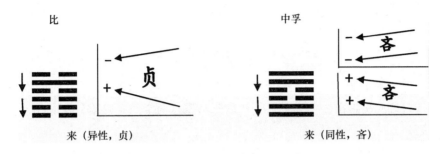

图 1—12　来之比与中孚的贞吝比较

第四节　归藏八态

《易》有三个版本，分别为夏《连山易》、商《归藏易》和周《周易》。《连山易》和《归藏易》已失传，目前文献所看到的只剩《周易》。易学中的"归藏"方法是否来源于《归藏易》有待考证，但归藏方法确实是易学的重要组成部分。

易之四象，阖、辟、往、来，注重分解；而易之归藏，重在整合。

四象法将事物分解成部分及要素，分析部分之间的关系，并根据其相互作用的形式、方向和速度，测度其运行状态好坏；而归藏方法是把部分及要素整合，显示整体实质及其与部分的关系，测量其秩序状态优劣。

一　归藏方法

八卦归藏方法，是按上、中、下之二推其一的法则，再按照阴阳得配为阳，阴阳失配为阴，定出阴阳属性。将两卦平放，三爻相对，依据如下规则运作：同性者，主静为阴，即 ▬（阳）＋▬（阳）＝▬▬（阴），▬▬（阴）＋▬▬（阴）＝▬▬（阴）；异性者，主动为阳，即▬▬（阴）＋▬（阳）＝▬（阳），▬（阳）＋▬▬（阴）＝▬（阳）。如离䷝，上卦☲，下卦☲，归藏为☷。再如益䷩，上卦☴，下卦☳，归藏为☰。

考察事物状态，一般用主卦与次卦结合的小成图来分析。如社会经济技术进步，通常主卦用离☲，次卦用益䷩。如图 1—13 所示。

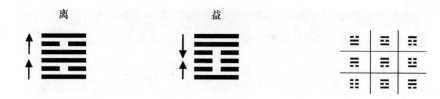

图 1—13　社会经济技术进步之归藏

（1）垂直方向的主卦离☲按此法推出一个经卦☵，水平方向的次卦益䷩再按此法推出一个经卦☳，然后☵与☳这两个经卦归藏，推出一个经卦☳；

（2）东南—西北方向主卦的互卦大过䷛按上法推出一个经卦☳，西南—东北方向的次卦的互卦剥䷖再按上法推出一个经卦☵，然后这两个经卦归藏，推出一个经卦☶；

由（1）与（2）式得出☳与☶两个经卦归藏，最后推出的经卦就是☷位中宫（五宫），显示社会经济技术进步的实质是知识信息☷。八宫与中宫☷对比，最后一次归藏，确定其天盘各宫状态，如表1—3所示。

表 1—3　　　　　　　　　　社会经济技术进步状态

类别	状态								
九宫	五	一	二	三	四	六	七	八	九
天盘	☷	☵天医	☶破军	☴辅弼	☲文曲	☳辅弼	☰延年	☱廉贞	☷天医
地盘	☷	☵破军	☶辅弼	☴禄存	☲廉贞	☳延年	☰天医	☱生气	☷文曲

二　归藏八态的含义

八种状态含义如下。

文曲：六煞，毁灭，阻遏、阻碍、阻挠等限制因素；

破军：绝命，绝境，生命低谷，由死到生；

廉贞：五鬼，有形无形的影响因素；

禄存：祸害，熵，扰动，变动，动生，活动，发动因素，动力，干扰因素；

辅弼：伏位，积蓄能量，协同，协力，互竞互助；

生气：贪狼，新生命诞生，长生，生长点，增长点，创新点；

天医：巨门，健康，茁壮成长，均衡发展，持续稳定；

延年：武曲，健全，强壮，发展顶峰，圆满、极致。

第五节　四象归藏八态与适合度景观

长度 L = 3 的二进制基因组序列空间是八卦的表达形式之一，基因组序列空间的适合度景观与八卦的四象归藏八态，理一分殊，如表 1—4 所示。

表 1—4　　　　　　　　　　易学与生物学的模式比较

序号	类别	易学	生物学
1	核心	八卦	基因
2	形态	八卦空间 ☰☱☲☳☴☵☶☷	L = 3 的二进制基因组序列空间 111 110 100 101 000 001 111 010
3	性能	阴、阳、金、木、水、火、土	基因型与表现型的映射
4	行为	阖、辟、往、来、归藏	基因表现型与适合度的映射
5	状态	元、亨、利、贞、悔、吝、厉、咎、延年、天医、生气、辅弼、禄存、廉贞、破军、文曲	适合度景观：映射的卷积，生命体的适合度（繁殖率）的组合

一　适合度景观

"适合度景观"（fitness landscape）概念最初由美国群体遗传学家休厄尔·赖特（Sewall Wright，1889—1988）于 20 世纪 30 年代提出。20 世纪 70 年代，德国化学家及生物物理学家曼弗雷德·艾根（Manfred Eigen，1927—　）和奥地利化学家彼得·舒斯特（Peter Schuster，1941—　）联手将适合度景观与序列空间联系起来。通过一个函数，每个基因组序列可被赋予一个适合度的值。这样可在 L 维序列空间上构造出一组适合度山脉，如图 1—14 所示。[1]

---

[1]　Martin A. Nowak：《进化动力学——探索生命的方程》，高等教育出版社 2010 年版，第 23、24 页。

适合度景观＝任一序列具有一个繁殖率（即适合度）

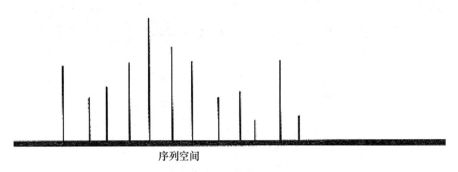

序列空间

图1—14　适合度景观

　　基因组序列所代表的是生物的基因型，而其表现型则是指形态、行为、性能和各种生态因子的相互作用等。生命体的适合度（繁殖率）由其表现型决定。在基因型与表现型之间存在一个映射，在表现型和适合度之间也存在一个映射，适合度景观就是这两个映射的卷积，即从基因型到适合度的直接映射。

　　适合度景观是一系列高维山脉。每个基因组（即系列空间中的每个点）被赋予一个适合度的值。

二　四象八态

　　万事有阴阳。两性结合，非同即异。它们之间阖、辟、往、来，相互作用，共有八种组合，形成八种状态。阴阳结合：阖者元，辟者厉，往而亨，来而贞；同性结合：阖者咎，辟者利，往而悔，来而吝。八种状态，如图1—15所示。

三　归藏八态

　　事物有阴阳。要素及结构整合，不仅会数量增减，而且有质量变化。异性相吸，短兵相接，火花声响，电闪雷鸣，出现新增长点，再造生命；同性相斥，礼貌相遇，无声无息，寂静如死，无再生之象。如果阴阳两性在三个层次整合，即 2^3，共有八种整合，形成八种状态，如图1—16所示。

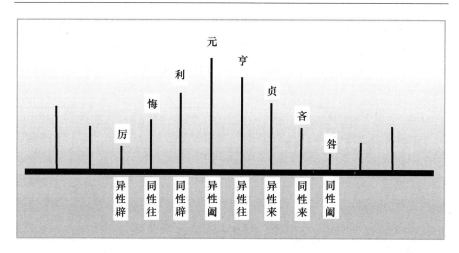

图1—15　四象八态

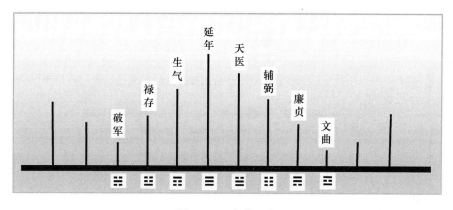

图1—16　归藏八态

第六节　64卦演进与生命系统进化

64卦演进类似生命系统进化。

一　生命系统进化

生命系统进化遵循三个基本原则：复制、选择和突变。

进化的先决条件是种群中的个体具有繁殖能力。在适宜的环境条件下，病毒、细胞以及多细胞生命体等能够进行自我复制。遗传物质DNA或RNA对这些生命体的结构起决定作用，且可以通过复制传递给后代。

当不同类型的生物体彼此间发生竞争时，选择将起作用。繁殖得较快的那些个体能在竞争中胜出。但是，繁殖过程也并非完美无瑕，其中偶尔也会出现差错，即突变。这些突变能促使生物产生多种变异，促成生物多样性的形成。

（一）准种方程

准种是在突变—选择过程中产生的相似基因组序列的全体。这一概念由德国化学家曼弗雷德·艾根（Manfred Eigen，1927— ）和奥地利生物化学家彼得·舒斯特（Peter Schuster，1941— ）首先提出。他们推导的准种方程（见图1—17）[1] 是理论生物学中最重要的方程之一。它描述了在常数适合度空间中的无限种群的突变和选择过程。

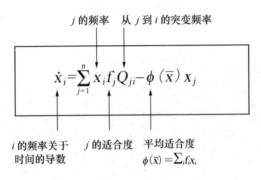

图1—17　准种方程

图1—17准种方程中，i = 1，2，3，…，n，指基因组序列数。如果二进制序列的长度为L，若L是6，则 $i = 2^L = 2^6 = 64$。j = 1，2，3，…，n，指基因组自我复制序列数。

（二）适应攀登

准种方程描述了种群在序列空间中的动态。准种能"感受"到适合度景观山脉上的梯度，它试图向山上攀爬并努力到达局部或全局的最高峰，如图1—18所示。

适应意味着准种有能力找到适合度景观的顶峰并停留在那里。假设适合度景观仅仅包含一个峰，如果突变率足够低，那么方程（见图1—17）

---

① Martin A. Nowak：《进化动力学——探索生命的方程》，高等教育出版社2010年版，第7、25、28页。

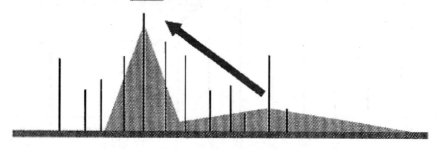

进化是准种在适合度景观上的适应过程

序列空间

图1—18 基因组序列适应攀登

的平衡点就描述了一个集中于此峰的准种。这个准种集合了具有最大适合度的序列或与它们相似的突变序列。在距离此峰较远的地方，序列的分布频率非常低。（在群体遗传学中，频率是指相对多度。）由此可以说，准种是适应此峰的。类似地，我们可以认为准种是集中分布在此峰上的。适应意味着在序列空间的集中化。当准种的突变率为0时，它只包含具有最大适合度的序列。当准种的突变率很小时，其分布范围会很窄。随着突变率的增加，准种的分布范围不断扩大。

二 64卦演进

（一）四象演进

事物阴阳阖、辟、往、来形成元、亨、利、贞、悔、吝、厉、咎八种动态。趋利避害是生物之本性。万物根据其所处环境，会调整自身的态度，从不利向有利方向转化，进行适应性攀登。由咎、厉、吝、悔向贞、利、亨、元攀爬，如图1—19所示。

64卦适应性攀登是通过改变爻和卦的阴阳属性而实现的。如否☷☰，异性辟之为厉。☰上卦☰阳，下卦☷阴。当其阴阳值相差较小时，系统运行尚可维持协调；当其阴阳值相差较大时，系统运行就会出现不协调；当其阴阳值达到各自的极点时，物极必反，系统运行就会出现严重失衡、震荡甚至瘫痪，人们称之为"危机"。危机消除，可将☰的四爻与一爻置换成益☰为元亨，也可以把☰的三、四、五、六爻改为异性成谦☷为元亨，或六爻全部改为异性成泰☷为元亨，等等。

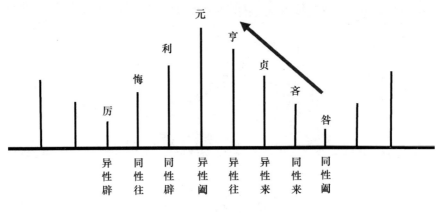

图1—19　四象演进

1. 危机形成

《离》☲，显示经济系统运行状态。下卦☲（阴）表示生产力或经济基础，上卦☲（阴）表示生产关系或上层建筑。☲火化生土☷，表示生产遵循自然规律，发展的结果，必然是社会化。而生产关系中生产资料所有制也应随之演化为公有制。如果生产资料所有关系逆向选择，演变为少数人的私人占有，上卦☲转化为☰，经济系统运行《离》☲转化为《否》☶，即经济爆发危机。

《噬嗑》☲，下卦☳（阳），表示消费，上卦☲（阴）表示生产，消费略快于生产。但进入工业化后，资本深化，有机构成提高，技术进步加速，生产能力超越消费。同时，资本垄断操纵价格，侵占消费者剩余并转变为投资，而金融深化又将一部分消费资金通过购置金融衍生品转化为投资，这样投资过热，生产相对过剩，消费相对不足，发展下去，生产过剩难于逆转，☳逐步变为☰，☲也相应地变为☶，☲成为☶，危机爆发成为必然。

《恒》☳，表示投资，或实体与虚拟经济。下卦☴（阴）为虚拟投资与虚拟经济，上卦☳（阳）为实体投资与实体经济。在经济发展早期阶段，☴乘☳，实体产业资本主导经济运行，但经济发展到了现代阶段，金融资本逐渐主导经济运行，资本虚拟扩张，金融产品过度创新，其衍生品日新月异，导致账面资产难以兑现。☴（阴）变为☳（阳），并与☳的演变者☴易位，☳演化为☶，爆发经济危机。

2. 危机消除

《离》☲生产关系不适应生产力发展而演化为《否》☶形成危机，社会经济需要制度变革，以《益》䷩调整各阶层利益，将四爻下放到一爻，即从上层社会拿出 1/3 的利益给下层社会，实现路径主要有两条：第一，是通过生产资料占有制度的改革，让下层农民得到土地或一部分不动产；第二，改革社会福利制度，采取国民收入再分配和转移支付等形式，将上层社会一部分利益转入下层社会。

《噬嗑》䷔，生产过快于消费而演化为《否》䷋形成危机，以《益》䷩和《谦》䷎消解危机的路径基本有三点：第一，䷩调整利益关系使生产与消费相协调；第二，䷩和䷎抑制过度生产并保持了消费的稳定增长；第三，䷩上卦☴与䷎上卦☶，信息行地无疆，减少信息不对称和交易费用，使生产与消费趋于均衡。

《恒》䷟，虚拟经济超越实体经济而演化为《否》䷋形成危机，益䷩、谦䷎和泰䷊消除危机的路径大致有三方面：第一，虚拟经济☴改为☳、☶和的☳和☶，阴阳对冲，虚拟经济与实体经济均衡；第二，谦䷎的☶为资本，大量虚拟投资转化为实体的固定资产和基础设施，强化了实体经济；第三，《否》䷋被《泰》䷊置转，经济危机消除，国泰民安。

（二）归藏演进

归藏演进是调整部分与整体的关系，并将这种关系状态逐渐改善，演进的方向为文曲→破军→廉贞→禄存→辅弼→生气→天医→延年。部分服从整体，个人利益的实现立足于集体实力的提升及其关系的整合。归藏演进适应性攀登如图 1—20 所示。

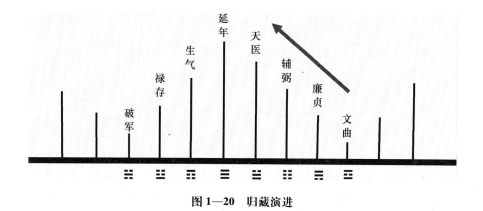

图 1—20　归藏演进

归藏是按照整体结构性质整合部分要素功能的一体化。部分要素状态改善必须在整体状态改进的基础上进行。归藏演进排除以损害集体利益而提高个人权益的情况发生。一个爬坡车如下滑，车上的人是不可能向山上攀升的。一体化整体与局部及其部分与要素，一损俱损，一荣俱荣。

国民经济宏观经济与微观经济如图1—21所示。该模型推导见书中最后一节。

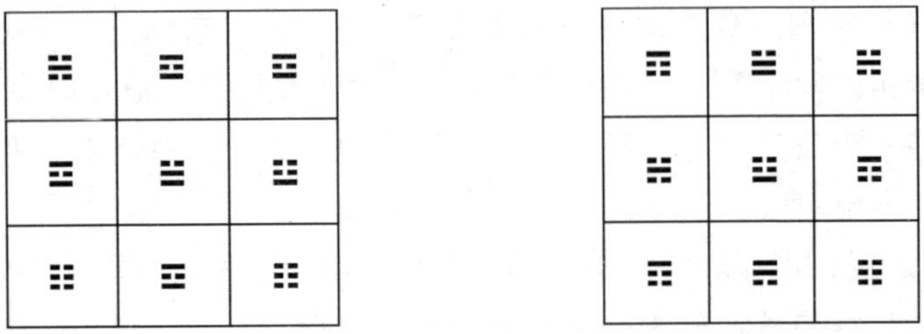

禄存	廉贞	廉贞
廉贞	天医	破军
天医	廉贞	天医

宏观经济

文曲	破军	天医
天医	禄存	文曲
文曲	延年	禄存

微观经济

图1—21　国民经济初始状态

牵一发而动全身。无论宏观经济，还是微观经济，只要是改变其中一个要素，整个国民经济整体就立刻变化。如宏观经济八宫☷上爻 ╌ 调整为 ━，即☷变成☳，其状态由"天医"，提升到"延年"，但微观经济状态变差了，如图1—22所示。

第七节　易学新三式

太乙神数、六壬神课和奇门遁甲为易学三式，是中国古代最高层次的预测学，被称为"术书的巅峰之作"。它将古代天文、地理、星象、历算、吕律、气功、中医等学术理论融为一体，形成了一个完整的描述自然界周期运动变化规律的系统模型，其学问博大精深。

针对古易学三式体系庞大、知识浩繁艰深、内容晦涩难懂、程式复杂

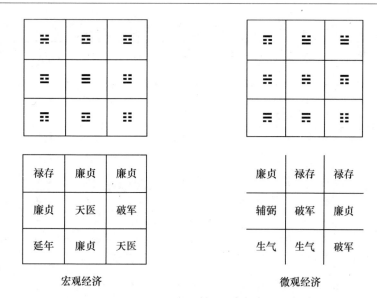

宏观经济　　　　　　　　　　　　　微观经济

图 1—22　宏观经济七宫调整后状态

不易操作的特点，学者们对之进行了简化。

目前，易学界用得比较多的是梅花易、六壬简式和类奇门遁甲。笔者称其为"易学新三式"。

一　梅花易

梅花易以主体旺衰与客体生克关系确定事物的状态，假如主体旺相，又临客体生扶，所测事物状态为优；而事物主体衰弱，又遭客体克制，所言状态为劣。主体状态如表 1—5 所示。

表 1—5　　　　　　　　　　　　　　主体生克状态

主体 ＼ 客体	☰ 乾	☱ 兑	☲ 离	☳ 震	☴ 巽	☵ 坎	☶ 艮	☷ 坤
☰ 乾	比和 理想	比和 理想	被克 逆境	克服 顺利	克服 顺利	耗泄 破财	得助 吉利	得助 吉利
☱ 兑	比和 理想	比和 理想	被克 逆境	克服 顺利	克服 顺利	耗泄 破财	得助 吉利	得助 吉利

续表

客体 主体	☰ 乾	☱ 兑	☲ 离	☳ 震	☴ 巽	☵ 坎	☶ 艮	☷ 坤
☲ 离	克服 顺利	克服 顺利	比和 理想	得助 吉利	得助 吉利	被克 逆境	耗泄 破财	耗泄 破财
☳ 震	被克 逆境	被克 逆境	耗泄 破财	比和 理想	比和 理想	得助 吉利	克服 顺利	克服 顺利
☴ 巽	被克 逆境	被克 逆境	耗泄 破财	比和 理想	比和 理想	得助 吉利	克服 顺利	克服 顺利
☵ 坎	得助 吉利	得助 吉利	克服 顺利	耗泄 破财	耗泄 破财	比和 理想	被克 逆境	被克 逆境
☶ 艮	耗泄 破财	耗泄 破财	得助 吉利	被克 逆境	被克 逆境	克服 顺利	比和 理想	比和 理想
☷ 坤	耗泄 破财	耗泄 破财	得助 吉利	被克 逆境	被克 逆境	克服 顺利	比和 理想	比和 理想

例如，生产过程的第一阶段，主卦是☲离，变卦为☶旅。主体卦是☲，客体卦为☴、☲、☲，分别表示资产、组织和信息。显示生产的第一阶段是一破财过程，主要工作是投入资本和劳动、组织资源配置与处理有关信息。

生产过程的第二阶段，主卦是☲离，变卦为☲大有。主体卦是☲，客体卦为☰、☲、☲，分别表示行政、组织和信息。显示生产的第二阶段是一克服困难顺利进行的过程，主要工作是制定经济管理、组织实施与处理有关信息。

生产过程的第三阶段，主卦是☲离，变卦为☲噬嗑。主体卦是☲，客体卦为☳、☲、☲，分别表示收入、分配、交换、消费、组织和信息。显示生产的第三阶段是一收获享受吉利的过程，主要工作是产品验收、组织流通与处理有关信息。

二 六壬简式

六壬简式以主体旺衰与客体冲合关系确定事物的状态，若主体旺相，又与客体相合，所测事物状态为佳；而事物主体衰弱，又与客体相冲，所言状态为恶。主体状态如表1—6所示。

表1—6　　　　　　　　　　　　主体冲合状态

客体 / 主体	子	丑	寅	卯	辰	巳	午	未	申	酉	戌	亥
子		合		刑	合		冲	害	合	破		会
丑	合			破	合	害	冲		合	刑		
寅				会	会	刑害	合		冲刑		合	合破
卯	害		会		害		破	合		冲	合	合
辰	合	破		害	刑				合	合	冲	
巳		合	刑害				会	会	合刑破	合	合	冲
午	冲	害	合	破		会	刑	合		合		
未	害	冲刑		合		会	合			刑破		合
申	合		冲刑			合刑破				会	会	害
酉	破	合		冲	合	合			会	刑	害会	
戌		刑	合	合	冲		合	刑破		害会		
亥	会		合破	合		冲		合	害			刑

如农业生产，为午，在甲午年，子午相冲，北多旱南多涝。午，午未合土，一年临丑、辰、未、戌之四季土，耗泄，实力大减。午与寅、戌合火，多旱少雨。午年自刑，多遇阻隔。

三　类奇门遁甲

《周易·系辞》上第九章曰：“八卦而小成，引而伸之，触类而长之，天下之能事毕矣。”八卦小成图程式类奇门遁甲。在小成图一般的基础上，赋予其经济含义，成为经济类奇门遁甲。

类奇门遁甲以阴阳阖辟关系确定事物的状态。阴阳正配而阖，元、大吉。阴阳失配而阖，咎。阴阳正配而辟，厉。阴阳得配来、往者，贞、亨。阴阳失配（同性）来、往者，吝、悔。同性分离（辟）者，两利也。阴阳阖辟，通过天盘（动）与地盘（静）相对关系反映。地盘九宫的经济含义如图1—23所示。

巽宫 (4) ☴	离宫 (9) ☲	坤宫 (2) ☷		投入	生产	产出
震宫 (3) ☳	(5) 中 宫	兑宫 (7) ☱		劳动		组织
艮宫 (8) ☶	坎宫 (1) ☵	乾宫 (6) ☰		资本	流通	管理

图1—23　八宫八卦的经济含义

（1）坎宫，坎卦，☵。要素流动、替代和交换，流通，金融，传递，流程，调动，调度，等等。

（2）坤宫，坤卦，☷。产出，产品，产值（GDP），报酬，收入，分配，土地，市场，商品，物品，货件，等等。

（3）震宫，震卦，☳。劳动，动力，激励，积极性，劳动力，等等。

（4）巽宫，巽卦，☴。投入，进退，信息，信号，价格，利率，汇率，等等。

（5）中宫，归藏，实质，本质，目标。

（6）乾宫，乾卦，☰。管理，中枢神经，政府，行政，管制，立法，司法，决策，指挥，等等。

（7）兑宫，兑卦，☱。组织，体制、制度、文化，知识，宣传，公关，等等。

（8）艮宫，艮卦，☶。资本，固定资产，不动产，基础设施，仓储，仓库，仓廪，等等。

（9）离宫，离卦，☲。生产，秩序，规划，计划，合同，契约，文书，资格证书，资质证书，学位证书，等等。

类奇门遁甲各种状态，可以根据八卦阴阳的阖、辟、往、来，判断其元、亨、利、贞、悔、吝、厉、咎八态，但欲详细了解事情的由来起始过程，得用八卦小成图法推测九宫中的相应卦象。这个程式分四个路径。

（一）正推法

从取用宫开始，看取用宫上是何卦，再推此卦宫（地盘）上是何卦，直到不能推为止。

例如，经济发展☲离为主卦，物流业☵涣为之卦，为经济发展的促进力，动力启动从震宫的☳始，首先到巽宫的☴，其次到兑宫的☱，再次到坎宫的☵，最后到离宫的离为止。如图1—24所示。

　　　　离　　　　　　　涣

图1—24　经济发展☲离之☵

经济发起始于震宫，震宫落☳，显示经济发展初始，首先处理有关信息，应用有关知识制订发展计划；巽宫落☴，说明发展计划的实施依靠组织，由各级组织调动、配置和调整资源；兑宫落☱，说明经济组织的主要任务是处理流动的要素，使其配置优化、合理流动和高效替代；坎宫落☵，说明流通领域工作的重点是计划、合同、契约等。

正推法又叫刚柔相推法，指的是天盘为阳，地盘为阴，在阴阳之间反复推导，它的意义在于推导事情的整个发展过程，如果是射覆，则是推出被射物品的所有特性。

（二）旁推法

要用旁推法，需要记住《说卦传》所说的"天地定位，风雷相搏，山泽通气，水火不相射"这句话，可以把八个单面卦两两分为四组，每组之间的两个卦可以互通，即乾☰与坤☷通、震☳与巽☴通、艮☶与兑☱通、坎☵与离☲通。所谓的相通，就是说在你解卦的时候，应该要参考相通的卦宫（地盘）里的什么卦，以便得出更详细的结论。

通卦有两种取法：一种是取与天盘的卦相通的卦宫；另一种是取与地盘宫相通的卦宫，在使用的时候，可以根据事情阴阳的不同而选择性使用，更多情况下是要互相参看。

旁推的使用只是在正推已无法进行时采用，一般情况下都是用正推。

（三）触类法

触类法指的是取用宫里的卦，还出现在其他的宫里，这个时候，可以参考触类宫。

如流通问题看坎宫，若坎宫见巽。再观天盘，除了坎宫之外，震宫亦见巽，那么这个时候也要参看震宫的情况。判断的时候，应当考虑巽为信息、震为动力，信息和动力都应重视。

（四）上下步法

在正推、旁推和触类推法过程中，上步推出的经卦与下步推出的经卦可组成一个六爻卦，分析这个卦的吉凶，判断其状态。

第二章

资源利用文化软实力

资源利用文化软实力由发动力、凝聚力、包容力、中和中正力与整合力五部分所组成。

第一节　资源利用文化软实力含义

一　文化软实力

软实力（Soft Power）一词最早是由美国学者、哈佛大学肯尼迪政府学院院长约瑟夫·奈（Joseph Nye）在 1989 年撰写的《注定领导》一书中提出来的。自此之后，中国学者对其相关著作进行了翻译和阐述，并结合中国国情把软实力概念融入中国的文化建设中，发展形成了"文化软实力"的概念。

（一）文化概念

文化是人的产物，是人的行为特性。如人的衣、食、住、行、经济、政治等，就有服装文化、饮食文化、居住文化、交通文化、经济文化、政治文化等。由于人的行为无所不包，文化也就包罗万象。因此，"文化"一词的定义众说纷纭。

学术界普遍引用的是人类学之父泰勒（E. B. Tylor）在其经典著作《原始文化》中的定义，即"文化，或文明，就其广泛的民族学意义来说，是包括全部的知识、信仰、艺术、道德、法律、风俗以及作为社会成员的人所掌握和接受的任何其他的才能和习惯的复合体"①。2001 年联合国教科文组织大会第三十一届会议上通过的《世界文化多样性宣言》认

---

① ［英］E. B. 泰勒：《原始文化》，连树声译，上海文艺出版社 1992 年版，第 1 页。

为，文化是"某个社会或某个社会群体特有的精神与物质、智力与情感方面的不同特点之总和；除了文学和艺术外，文化还包括生活方式、共处的方式、价值观体系，传统和信仰"。

1. 中国文化概念

"文"与"化"并联，最早见于《易》，䷕贲卦，如图2—1所示。

䷕贲，亨。小利有攸往。

《彖》曰：贲，亨；柔来而文刚，故亨。分刚上而文柔，故小利有攸往，天文也；文明以止，人文也。观乎天文，以察时变；观乎人文，以化成天下。

《象》曰：山下有火，贲；君子以明庶政，无敢折狱。

䷕贲，《说文》："贲，饰也，从贝卉声。"《序卦》："贲者，饰也。""贲"字，从"卉"从"贝"。上艮☶山草木象"贲"，下离☲为"贝"，贝壳坚硬之象，合之成"贲"。类花之情与通贝之德。

贲，亨，阴阳得配而往前为亨。"小利有攸往"者，归藏得"震"为动，行为往。上卦☶下卦☲皆上升向外为亨。"有攸往"，其为"小利"者，☲中女对少男，阴阳偏配，互卦☳同性而辟为有利也。

彖辞解"贲亨"为"柔来而文刚，故亨"者，亦指刚柔相配。离☲阴为柔，艮☶阳为刚也。分者，分开上下卦而论之，上卦艮☶为阳为刚，下卦离☲为阴为柔。故曰"刚上而文柔"。阴阳傍配，二卦皆上升向外，故曰"小利有攸往"。又曰"天文也"，以艮☶为主，艮主爻在上，上为天，故属天文。"观乎天文，以察时变"者，万事之首，看天时、地利、人和。艮☶为一年之终与一年之始，皆表时空，建丑建寅，成终在于成始也，有始有终，要把握事物整个产生、形成与发展的全过程。

"文明以止，人文也"，以离☲为主，离☲主爻在中，中属人，故曰人文。"观乎人文，以化成天下"者，阳光政策，人君面南而治，天下文化素质造就于统治者之德行。"人文"和"化成天下"放在一起就是指用人伦秩序规范世人行为和教化天下。

《象》曰："山下有火，贲；君子以明庶政，无敢折狱。"䷕贲，是山下有火，光彩辉耀，故名贲。贲，饰也，美丽至极。

下卦☲离为日，下互☵坎为月，合为明。艮山林木草丛为众为庶；帝出乎震，南面听天下为政，合为庶政。"无敢折狱"者，不敢不用法治，而取消牢狱。虽说"化成天下"，仍当"利用狱"也。上艮止下互坎小人。下震动，上艮止，为"狱"象。震为言，震为言者，发言则下颏动以象震也。又为倒艮，是为反犬，上艮为犬，合为"狱"字，故曰"无敢折狱"，而有狱之用在也。国家治理须仁德之治与法刑之治相结合，两者不可偏废。既严于法，又重于情。不审势则宽严皆误，治理者要脑筋清醒。

从现有的文字典籍看，"文"与"化"真正结合成"文化"这一合成词是在西汉刘向的《说苑·指武》中："圣人之治天下也，先文德而后武力。凡武之兴，为不服也，文化不改，然后加诛。"这里的"文化"就是指文治教化，这也是古代汉语中"文化"一词的基本含义。"文治教化"就是以个人修身养性为基础，进而内圣外王，齐家治国平天下。可见，传统的文化概念暗含着通过精神层面的感化、说服，达到稳固统治国家的治理思想。"文化"在这里是国家软实力的核心和精髓。

2. 西方文化概念

西方社会的文化概念出现在古罗马时期，古罗马人在拉丁语 cultus 的基础上创造出了 cultura 一词。英语中的 culture（文化）即来源于此，用来表达人类改造自然活动的过程。

文艺复兴时期，文化一词作为一种独立的人类活动形式逐渐开始成为独立的概念。德国法学家 S. 普芬多夫把文化概括为社会的人的活动所创造东西和有赖于人的社会生活而存在的东西的总和。

18 世纪，启蒙思想家们从理性主义角度揭示了文化的起源、发展、本质及其功能。如意大利哲学家维柯（Giovanni Battista Vico, 1668—1744）的《新科学》《普遍法》及《论意大利最古老的智慧》等，认为文化是人类依据其理性创造出的国家、政治制度、宗教、道德、艺术等的一切东西[1]；伏尔泰（Voltaire）、弗朗西斯—马利·阿鲁埃（Francois-Marie Arouet, 1694—1778）也认为文化是人创造的精神体观形式；法国政治家和经济学家杜尔阁（Anne Robert Jacques Targot, 1727—1781）、数学家和哲学家孔多塞（Marie Jean Antoine Nicolas de Caritat, arquis de Condorcet, 1743—1794）等又把文化发展归结为人的理性和文明进化的结果；

---

① ［意］维柯：《新科学》，朱光潜译，商务印书馆 1989 年版，第 165 页。

德国哲学家赫尔德（Johann Gottfried Herder，1744—1803）视人为文化的产物，人的发展就是文化的进步。伊曼努尔·康德（Immanuel Kant，1724—1804）认为文化是人从自然人向社会人转变的过程和结果。格奥尔格·威廉·弗里德里希·黑格尔（Georg Wilhelm Friedrich Hegel，1770—1831）指出文化是理性精神外显，是一个脱离人间进而统治人间的形而上学的概念。马克思、恩格斯批判脱离社会经济生活的理性主义文化史观，突出文化作为上层建筑被经济基础决定的重要作用。

19 世纪下半叶，达尔文的进化论引发人类学家、社会学家、民族学家、文化学家开始研究文化演变问题。文化概念的外延逐渐拓展到无所不包的范围。

1871 年，英国学者爱德华·B. 泰勒（Edward Burnett Tylor，1832—1917）指出文化包括知识、信仰、艺术、道德、法律、习俗以及作为社会一员的人所获得的生存能力和生活习惯。

1952 年，美国文化学家克鲁伯（A. Kroeber）和克拉克洪（C. Kluck-hohn）提出了文化五要素和文化六维度概念。文化五要素即行为模式、传递方式、表现形式、核心价值和作用功能；而文化六维度则包括与环境的关系、时间取向、人的本质、活动取向、责任中心和空间概念。

（二）文化软实力分野

1. 中国传统文化软实力思想

文化在古代中国语境中代表一种治国方略，即人文教化，是国家软实力的同义词。"文化"治国之道，远胜"武治"之功。内圣外王，内行"文德教化"，外主"王道"弃"霸道"。《孟子·公孙丑上》曰："以力服人者，非心服也，力不赡也；以德服人者，中心悦而诚服也。"孟子把以力服人者称为"霸道"，以德服人者称为"王道"。《孟子·尽心下》曰："仁人无敌于天下。"《孙子兵法》曰："不战而屈人之兵，善之善者也。故上兵伐谋，其次伐交，其次伐兵，其下攻城。"

老子《道德经》第四十三章曰："天下之至柔，驰骋天下之至坚，无有入无间。"又在第七十八章曰："天下柔弱，莫过于水。而攻坚强者，莫之能胜。其无以易之。弱之胜强，柔之胜刚，天下莫不知，莫能行。"

古人训，国之治，既要发展经济、军事和政治等国家硬实力，更要重视文德教化等国家软实力。硬实力心从口服，软实力体现心服。心服口服，长治久安。

2. 西方语境中的软实力概念

文化软实力理念是典型的由中国文化产生、形成和发展而成的完整概念，但"文化软实力"却是在西方语境下的"软实力"提出之后，才成为一个专有名词。

美国学者约瑟夫·奈（1937—　）的"软实力"概念，用以指一种常常源于文化和价值观念并在大多数情况下被忽视的吸引力，是一种通过吸引而不是强制和利诱手段获取你所要东西的能力。① 约瑟夫·奈将"软实力"称为"同化实力"，是"一个国家造就一种情势，使其他国家仿效该国倾向并界定其利益的能力。这一实力往往来自文化和意识形态吸引力、国际机制的规则和制度等资源"。约瑟夫·奈列举了美国软实力主要资源有：美国文化、意识形态、美国的社会制度、国际机制的规则和制度、跨国公司、信息收集传播等。

2004 年约瑟夫·奈在其著作《软力量：世界政坛成功之道》（*Soft Power: The Means to Success in World Politics*）提出了软实力的三个来源：（1）文化，在能对他国产生吸引力的地方起作用；（2）政治价值观，当它在海内外都能真正实践这些价值时；（3）外交政策，当政策被视为具有合法性及道德威信时。②

二　资源利用文化软实力

所谓资源利用文化软实力是指资源配置运行的机制与秩序形成的系统正向做功的能力。

机制与秩序同为规律的反映，是行为者默认并共同遵守的一系列原则、规范、规则和程序，概括亦为一种文化。机制内向，属阴，是规律的隐性体现；而秩序外向，属阳，是规律的显性表现。机制与秩序是规律一体的阴阳两面。为此，可以量化秩序去测度机制，通过平稳秩序与协调机制来遵循规律提升资源利用文化软实力。

效率与秩序同为控制变量。效率是秩序的基础，秩序是效率的保障。

效率是资源利用的中心议题，追求要素高效率的资源配置优化成为现

---

① Joseph S. Nye, Jr., "Soft Power", *Foreign Policy*, Issue 80, Fall 1990, pp. 153 – 171.

② ［美］约瑟夫·奈：《软力量：世界政坛成功之道》，吴晓辉、钱程译，东方出版社 2005 年版，第 11 页。

代微观经济学的主要函数。为满足函数建模求解的数学要求，秩序以及一切文化因素被限定为常数不计入函数模型中，而且进一步假设市场充分竞争（信息对称完备、要素同质并自由流动、产品市场出清、经济人偏好、企业利润最大化、进入退出无门槛、无垄断等）、技术水平一定（不变）、制度背景一定（不变），等等。假设条件为建模的必要技术需要，而放开约束条件是科学研究的要求。科学的本质在于实证性，强调逻辑一致与经验事实的验证。因此，按照现实世界的本来面目描述、分析和研究世界，是资源经济学成为科学并富有生命力的先决条件和根本出路。单纯追求工具和逻辑的完美而无视现实，只表明人类在经济知识上的进步，但不是资源经济学成为科学的表现。为此，技术进步、制度进化和结构优化中的经济增长进入经济函数研究领域，而保持经济社会秩序稳定渐进成为当今社会、政治、经济和文化学术界关注的主题。资源利用秩序主要靠权威规范和道德自律，即通过法治与德治的结合去实现。资源利用秩序已不单单是资源经济增长问题，而是一个社会系统治理文化问题。

资源经济治理理论强调资源主体之间以及与政府之间良性互动网络体系的复杂性机制，复杂性科学范式解决了许多资源经济学难题，但又面临新的严峻挑战。

复杂性科学范式中的要素关系，仍然未摆脱同质无限替代的相关关系。而现实中的资源不是同质的，有阴阳之分，且阴阳程度随着资源开发的时间、方位、组合方式、利用力度大小和速度快慢而不同，它们不仅仅是相关的实现配置主体效用最大化的要素量的替代，更是为达到和谐并实现共同富裕，对要素间相生相克等关系的调节，以阴阳平衡机制，实现经济社会发展的协调与均衡。

复杂性科学范式中的结构优化，依然主要关注的是同素、同构、部分占总体比例的效率调整。而现实经济中的结构是要素社会角色关系的组合，其优化是要素经济社会关系状态的改善。复杂性科学范式中的经济系统进化，依然忽视市场多层次（政府、企业、个人等）不完备和背景多重约束差别，以及在此基础上形成的主体本质差异性，以系统特征值的数量变化度量系统质量的变动。虽然量变到一定程度可能引起质变，数学函数的拐点与极值点在理论上也可寻得，但大部分系统质量不断变化，而其函数值并未出现拐点与极值。以一个或几个变量数值变化测度系统质变点只是千百种质量测定方法的一种，并不适合全部。因此，以系统特征值数量变化测度系统的秩序性质很难找到标尺刻度，因为绝大部分序参量函数无拐点和极值点。协同学把在系统演变中起主导作用的变量称为序参量（order），通过计算序参量系列之间的关联性大小来测定经济系统的有序度。这"有序度"实际上是序参量方向和速度之间的相关性数值大小的表达，并不能真实反映资源系统要素相位结构变化的资源利用秩序状态。

资源利用文化软实力研究应分析现代经济学和复杂性科学的上述不足，从原理方法范式上进行补充，使其更加完善。

第二节　资源利用文化五软实力

文化软实力是由包容力、发动力、凝聚力、中和中正力和整合力构成的一个有机系统。

一　包容力

《庄子·天下》："常宽容于物，不削于人，可谓至极。"《后汉书·傅燮传》："陛下仁德宽容，多所不忍，故阉竖弄权，忠臣不进。"

《系辞》（上）第六章曰："夫易广矣大矣，以言乎远则不御，以言乎迩则静而正，以言乎天地之间则备矣。"《易》之广大，大方无偶。"易"无外无内，大到宇宙无限，小到原子、粒子、灵子无止。《易》为中华优秀传统文化之架构，有无限的包容性。《系辞》（下）第十一章：易"其道甚大，百物不废，惧以终始，其要无咎，此之谓易之道也"。"易"包罗万象，揭示万物之规律，按照自然规律办事，就会无咎，不犯错误。

二　发动力

《庄子·至乐》曰："万物皆出于机，皆入于机。"成玄英疏："机者发动，所谓造化也。"郑玄注："机，发动所由也。"

《系辞》（下）第二章曰：

> 古者包牺氏之王天下也，仰则观象于天，俯则观法于地，观鸟兽之文与地之宜，近取诸身，远取诸物，于是始作八卦，以通神明之德，以类万物之情。作结绳而为网罟，以佃以渔，盖取诸《离》。
>
> 包牺氏没，神农氏作，斫木为耜，揉木为耒，耒耜之利，以教天

下，盖取诸《益》。日中为市，致天下之民，聚天下之货，交易而退，各得其所，盖取诸《噬嗑》。

神农氏没，黄帝、尧、舜氏作，通其变，使民不倦，神而化之，使民宜之。《易》穷则变，变则通，通则久。是以自天佑之，吉无不利。黄帝、尧、舜垂衣裳而天下治，盖取诸《乾》《坤》。

刳木为舟，剡木为楫，舟楫之利，以济不通，致远以利天下，盖取诸《涣》。服牛乘马，引重致远，以利天下，盖取诸《随》。重门击柝，以待暴客，盖取诸《豫》。断木为杵，掘地为臼，杵臼之利，万民以济，盖取诸《小过》。弦木为弧，剡木为矢，弧矢之利，以威天下，盖取诸《睽》。

上古穴居而野处，后世圣人易之以官室，上栋下宇，以待风雨，盖取诸《大壮》。古之葬者，厚衣之以薪，葬之中野，不封不树，丧期无数。后世圣人易之以棺椁，盖取诸《大过》。上古结绳而治，后世圣人易之以书契，百官以治，万民以察，盖取诸《夬》。

结合现代社会，经济发展发动力有十二个，分别为第一发动力《涣》和《随》，说明通过制度和基础设施的建设，保持资源的自由流动是社会经济发展的首要条件；第二发动力《恒》，显示投资建设是社会经济发展的直接动因；第三发动力《益》，揭示资源配置优化、外部性内在化和分配合理化是社会经济发展的基础；第四发动力《小过》，表示工业化是社会经济发展的推进器；第五发动力《家人》，昭示信息化是社会经济发展的关键；第六发动力《噬嗑》，阐明社会需求是社会经济发展的推发动力；第七发动力《离》，证明按照生产力要求调整生产关系是社会经济发展的基本规律；第八发动力《大壮》，验明房地产开发是经济发展的强化剂；第九发动力《豫》，明示社会安全和谐是社会经济发展资源的载体；第十发动力《大过》，反映生态环境平衡是可持续发展的保证；第十一发动力《师》，警示政治是社会经济发展的统帅；第十二发动力《谦》，概括共同富裕是社会经济发展的目标。

三　凝聚力

产生于公元前 7000 多年的《易》认为，人事有八种状态：元、亨、利、贞、悔、吝、厉、咎。

元，人事吉、佳、优状态，是指有机体阴阳得配而向心。向心就是凝聚力。"心"为核心利益和核心价值观。中国人民，不分民族、贫富、贵贱，都可以在中华民族核心利益和核心价值观下团结一致，这种力量就是向心凝聚力，靠这种凝聚力，中华民族统一、团结、富强，几千年长盛不衰。

四　中和中正力

中和与中正是中华优秀传统文化的核心理念之一。

（一）中和

"和"字早在《尚书》中就已经出现。《尧典》曰："百姓昭明，协和万邦。"《舜典》曰："八音克谐，无相夺伦，神人以和。"《周官》曰："庶政惟和，万国咸宁。"《论语·子路》曰："君子和而不同，小人同而不和。"《朱子语类》卷十八曰："中和在我，天人无间。"

"中"是指"执两用中"，"无过不及"。也就是在任何情况下都不走极端，以适宜持中的方法解决实际生活中存在的问题；"和"则是指化解对立、求同存异，在各种矛盾、对立的因素中寻求一致性、保存差异性，由此使事物得到进一步发展。"中""和"之道强调最多、最详的无外乎"持中""适度""均衡""稳定"以及"差异共存"等概念及理念。

（二）中正

《礼记·乐记》曰："中正，无邪礼之质也。""礼者，天地之序也。""夫礼必本于天，动而之地，列而之事，协于分艺。""及夫礼乐之极乎天而蟠乎地，行乎阴阳而通乎鬼神，穷高极远而测深厚。"《左传》曰："夫礼，天之经也，地之义也，民之行也。"《白虎通·情性》曰："礼者，履也，履道成文也。"《礼记·经解》曰："礼之教化也微，其止邪也于未形，使人日徙善远罪而不自知也。"《礼记·学记》曰："化民易俗，近者说服，而远者怀之。"《礼记·礼器》曰："君子有礼，则外谐而内无怨。"《后汉书·文苑列传》曰："和而不同，以救过为正，以匡恶为忠。"

礼为天地万物运行的秩序。秩序是规律的体现，其形式为规矩、规则、制度。中正，即符合事物发展规律的规矩、规则、制度内化而形成的秩序。中正是一种矫正力量，可以将偏离事物发展规律的行为通过制度、规则、规矩而使其回归到正常的轨道上来。

中正不仅是一种均衡与矫正力量，而且是一种优化力量。

"中"或"中正"在《易传》中被认为是事物的稳定合理状态。一个六爻卦，上卦与下卦、中互的上互与下互、小成图中的八宫与中宫的卦，如果结构状态是元、亨、利、贞，就为"中正"；此外，六十四卦的上下卦之中位，即二、五爻，往往决定卦的吉凶性质，二爻为阴，五爻为阳，整个卦为吉。若二、五爻呈九二与六五配置，虽不当位，但居上卦之中之六五与下卦之中九二阴阳呼应，整卦仍为吉。

中正，能将事物发展不顺利的悔、吝、厉、咎状态，调整为顺利的元、亨、利、贞状态。

五　整合力

《春秋繁露·深察名号》曰："天人之际，合而为一。"天人合一就是人与自然合一。《素问·气交变大论》曰："善言天者，必应于人。善言古者，必验于今。善言气者，必彰于物。善言应者，因天地之化。善言化言变者，通神明之理。"《说卦传》第二章曰：易 "是以立天之道，曰阴与阳。立地之道，曰柔与刚。立人之道，曰仁与义"。《道德经》曰："人法地，地法天，天法道，道法自然。"

天、地、人三者因其道而整合在一起，展示中华优秀文化的思想核心和精神实质，体现了中华民族的世界观、价值观的思维模式的整体性、全面性和自新性。整合范式是演绎分解与归纳总结的辩证统一。分化伴随着整合。分化，差异显现；整合，矛盾消解。差异，动力之始；整合，力量之本。无差异，则难以产生动力；而唯有整合，动力方能形成。

《系辞》（上）第四章曰："易与天地准，故能弥纶天地之道。"易能模拟事物发展演化的任一过程。分解显示其要素结构关系，整合突出系统整体本质。

欲知经济系统特征和功能，首观其天地造化之构成。若解剖其内部结构与组织，则明其动力构件及传送，并昭示其运行机制之中庸。

第三节　资源利用文化五软实力结构

传统文化五软实力相互之间组成纵横交织的网络关系。

一　纵横结构

软实力分解为包容力、发动力、凝聚力、中和中正力与整合力，空间配置成完整结构。传统文化软实力，起始于包容力，完成于整合力。

（1）包容力，是其结构的外延，是发动力、凝聚力、中和中正力与整合力的基础和前提，容得下多样性才能组成一整体，求同存异，团结一切可以团结的力量，方能不断壮大发展；

（2）发动力，是其结构的中心，任何力的作用都必须建立在有关元素的移动或发动上，如果有关要素静止不动，各种力难于做功；

（3）凝聚力，是其结构的脉络，是继发动力后启动的矢量，表现在民族层面上力的向心方向，核心创新力和竞争力的形成；

（4）中和中正力，是其结构的稳定器，中和是均衡力，能有效消除以上三力作用下衍生的各种差异，中正力是矫正力和优化力，矫正力能确保政府和经济主体不偏离正确方向，优化力能保证社会经济文化资源配置优化；

（5）整合力是其结构的调整器，集前四力的效应，协调各力的关系，实现总体目标。

二　网络结构

软实力的包容力、发动力、凝聚力、中和中正力与整合力，组成一关系功能网络。网络结构反映了五个软实力之间在时空方面有机联系与相互作用的方式或顺序，决定着软实力分布状况和整合深度，规定着软实力的运作方式、行为取向和绩效大小，显示出软实力网络运行机理。

（一）软实力网络结构的资源

软实力网络在五个软实力之间建立更加稠密的彼此联结，物质资源以及信息、技术、知识等无形资源在整个网络范围内可以得到广泛的流动，资源整合的范围也随着节点之间联结的增多得到扩大。同时，能够促进多维合作，更有利于五个软实力之间的交流和协调。

软实力网络可以缩短信息在各软实力传递的平均路径长度。信息传递长度反映了软实力之间资金、人才等有形资源在网络节点间有效流转整合的成本大小、难易程度以及知识信息扩散、传播的深度与速度。较短的平均路径长度意味着，软实力之间发生联系较为容易，进行各类合作、协同所花费的成本较小，信息可以在节点之间得到迅速、深入的传播。

软实力网络使五个软实力空间分布更加均衡，软实力空间分布特征影响到资源获取、整合方式。分布均匀的软实力，它们之间的联系也更为全面及多向，通过全面协调进行资源整合。软实力与硬实力的联系更为广泛和密切。

（二）软实力网络结构的创新

软实力网络结构及其蕴含的网络社会资本为物质、人才、资金、信息和知识等多项创新资源的获取、整合提供了平台，提升了有利于敏感信息和隐含知识传播的信任和相互关系。同时，这种紧密关系帮助行为主体从各方了解有效判断创新的有用性及前景的信息，降低了创新的不确定性。

一个具有较短平均路径长度的软实力网络意味着行为主体接触成本低，便于联系。同时有利于各类关于市场、技术信息得到较为快速以及深入的传播。与平均路径长度较长、独立软实力之间接触成本昂贵的分散结构相比，短平均路径长度显然在提升软实力网络的创新能力方面更为有效。

软实力分布均匀时，地位相同的行为主体之间可以实现技术、知识、资金的广泛共享，优势互补以及风险共担。这意味着，这些行为主体既可以通过竞争始终保持足够的创新动力及高度的警觉和灵敏性，又可以获得权威核心主体才拥有的创新资源优势，实现集群式创新。

（三）软实力网络结构的安全

软实力网络整体稳定性高，其均衡结构能有效地减缓外部冲击而安全性高。但凝聚力（如整合）力可能促使网络聚集性提高，这意味着行为主体之间密切的经济、知识与社会联系伴随这种网络结构的强连接作用以及由此形成的高度内聚性的网络特性，可能导致集群网络的锁定效应。这一方面是由于行为主体受到资源有限的制约；另一方面是由于关系密集的网络内存在大量的信息冗余，并缺少新信息的获取。因此，随着关系密集性的不断增强，软实力创新能力和对社会需求变化的应对能力可能下降。

当软实力网络对社会需求变化的应对能力下降时，行为主体之间各类信息的传播可能经过某些节点时而停止，即使变化信息为某些行为主体所察觉到，也不能使其他行为主体产生危机感，整个网络对外界信息变化的反应就会显得较为迟钝。

当软实力信息分布不均匀时，网络表现出相当的脆弱性，由于核心行为主体在网络连通性中的支配作用，少数节点故障会将整个软实力网络割裂成许多子网络，严重影响整体的连通性。如果这种局部的缺陷一旦扩散，网络完整性就会遭到破坏。

第三章

资源利用文化软实力运行机制

"机制"一词原指机器的构造和动作原理，其内涵包括两部分：一是机器由哪些部分组成和为什么由这些部分组成；二是机器是怎样工作和为什么要这样工作。

机制是行为者默认并共同遵守的一系列原则、规范、规则和程序。

"机制"与英文"mechanism""regime"和"measure"所对应，mechanism重在机制的结构，regime强调机制的制度，而measure侧重机制的措施。

与现代"机制"对应的古汉语是"德"。德一般指人们共同生活及行为的准则和规范，反映行为者操守和品行。德的本义为顺应自然、社会和人类客观需要，循道从事。道是规律，在昭示一切，德是道的载体，体现道的细节。大道无言无形，吾辈唯德而践行。德是机制，是实现道的形式、途径和程式。

老子的《道德经》可以视为有关规律与机制的学说。

机制用以说明物体的构造、功能及其相互关系，将其基本含义引申到不同的领域，就产生了不同的机制。如机械机制是机器构造和动作原理；生物机制是有机体内在的工作方式；社会经济管理机制是社会经济系统内部各子系统要素之间的相互作用、相互制约、相互联系的形式，是其良性循环不可或缺的要素。

《系辞》第七章曰：

> 《易》之兴也，其于中古乎？作《易》者，其有忧患乎！
>
> 是故，履，德之基也；谦，德之柄也；复，德之本也；恒，德之固也；损，德之修也；益，德之裕也；困，德之辩也；井，德之地

也；巽，德之制也。

    履，和而至；谦，尊而光；复，小而辨于物；恒，杂而不厌；损，先难而后易；益，长裕而不设；困，穷而通；井，居其所而迁；巽，称而隐。

    履以和行；谦以制礼；复以自知；恒以一德；损以远害；益以兴利；困以寡怨；井以辩义；巽以行权。

资源利用文化软实力的运行机制如下：

（1）运行之基《履》，是经济要素和谐协调自由流动；

（2）运行之柄《谦》，是上善若水般地把握住所有事物发展变化规律；

（3）运行本质《复》，是软实力运行发展为周期循环中螺旋式上升；

（4）运行之固《恒》，是保持社会经济发展的可持续性；

（5）运行之修《损》，是社会经济控制重在要素贡献与收入报酬；

（6）运行之裕《益》，是适时调整发展空间以保其与时俱进；

（7）运行之辩《困》，是软实力运行重在内部组织强化与矛盾化解；

（8）运行之地《井》，是软实力运行升降进退有序化；

（9）运行之制《巽》，是软实力运行以创新立命与行法律之准绳。

第一节　运行之基

    "☰ 履，德之基也；和而至；以和行。" 任何事物发展，首先要有牢固的基础；其次内外关系必须和谐；最后还要协调运行始终。机制之基是要素和谐协调流动。

一　内容

（一）德之基

    ☰ 履，六三爻阴，像足心凹处，上卦乾 ☰ 阳爻像脚掌，下卦 ☱ 兑初二爻像脚后跟，合而观之，乃一个鲜明的脚印图形，如插图 3—1 所示。

    ☰ 履，鞋也。履为步履，像鞋印，像脚迹，表"行动"，示"实践"。启程之始，敢问路在何方？路在脚下。万事开头，艰难呼？实践明之。

《彖》曰：履，柔履刚也。说而应乎乾，是以履虎尾，不咥人，亨。刚中正，履帝位而不疚，光明也。

观天象，见奎、娄、胃、昂、毕、觜、参西方白虎七宿，奎宿星座像只"鞋"。据此，丹元子《步天歌》曰："腰细头尖似破鞋，一十六星绕鞋生"，形象地描述客观存在着的这个奎宿似鞋形，而且正位于白虎七宿之尾，故称"虎尾"，如插图3—2所示。

履虎尾。随时有一种踩到虎尾巴的感觉，要小心谨慎。说而应乎乾，《乾》九三爻"君子终日乾乾，夕惕若厉，无咎"。意为时时处处加以防范，毫不松懈，虽有困难和危险，仍可平安无事。因为《履》之☱承☰，即柔履刚，刚柔并济，上卦☰与下互☴阴阳得配而往为亨通，中正也。

（二）和而至

和，寓于天地。☱履，鞋。在天形似奎宿星，在地形似人脚印，天地呼应，天人合一，和鞋（谐）统一，天经地义。

《象》曰：上天下泽，履。君子以辨上下，定民志。

和，在于民心。和，定民志。和，民心所向。和，本具凝聚力和向心力。人皆如《论语·里仁》所言"见贤思齐焉，见不贤而内自省也"，那我们这个社会就能够长治久安，人与人亲密无间，天下自然"履和而至"。

（三）以和行

☱履，天"奎"与地"履"同形，天地呼应，上下两层融会贯通。软实力运行，首要的是做好"双层设计"，即底层"孝"与顶层"忠"紧密结合，融为一体，不可分割。《礼记·大学》曰：

一家仁，一国与仁；一家让，一国与让；一人贪戾，一国作乱；其机如此。

我们往往只注重道德教育的顶层"忠"的上层建筑，而忽视底层"孝"的基础设施。如"八荣八辱"和"二十四字社会主义核心价值观"，只有顶层的"忠"，却无底层的"孝"。缺"孝"的"忠"，犹如脱手的风筝，不能为人所用。试想，一个在家不能孝顺父母的人，怎能指望他效忠国家为社会做出什么贡献呢？

"和"之治理，上下多层和谐统一，循礼分层分级各司其职，到处都充满祥和瑞气，"以和行"，天下定矣。

二　路径

（一）资源要素流动与其功能转化分离相协调

䷉履，初九：素履往，无咎。
《象》曰：素履之往，独行愿也。

䷉履之䷅讼。乾兑皆白色，为素，履讼皆离心之式，分离之状。䷜为险阻，履为行动，即要素分离行为会遇见阻力，有险情。但"素履往"，乾坎同性离之，两利也。阴阳失配而分之，两仇人不见面，故曰无咎。

文化经济资源要素自由流动的前提资源要素功能转化与分离。资源要素发挥着市场经济高效与社会福利保障双重功能。在经济发展初期，自然经济占主体，自给自足，社会福利保障由家庭承担，土地、劳动力和资金主要发挥着社会福利保障功能，市场流动性很低；而当市场经济进入发达期，商品经济占主体，福利保障逐渐社会化，土地、劳动力和资金主要发挥着市场经济高效功能，市场流动性就会逐步提高。

文化经济发展的基础是资源优化配置，而资源优化配置前提是要素自由流动，但要素自由流动又取决于资源要素功能转化与分离。如图 3—3 所示。

履　　　　讼

图 3—3　文化经济机制之基履䷉之讼䷅

（二）文化资源要素流动渠道畅通

䷃履，九二：履道坦坦，幽人贞吉。

《象》曰：幽人贞吉，中不自乱也。

䷆履之䷘无妄。说明所走的道路是平坦的，不与人争道者隐逸之人得吉。"履道坦坦"者，兑变震，震为大途，兑为悦，震泽䷵归妹为幽隐之人，"幽"字从山从两幺。无妄䷘，下互艮为山（含阻止），上互巽为绳为幺（含拦截），两幺于山中成"幽"字。贞吉者，风山䷴渐，阴阳得配而来为贞吉也。

资源要素流动渠道要畅通，"履道坦坦"。不设关阻拦，勿争相抢道，资源要素保持沟通协调（向心交流），有序流动"不自乱"为原则。

（三）资源要素价位适当

䷃履，六三：眇能视，跛能履，履虎尾，咥人凶。武人为于大君。

《象》曰：眇能视；不足以有明也。跛能履；不足以与行也。咥人之凶；位不当也。武人为于大君；志刚也。

䷃履之䷀乾。履下互䷝离，离为目。履上互䷸巽，巽伏震为足也。瞎了一只眼还能看，跛了一只足还能走，但是视之不够明，行之不够正，犹如踩着了老虎尾巴，会被老虎吃掉，凶事呀。这是䷃六三一爻不当之故，"位不当也"。然䷃六三爻为众象之中心，动变䷀乾，乾为君，为阳刚之性而统领归宗，"武人为于大君；志刚也"。

资源要素流动的动因来源于其价位差异，保持适当的价位要依靠市场和行政力量，如果市场和行政力量失灵，就会形成不合理的资源要素价位，资源要素流动就如同瞎子和跛子走路，必行偏也。正确的治理措施是协调市场和行政力量，不能只依靠行政单方面的力量。

（四）资源要素流动调控危机意识

䷃履，九四：履虎尾，愬愬，终吉。

《象》曰：愬愬终吉，志行也。

☰☱履之☴☱中孚。愬愬为恐惧状态。意为行动很危俭，能有危机感，不冒险，谨慎从事，不疏忽大意，终吉。

"愬"字从朔从心，朔为每月初一，即履卦上卦乾，其先天之数为一。心者，在卦为离，即履卦下互卦☲为心以当之，于是，朔上心下，重之即"愬"字也。用两愬字者，即履卦下卦兑，兑先天之数为二，以象愬愬二字也。

资源要素流动调控要有危机意识。要确保能源、粮食、生态环境等国家安全，预设突发事件应急处理机制，保障人民生命和财产安全。

（五）资源要素流动决策科学

　　☰☱履，九五：夬履，贞厉。
　　《象》曰：夬履贞厉，位正当也。

☰☱履之☰☱睽。位在九五之尊的当权者，行动有科学决断性，要能当机立断，不优柔寡断，并且坚持法定程序严肃进行。这是当位者应有的英明素质。

夬者，决断也；履者，行动也；贞者，坚持不改也；厉者，严阵以待而非儿戏也。

资源要素流动决策要科学、稳健、果断、英明。

（六）资源要素流动统筹兼顾

　　☰☱履，上九：视履考祥，其旋元吉。
　　《象》曰：元吉在上，大有庆也。

☰☱履之☱☱兑。说明观察行事的全过程，统筹兼顾，总结经验教训，回顾优、缺点，肯定成绩，纠正错误，去恶从善，自会取得圆满成功，"大有庆也"。兑为喜悦，因此吉庆也。

《尔雅》曰："履者，礼也"，《庄子·天下篇》曰："以礼为行"，"礼以道行"，即行者要按规则有序进行。

资源要素流动须统筹兼顾，要制度化、程式化、有序化。

第二节　运行之柄

"䷎谦，德之柄；尊而光；以制礼。"䷎，机制之柄是握住所有事物发展变化规律的关键为上善若水般地结构调整优化。

一　内容

（一）德之柄

䷎谦，外互震为言，内互坎为兼，合之称"谦"。䷎谦，外互震☳为始，内互坎☵为流程，下卦艮☶为手，至终。用手自始至终操纵事物发展变化的流程，即手柄或抓手。䷎谦，上卦坤☷性下降，下卦艮☶性上升，而且阴阳得配，所以亨通。能融合贯通天地之道者，自然成为德之柄，"谦"之内涵又为"济"。天道亏盈、地道变盈、人道恶盈、万物（鬼神）害盈，凡在天、地、人、物四道之中皆通"满招损，谦受益"，都能用"谦"来"调济"，"谦"成为机制之关键。如图3—4所示。

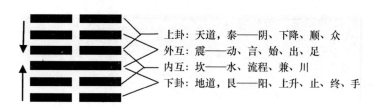

上卦：天道，泰——阴、下降、顺、众
外互：震——动、言、始、出、足
内互：坎——水、流程、兼、川
下卦：地道，艮——阳、上升、止、终、手

图3—4　谦䷎德之柄

（二）尊而光

"天道下济而光明"，䷎谦，处在天道的☷下行，犹如上天光辉普照大地，施雨露滋育万物。普天上下生气盎然。赞谦德之义，尊贵而光明。尊赐恩德，卑而不逾。谦者止于众下，坤艮之象也。"君子之终也"，光者，自始成终也。谦䷎之震☳为始，下艮☶为止即终也。

（三）以制礼

礼，礼貌。人之交往，以礼相待。礼者理也，体现的是一种谦让、一种和气、一种素养。

礼，规则与制度也。谦䷎，由坤☷、震☳、坎☵、艮☶四卦组成，为顺动如水达之义。规则与制度如潺潺流水，潜移默化，滋润万物。正如老子在《道德经》第八章所说："上善若水。水善利万物而不争，处众人之所恶，故几于道。"

二　路径

文化软实力运行机制之柄从☷☶谦，即事物发展的关键为结构调整优化。

（一）结构调整优化的依据

☷☶谦，初六：谦谦君子，用涉大川，吉。
《象》曰：谦谦君子，卑以自牧也。

☷☶谦之☷☲明夷。☷☶内卦☶艮外卦☷坤，内收敛外柔顺，抑制自身而顺乎外。外互☳震为足，内互☵坎为川，"用涉大川，吉"；☷☲下卦☲离为牛，上卦坤☷为文，合之成"牧"字，"卑以自牧也"。

经济结构调整优化的依据：一是内部生产力☶发展需要；二是外部市场☷变化需求。

（二）结构调整优化的中心

☷☶谦，六二：鸣谦，贞吉。
《象》曰：鸣谦贞吉，中心得也。

☷☶谦之☷☴升。☷☶互卦兑为口，上卦震为动，下卦巽为鸡，鸡口动为鸣。☷☴内互卦为兑为少女，☷☶下卦为艮为少男，合之为☱☶咸，少女少男阴阳有情向心则固而贞吉也。阴阳得配向心之式成"中心得也"。

事物结构调整优化的中心是要素关系和谐，阴阳平衡、位当、向心。

（三）结构调整优化的主导

☷☶谦，九三：劳谦君子，有终，吉。
《象》曰：劳谦君子，万民服也。

☷☶谦之☷☷坤。☷☶内互坎☵为劳，上互震☳为君子，下卦艮☶为终，"劳谦君子有终吉"；九三动变坤☷为众，为万民，为全要素。一阳得众阴归之，"万民服也"。

经济结构调整优化的主导是能带动全要素优化配置的新型产业的新的经济增长点。

（四）结构调整优化的评测标准

䷎谦，六四：无不利，撝谦。

《象》曰：无不利，撝谦；不违则也。

䷎谦之䷽小过。䷎下卦艮☶为手，上卦震☳为动，挥手即发挥之象也。"撝"同"挥"，即"发挥"。撝谦，为发挥谦德，故"无不利"，因"不违则也"。

经济结构调整优化使全要素发挥作用，其评测标准是全要素生产率。

（五）结构调整优化的原则

䷎谦，六五：不富以其邻，利用侵伐，无不利。

《象》曰：利用侵伐，征不服也。

䷎谦之䷦蹇。坤为地，艮为山，地与山是自然界邻居，再高的山也有土覆盖，坤为富，富以其邻。䷎六五爻动成为䷦，上卦☷坤变为☵，由山上之土成为山下之水，"不富以其邻"；䷦上互离☲为戈兵，"侵伐"之象，虽然上坎☵互离☲，阴阳正配而向心，没有什么"不利"，但上坎☵下艮☶，阴阳失配而向心相攻，为凶"征不服也"。

经济结构调整优化的原则是平等相待。在市场平等公平竞争；在行政平等以理服人。

（六）结构调整优化启动强制手段的条件

䷎谦，上六：鸣谦，利用行师，征邑国。

《象》曰：鸣谦，志未得也。可用行师，征邑国也。

䷎谦之䷳艮。"鸣谦"，发表符合谦德的管制条例、文件、公告、声明等，耐心说服并观察对方的反应，是否接受和执行有关制度规定。若无效果，即"志未得也"，则可"利用行师征邑国"，䷆师，众险谓之，师行险道。☶艮，下互坎☵为俭，上互震☳为行，艮为邑园也。邑国者，江山也，两山☶挟流水☵之状，为国家治理对象也。若对不执行政令的企业，应淘汰，"可用行师"，强制"关、停、并、转"。

经济结构调整优化启动强制手段的条件是用尽中性的市场和行政引导措施而无效时。

第三节　运行之本

"复☷，德之本也；小而辨于物；以自知。"软实力运行的本质是把握事物发展周期循环中螺旋式上升之规律。

一　内容

（一）德之质

《彖》曰：复，亨。刚反，动而以顺行，是以出入无疾，朋来无咎。反复其道，七日来复，天行也。利有攸往，刚长也。复，其见天地之心乎？

《说文》："复，往来也。"☷下卦震☳上升为往，上卦☷下降为来。震☳坤☷相合，一往一来为复。复者，反复，周期循环。取象太阳运行在夏至与冬至之间反复其道之象，如插图 3—5 所示。运行轨迹，有《周髀算经》"日出左入右，南北行"和具体的"七衡六间图"的内容相印证。"七日来复"者，七为太阳运行往复之周期，七天为一星期，运行不已。

（二）小而辨于物

☷，大到天体周而复始，小至万物生生不息。☷为一阳升，阳刚渐长之势。太阳运转中不断北移（冬至到夏至，与此相对应，夏至到冬至，太阳运转中不断南移），万物生长点高走，事物发展螺旋式上升，本质也，如插图 3—6 所示。辨大识小，辨小识大，本质相通，表现形式各异也。

（三）以自知

宇宙万物本质是相通的，以小识大，以自己感悟世界。内心一阳刚之气，可周游太空，无所不及。要自知之明，时刻把握自身在人事活动空间的位置和状态，审时度势，无往而不胜。老子在《道德经》第三十三章曰："知人者智，自知者明。胜人者有力，自强者强。知足者富，强行者有志。不失其所者久，死而不亡者寿。"

二　路径

文化软实力运行机制之本从䷗复，即经济发展周期循环中螺旋式上升。

（一）事物发展周期循环中螺旋式上升之始

䷗复，初九：不远复，无祗悔，元吉。
《象》曰：不远之复，以修身也。

䷗复之䷁坤。地逢雷处见天根，此刻气候极冷，但一阳升。太阳在南回归线上开始北移，天气逐渐变热。即冬至太阳开始返还，阳气开始上升。"祗"，地神，大也。又同"只"。"不远复，无祗悔，元吉"，"复"反本还原，"不远"，无距也。即省视环境，及时发现错误并改正错误，不只是悔而不改，是大吉的。

事物发展周期循环中螺旋式上升的起始，应为总结经验教训、辨识、投资，投资应是总结过去、把握现在、预测未来的审时度势的理性行为。

（二）事物发展周期循环中螺旋式上升之途

䷗复，六二：休复，吉。
《象》曰：休复之吉，以下仁也。

䷗复之䷒临。震☳为大途，二爻为中正之道，震☳为动为力，☱兑为口为谏，合之为仁者力谏之象也。"休复"，《说文》曰："休，息止也，从人依木。"休止歧途，复还中道则吉。之所以能休止错误歧途的发展，是由于下有仁人力谏而复还中正之道也。"休复之吉，以下仁也。"

事物发展周期循环中螺旋式上升的主道为中正之途，要广开信息来源，听从各方面意见，规避风险，谨防误入歧途。

（三）事物发展周期循环中螺旋式上升之频

䷗复，六三：频复，厉，无咎。

《象》曰：频复之厉，义无咎也。

䷗复之䷣明夷。☲离为头，☳震为步，合为"频"。频，事物往复，屡也。试错，屡错屡改，"频复"也。严厉执行，无咎。

事物发展周期循环中螺旋式上升，一来控制其周期循环频率，二来不断试错校正其运行轨迹。

（四）.事物发展周期循环中螺旋式上升之道

䷗复，六四：中行独复。

《象》曰：中行独复，以从道也。

䷗复之䷲震。六四爻为中，☳震为行，故曰"中行"。"独"者，反震☳为艮☶。艮☶为狗，坤☷为西南，蜀也，合成"独"字。变为震，动也。因此称"中行独复"。复为震，震☳为道路，四爻变震，得两震，从道之象。虽同行，但不同流合污。独改恶从善，故曰"中行独复"也，从道不从人，弃人治而主法治也。

文化经济发展周期循环中螺旋式上升之道为法治，摒弃一切人治之技也。

（五）事物发展周期循环中螺旋式上升之省

䷗复，六五：敦复，无悔。

《象》曰：敦复无悔，中以自考也。

䷗复之䷂屯。屯䷂互艮☶为高，上卦☵为水为子，互坤☷为文，合之组成"敦"字。故曰"敦复"。《说文》曰："敦，怒也，诋也。"敦促而返，是无悔也。屯䷂，阴阳失配而向心，争斗之象。通过了一场反省斗争，批评与自我批评，从中自己得到考验，"中以自考也"。

事物发展周期循环中螺旋式上升之省，监督检查，自检自查，确保准确无误也。

（六）事物发展周期循环中螺旋式上升之转折点

☳☷复，上六：迷复，凶，有灾眚。用行师，终有大败，以其国君，凶；至于十年，不克征。

《象》曰：迷复之凶，反君道也。

☷☳复之☶☳颐。☷☳上六坤☷☷阴之极，为谷底，故称"迷复"。☷☳，☷☳六爻变，☶☶成☶☷，为山顶，高亢亦极。两卦上六与上九，分处阴阳两极之端，为阴阳转换的临界点。☷☳上下卦归藏得离☲☲。离☲☲为火，为戈兵，为攻心，为文曲。故"有灾眚"，此时如不谨慎，"用行师，终有大败，以其国君，凶，至于十年，不克征"。"迷复之凶，反君道也。"不用仁道，反刀兵相见，十年不治。失君德而行羁道，不知反本从善，刑讯格杀，焉得不凶。

事物发展周期循环中螺旋式上升之转折点，要软着陆，缓起飞。

第四节　运行之固

"恒☳☴，德之固也；杂而不厌；以一德。"机制之固是保持事物发展的可持续性。

一　内容

（一）德之固

☳☴恒，卦辞曰："亨，无咎，利贞，利有攸往。"☳☴，由上卦震☳☳与下卦巽☴☴合成，震☳☳为动，为植物向上生长，巽☴☴为木为入，向下扎根土中，状树根入地不移之象，故曰恒，如插图3—7所示。"亨"者，外互☴☴内互☲☲阴阳得配而向心为元亨。阴阳得配故"无咎"。内卦巽☴☴为主时得震☳☳配应，上卦☳☳与上互☴☴归藏成☰☰，☰☰与☳☳阴阳得配而来为贞，故"利贞"。外卦震☳☳为主时得内卦巽☴☴配，下卦☴☴与下互☲☲归藏成☳☳，☳☳与☴☴同性而往为悔，渐吉，故曰"利有攸往"。久于其道也。

《说文》："恒，常也。从心，从舟，在二之间。上下心以舟施，恒也。外，古文恒从月，诗曰：如月之恒。"月象恒变，终则有始。天地之道，恒久而不已。

（二）杂而不厌

䷟恒，犹如树之生长，枝繁叶茂，不失主干。人，志在专一，目标多变，杂念丛生，其心必乱。杂事太多，精力分散，事业难成。

（三）以一德

《象辞》曰："君子以立不易方。"䷟恒，下卦巽之初像树根，内互乾像树干，上卦震动像树枝，总像为一棵大树立地不动，故曰"立不易方"。拟君以一德至终也。

二　路径

文化软实力运行机制之固从恒䷟，即经济发展在于可持续性。

（一）可持续性发展之根

　　　䷟恒，初六：浚恒，贞凶，无攸利。
　　　《象》曰：浚恒之凶，始求深也。

　　　䷟恒之䷡大壮。浚，深挖。浚作动词，即开始就除掉大树（恒字）之根，自然是树之凶象，无有所利。但如不损害大树而只疏通其根系，则另当别论。

经济要可持续发展，就不能乱捕乱杀，杀鸡取卵式地耗竭资源。经济可持续发展的根为合理的产权保护体系。

（二）可持续性发展之主干

　　　䷟恒，九二：悔亡。
　　　《象》曰：九二悔亡，能久中也。

　　　䷟恒之䷽小过。本卦䷟，上卦雷☳下卦☴风，阴阳得配而离心为厉。之卦䷽，上卦雷☳下卦艮☶，两阳相配但一往直前为悔。本卦离心为否定，之卦悔之又为否定。否定之否定为肯定，悔者无悔也，故之"悔亡"。而得小过䷽，二阳同往渐吉之象，久中也。

经济的主干是产业，维持其持久，就要一次接一次地淘汰落后过剩产能企业，促进新兴产业做大做强，在产业不断优化中确保经济持续发展。

（三）可持续性发展之结构优化

䷟恒，九三：不恒其德，或承之羞，贞吝。
《象》曰：不恒其德，无所容也。

䷟恒之䷧解。恒䷟阴阳得配而离心，变为解䷧，阴阳失配又离心，悔
之甚悔，不恒其德，䷟之䷧为隐晦，行吝道。不注重道德修行，或承受羞
辱。不思进取，随波逐流。"不恒其德，无所容也。"说明道德修养要持
之以恒，有始有终，一旦自甘堕落，就无人可容。

经济可持续性发展要坚持不懈地调整优化结构，犹如树之修剪，人之
修养。

（四）经济可持续性发展之按劳分配原则

䷟恒，九四：田无禽。
《象》曰：久非其位，安得禽也。

䷟恒之䷭升。田同畋，打猎也。䷟外卦震☳为动为伤，为打猎之象。
九四爻动变坤☷为纯阴，无禽之象。九四不得位，未参加打猎，怎能不劳
而获？因此，"久非其位，安得禽也"。"久"从恒卦大象来，非其位从九
四不当位而来，变䷭升，阴阳失配，且失其阳，非无禽也，不当得其
禽也。

在分配环节，要贯彻按劳分配原则，经济才能步入可持续性发展正常
轨道。

（五）可持续性发展之精神文明

䷟恒，六五：恒其德，贞，妇人吉，夫子凶。
《象》曰：妇人贞吉，从一而终也。夫子制义，从妇凶也。

䷟恒之䷛大过。六五爻君位，重在一个"德"字上。《说文》曰：
"德，升也"，又"升十龠也，从斗亦象形"。一为震起也，动而上升；另
一为容器量具十升一斗，十全十美之意。德者得也，心身修为所得之结
果，如美德恩德，精神文明之体现。

☱，上卦☱兑为妇，上互乾☰为夫为一，组成☱夬卦，阴阳得配而向心为吉，故曰"妇人贞吉"，妇人主内，从一而终，故吉也；

"夫子制义，从妇凶也"者，制为制度，制义，即将仁义作为制度去执行。乾☰为夫子，兑☱为妇人，☱承☰，☰乘☱，夫子从妇人，不吉之象。夫子主外，从众而公，不私于己，理应克己奉公，大公无私，若从妇人一己狭见，则凶也。

制度及精神文明是经济可持续性发展的基本保障。

（六）可持续性发展之稳定

　　☳恒，上六：振恒，凶。
　　《象》曰：振恒在上，大无功也。

☳恒之☲鼎。☳上卦震☳为振动，上六爻变☲为兵伐为纷争，"恒"为不动为稳定。上六动摇了稳定，故曰"振恒"。恒一动摇，则夙志立即瓦解，功亏一篑，前功尽弃，"大无功也"。

稳定是社会经济可持续性发展之根本。

第五节　运行之修

"☶损，德之修也；先难而后易；以远害。"机制之修是控制要素贡献与收入报酬。

一　内容
（一）德之修

　　《彖》曰：损，损下益上，其道上行。损而有孚，元吉，无咎，可贞，利有攸往。曷之用？二簋，可用享；二簋应有时。损刚益柔有时，损益盈虚，与时偕行。

☶损，上卦艮为手，下卦兑为毁折，下互，震为动，上互坤为物，动手毁物为"损"，故"有孚"。艮兑阴阳得配、正配、顺配，互☳与☷阴阳得配向心为元吉。"无咎""可贞""利有攸往"，即可坚持所为也。

"曷之用？二簋，可用享"，簋，古代食器，圆口圈足，方座，或带盖，铜或淘制，盛行于商周。享，祭祀鬼神。曷之用，何时何事应用这两个食器呢？可以用来祭祀祖先鬼神，是奉献，是损己奉上益人，服务贡献社会，如插图3—8所示。

（二）先难而后易

生活，先生产后消费。先奉献，后享受。先难而后易。"损益盈虚，与时偕行。"

（三）以远害

《象》曰：山下有泽，损。君子以惩忿窒欲。

☶损，上艮下兑。上艮止为惩。下互震为忿，上互坤为窒，下卦兑悦为欲，合之为"惩忿窒欲"。忿同愤。窒，塞也，控制也，以远害，消除不测。

二　路径

文化软实力运行机制之修从☶损，即经济调控重在要素贡献与收入报酬。

（一）要素贡献与收入报酬之往来

☶损，初九：已事遄往，无咎，酌损之。
《象》曰：已事遄往，尚合志也。

☶损之☶蒙。艮☶为手，兑☱为口，艮、兑、震、坤合之为"事"字也。损☶之☶蒙，离心为遄往之象。"已事"即完成其事，犹如生产环节的要素投入。遄，往来频繁，似距离之边际变化，速也。为成就其事及时前往，不失时机是无过失的；欲速往，必酌损自己他事，即付出机会成本，这样才能合其心意，达到理想状态。故曰"尚合志也"。

往来如同经济活动中的投入与产出、成本与效益、贡献与报酬。若所有要素边际报酬相等，则资源配置会形成"帕累托最优"状态。

（二）要素贡献与收入报酬之守中

☶☶ 损，九二：利贞，征凶，弗损，益之。

《象》曰：九二利贞，中以为志也。

☶☶ 损之☶☶ 颐。上互☷☷ 坤，下☱ 变☳ 震，合之为☳☷ 复，阴阳得配向心为元。☶☶ 上互☷☷ 与下☱ 同性而来为贞，故曰"利贞"，谓利于坚定不移；"征凶"者，变卦颐☶☶，下卦震动，上卦艮止，中互坤☷☷ 而柔弱，颐为外强内弱之象，出征凶也。不出征不受损，所以"弗损，益之"。

损☶☶，上互坤与下互震合☳☷ 复；颐☶☶，互坤与下卦震也合☳☷ 复，阴阳得配向心，二爻处中得位，向心立中而成，志同道合，"中以为志也"。

资源配置，欲达到所有要素边际报酬相等，不能高攀，也不能低就，必然是守中。

（三）要素贡献与收入报酬之高低

☶☶ 损，六三：三人行则损一人，一人行则得其友。

《象》曰：一人行。三则疑也。

☶☶ 损之☶☰ 大畜。☶☶，上卦☶ 数三（天地数），如图3—9所示。下互☳ 震为行，下卦☱ 兑纳丁，丁为人丁，故曰"三人行"。下卦☱ 兑为毁折，变☰ 乾数一，故曰损一人。上☶ 艮为止，上互☷ 坤数二（天地数），止于二，变乾为一，因此，一人行则得其友。止于二也。"一人行。三则疑也。"一人行事志一，三人行事志异，行之耗能也。

一	二	三	四	五	六	七	八	九	十
甲	乙	丙	丁	戊	己	庚	辛	壬	癸
乾	坤	艮	兑	坎	离	震	巽	乾	坤
☰	☷	☶	☱	☵	☲	☳	☴	☰	☷

图3—9　天地数

资源配置与收入分配决策表决遵从少数服从多数。

资源配置要素使用多少与其价位有关，而价位高低又与其稀缺程度相关，稀缺度高其价位也高。资源配置一般趋势是便宜要素替代昂贵要素，结果要素价位从较高的三等降低到二等，而原来较低一等价位上升到较高的二等价位。收入报酬原理类似。

（四）要素贡献与收入报酬之快慢

　　䷨损，六四：损其疾，使遄有喜，无咎。
　　《象》曰：损其疾，亦可喜也。

　　䷨损之䷥睽。䷥睽，上互☵坎为疾病，上卦离☲心远去，病去复健。疾，速也，遄，往来也，降低振动的频率，使之更加稳定安全。上互坎☵，下互离☲，阴阳得配而向心，有喜无咎之象也。

要素贡献与收入报酬调整的频率不宜过快，适宜的频率能使经济发展更加稳定安全。

（五）要素贡献与收入报酬之上下

　　䷨损，六五：或益之十朋之龟，弗克违，元吉。
　　《象》曰：六五元吉，自上佑也。

　　䷨损之䷼中孚。益者，中孚䷼上巽☴下互震☳，合之为益䷩，阴阳得配而向心，得利获益。"十朋"者，古代币的价值，中孚上互艮☶数三（天地数），下互震☳数七（天地数，见图3—9），合之为十。中孚卦象龟，内柔外刚，故称"十朋之龟"。"弗克违"者，弗，不也，克能也，违者违反也，不能违背上巽下降与下互震起之益䷩推演法则，因此，"元吉"。"六五元吉，自上佑也"，巽自上而下益于震也。

　　䷨损，损下益上推演到益䷩之以上惠下，两者互为依存，与时偕行。要素贡献与收入报酬调整遵从此道，全要素与全民众参与调节要素报酬和收入分配，上下交流，实现全要素贡献与全民报酬的合理、公正和公平。

（六）要素贡献与收入报酬之意识

　　䷨损，上九：弗损，益之，无咎，贞吉，利有攸往，得臣无家。
　　《象》曰：弗损益之，大得志也。

䷨损之䷒临。坤☷为臣，艮☶为家，去艮来坤，得臣无家。由于得到大公无私之臣，德才兼备，可以治国安邦也。"利有攸往"者，䷲为一大震卦☳也。震为行，行为所往也。

要素贡献与收入报酬调整者，大德大智也。

第六节　运行之裕

"䷩益，德之裕也；长裕而不设；以兴利。"机制之裕是适时调整事物发展空间以保其与时俱进。

一　内容

（一）德之裕

䷩益，上卦天道☴巽主下降，下卦地道☳震主上升，天地交合，阴阳得配而向心为元吉，故为益。损上益下，上天甘露布施，政府赈济黎民，下层万民欢迎。䷩益，外卦巽为木、为风，外互☶与下卦☳合为䷚颐，中空象舟，互艮为山，似舟中之帆，风帆一体，一帆风顺。"利有攸往，利涉大川"，喻出行不论水陆二道皆有所利。如插图3—10所示。

（二）长裕而不设

凡阳卦上升者为益，凡阴卦下降者为损。䷩益，上卦巽阴下降为损上，下卦震阳上升为益下。震☳为动为日进，巽☴为风，有无疆之象，即长裕而不设限。

（三）以兴利

巽☴为长女，震☳为长男，阴阳正配向心和合，有喜庆之象，即"利有攸往，中正有庆"，又"天施地生，其益无方，凡益之道，与时偕行"。

二　路径

文化软实力运行机制之修从䷩益，即经济机制之裕是与时俱进地适时调整经济发展空间。

（一）发展空间规划蓝图

　　益☲☲，初九：利用为大作，元吉，无咎。
　　《象》曰：元吉无咎，下不厚事也。

　　☲☲益之☲☲观。☲☲上互艮☲☲与下互坤☲☲均为土，下卦震☲☲为动，耕耘之状。"利用为大作"，即利于在大地上耕作，"大作"即大的作为，大展宏图，绘制宏大发展蓝图，或一巨著的写作。巽☲☲为文昌，坤☲☲为文，震☲☲为动为笔，似文章的写作，元吉无咎，以下不会出什么事的，"下不厚事也"。
　　社会经济发展，首先应做好规划，制定可行的发展蓝图。

（二）发展空间之开拓

　　☲☲益，六二：或益之十朋之龟，弗克违，永贞吉。王用享于帝，吉。
　　《象》曰：或益之，自外来也。

　　☲☲益之☲☲中孚。十朋，古币制之价值，表示十分满意。中孚，大离☲☲之龟。十朋之龟，理想之龟。或者，假设也。假设得到理想之龟，不能不接受，吉祥之物就长期养着吧。这有什么用呢？国王用龟来祭礼上帝，很吉利。意为一实体努力公关可以拓宽自己的发展空间。由此获得利益，显然是发展空间扩大的结果。"或益之，自外来也。"
　　社会经济增长重在开拓其发展空间。

（三）发展空间有序化

　　☲☲益，六三：益之用凶事，无咎，有孚，中行，告公用圭。
　　《象》曰：益用凶事，固有之也。

　　☲☲益之☲☲家人。六三爻，值三一般多凶，动变☲☲家人，阴阳失配而向心为凶，为"近而不相得则凶"。但为什么又"无咎"呢？因"有孚中行，告公用圭"。"有孚"者，向心得中而行之。"圭"，中国古代在祭祀、宴飨、丧葬、征伐等活动中使用的器具，其使用的规格有严格的等级限制，用以表明使用者的地位、身份、权力。《九家易》曰："天子以尺二寸玄圭事天，以九寸事地。上公执桓圭九寸，诸侯执信圭七寸，诸伯执躬圭七寸，诸子执谷璧五寸，诸男执蒲璧五寸。五等诸侯各执以朝天子也。"可见能告公用圭者，皆有政治地位。报告公事而用执圭之节，是一种科层行政运作程式化制度。"凶事"，意同"兵者，凶器也"，指动用诸如军队、警察、司法等国家机器，或一切行政强制手段。"益用凶事，固有之也"，"无咎"，说明行政须公正、公平，程序合法。益之用见善则迁，有过则改而行之，如若这般，即使动用军队、警察、司法等强制手段，亦得无咎。

社会经济发展须有序化，分层次分等级进行，在有关法规条例指导下自律，在动用公共资源和行使权力时，要严格按照有关程序执行。

（四）发展空间之动迁

　　　䷩益，六四：中行，告公从，利用为依迁国。
　　　《象》曰：告公从，以益志也。

䷩益之䷘无妄。震☳为动，巽☴为行，阴阳得配相交立中，故曰"中行"；动变无妄，䷘则上乾☰为公。"从"者下卦为震☳，行动于其后。下互艮☶为背，上卦乾，为"公从"也。"利用为依迁国"者，益䷩之无妄䷘，上下互成风山渐䷴，阴阳得配而向心相依之象。"迁国"者，益䷩下互坤☷为国，变为无妄，则下卦震☳为动，上互☴巽为行，动后不见其坤，则为迁国之象也。"告公从，以益志也"者，谓公能听信迁国之谏，其志得益也。或谓"中行"为"中行氏"，属人名，则是引用历史典故以阐明易理了。

社会经济发展之动迁，无论国家级别还是地方等级，都会涉及众多利益相关者，特别是居民动迁开发，牵动千家万户，要上下交流，以上益下，满足下层民众合理诉求，实现双赢。

（五）发展空间之惠心

　　　䷩益，九五：有孚惠心，勿问，元吉。有孚，惠我德。
　　　《象》曰：有孚惠心，勿问之矣。惠我德，大得志也。

䷩益之䷚颐。"有孚"者，巽☴变艮☶，巽☴上艮☶下阴阳得配而向心，为风山渐䷴之象。"惠心"者，给予我心，卦象上则是巽☴阴下降，艮☷阳上升，向心相交，即"惠心"之象。"勿问元吉"者，艮☷止也，不用问，皆知是大吉的。阴阳得配而向心故也。九五爻处上卦中，有孚不只是惠心，而是惠我以德。故"有孚惠心，勿问之矣"。"惠我德，大得志也。"

社会经济发展空间之惠心包括三层含义：（1）上下信息沟通、交心、共识；（2）收入分配以上金济下；（3）意识形态以上德志下。

（六）发展空间忌内耗

☷益，上九：莫益之，或击之，立心勿恒，凶。

《象》曰：莫益之，偏辞也。或击之，自外来也。

☷益之☷屯。益卦上九爻动变屯。益之至极，故曰莫益之。至极则变也，变为屯。屯者，坎☵上震☳下，二阳相斗，刚对刚，故曰"或击之"。或为假设之词，或为游移不定之词，"立心勿恒"则是没有主见，断之为"凶"。"莫益之，偏辞也"，即不正确之见也，"或击之，自外来也"，即本卦益☷为内，变卦屯☷为外，屯卦两刚相斗，故曰"自外来也"。

社会经济发展，需要和平的外部空间。

第七节　运行之首

"☷困，德之首席也；穷而通；以寡怨。"机制之首席是事物矛盾依内部组织强化而化解。

一　内容

（一）德之首席

《象》曰：困，刚掩也。险以悦，困而不失其所，亨，其唯君子乎。贞，大人吉，以刚中也。有言不信，尚口乃穷也。

☷困，上兑☱为口，互巽☴为木，合之为"困"字。☷，上卦兑☱，下卦坎☵，阴阳得配而来为贞，似泽下之水围困而不能流动之象，表示人物陷于困境。掩，遮盖也，谓☱兑阴遮盖着☵坎阳。中男被少女所困惑也，"险以悦"，其为坎陷之喜悦也。"困而不失其所，亨，其唯君子乎"，虽陷困境，但"不失其所"，☲中互☴家人，向心阖户谓之神，其为核心家庭组织成员完好，团结一致，定能化解矛盾，克服困难，化险为夷。老子《道德经》第三十三章曰："不失其所者久。"人民安居乐业，每个人有个家，从事自己喜欢的职业，守护着自己亲爱的妻儿老小，整个社会必然长治久安。必须君子之功，要坚贞不渝之大人则吉，以其刚中也。如图3—11 所示。

图 3—11　机制之首席☵解困之德与类家之情①

（二）穷而通

"尚口乃穷也。"穷，意指穷极，或为穷尽。☲中互☴家人齐心协力，使极化矛盾化解，并能穷尽技术解决问题。

（三）以寡怨

既然☴家人能化解一切矛盾和困惑，自然也不会有什么怨言了。

二　路径

文化软实力运行机制之首席从☵困，即经济矛盾化解靠内部组织强化。

（一）矛盾化解靠内部组织强化之深入

☵困，初六：臀困于株木，入于幽谷，三岁不觌。

《象》曰：入于幽谷，幽不明也。

① 　笔者妻子儿童时代的家：父母、兄弟、姊妹。

䷮困之䷹兑。"臀"字由尸、共、殳、月四字合成。"尸"乃阴之极、有形体无生命，形似䷹兑卦。"共"者，上互☴巽中，与初六动下卦☱变兑☱，两兑☱☱共一䷹兑，故尸下写一"共"字。下互☲离为戈兵，"殳"是古代兵器，用竹竿制成，有棱无刃。离为戈兵象之。"月"者，困䷮之下卦☵坎为月，四象合成"臀"字。"困于株木"者，乃遭刑棍打伤臀部。"入于幽谷，三岁不觌"者，入于牢房三年不见。"株木"者，互☴巽为木，互☲离火红色为朱，组成"株木"二字也。"入于幽谷"者，☴巽为入，☵坎为隐伏，为陷，"幽"也；离中虚为谷也。"三岁不觌"者，离☲先天数为三，☲为目为见，☵坎为不见，又曰隐伏，故曰"三岁不觌"。初六动下卦☵坎变☱兑，兑为喜悦，☵"不觌"而现☱乐见，四（天地数）岁见，卦象昭然。《象》曰"入于幽谷，幽不明也"，强调主体处境，坎☵象幽，离☲中虚为谷也。

社会经济矛盾化解，首先必须深入其境，了解其处境、构成、相互关系、状态、变动趋势等，然后研究化解矛盾之法。

（二）矛盾化解靠内部组织强化之标准

䷮困，九二：困于酒食，朱绂方来，利用享祀。征凶，无咎。

《象》曰：困于酒食，中有庆也。

䷮困之䷬萃。"酒食"者，口腹也，之卦䷬兑☰坤☷，心服口服也。"朱绂方来"者，困䷮外互☴巽为绳，内互☲离为赤，下卦坎☵为裸，赤绂也，变卦䷬之下卦坤☷为方，巽为来，"朱绂方来"也。"朱绂"是古代统治者所赐荣誉奖状，因之设宴贺，畅饮不休，酒席之上，推杯换盏，不便推辞，故谓之"困于酒食"。如此佳宴喜庆，更利于享祀祖宗，故曰："困于酒食，中有庆也。""征凶"者，困䷮之中互☲家人，两阴向心，乃"近而不相得则凶也"。"无咎"者，䷮困之䷬萃中互渐䷴，阴阳得配而向心故也。

社会经济矛盾化解之最低标准是令当事人心服口服。

（三）矛盾化解靠内部组织强化之藩篱

䷮困，六三：困于石，据于蒺藜，入于其宫，不见其妻，凶。

《象》曰：据于蒺藜，乘刚也。入于其宫，不见其妻，不祥也。

困　　　之　　　大过

图 3—12　困之大过小成

☷☵困之☱☴大过。"困于石"者，困于坚硬之物也。困☷六三变☱大过九三，困☷下互离☲变大过下互乾☰。乾刚也，故曰"困于石"。小成图中艮宫得乾，止于乾刚之象。困☷卦下坎☵，坎陷也，变大过巽☴。巽为草木，蒺藜也，"据于蒺藜"也。小成图中震宫得兑卦之象。"据"为占有，为依靠，为保障，也为困境，坎☵陷于巽☴也。"宫"者，"宫室"之称也。"入于其宫，不见其妻，凶"者，困☷六三动变大过☱，上卦☱少女与下卦☴长女，阴阳失配之象，常有妻子出走之事。"据于蒺藜，乘刚也。"小成图飞宫中缺☵，无坤卦，而坤宫得乾卦，☰为夫，在妻室只见丈夫一人，不见其妻之象。"入于其宫，不见其妻，不祥也。"

社会经济矛盾化解，有关各方应去除心里及其内外设置的藩篱，在其位谋其政，将政策落实到位，不留死角。

（四）矛盾化解靠内部组织强化之渐进

☷☵困，九四：来徐徐，困于金车，吝，有终。

《象》曰：来徐徐，志在下也。虽不当位，有与也。

☷☵困之☵☵坎。困之坎，坎☵主降，降为来，上坎下坎，徐徐之象，故曰"来徐徐"也。☵坎又为车，坎有否之义，否☰上卦乾☰为金，下卦坤☷又为车，困于金车，☵与☷失配而内引为吝。"终"者，坎为冬，一年之终也。"来徐徐，志在下也"者，内外卦皆主降下，低调为人，从事循序渐进，虽不能达到理想之位，但也能获得应有的回报。

社会经济矛盾化解，要低调做人，循序渐进。

（五）矛盾化解靠内部组织强化之权衡

　　☷☱困，九五：劓刖，困于赤绂，乃徐有说，利用祭祀。
　　《象》曰：劓刖，志未得也。乃徐有说，以中直也。利用祭祀，受福也。

　　☷☱困之☵☷解。"劓刖"乃古代刑法，削鼻割脚之刑也。困上卦兑☱为刀，兑☱（天地数四）旁通艮☶（天地数三）为鼻，刀削鼻也。☷☱九五爻动变☳震，震为脚，割脚也，此"劓刖"之刑何等残忍，为身作赤绂者所掌刑，虽得俸禄，奉命从事，但行刑惩恶的同时也对当事人造成伤害，稍有不慎就可能出错。如果赤绂者（公务员）徇私枉法，还会导致冤假错案。故有"困于赤绂"，"乃徐有说"，还要"利用祭祀"求祖先，求鬼神，以祈宽慰之福也。

　　社会经济矛盾化解，要权衡利弊。经济政策是双刃剑，有利有弊，两利相权取其重，两害相权取其轻。功高者抑其权，不抑其位。名显者重其德，不重其名。

（六）矛盾化解靠内部组织强化之规避

　　☷☴困，上六：困于葛藟，于臲卼，曰动悔有悔，征吉。
　　《象》曰：困于葛藟，未当也。动悔有悔，吉行也。

　　☷☴困之☴☵讼。藟，藤也。葛藟即葛藤。"臲卼"，不安，动摇不安，困顿，亦作"臬兀""隉杌"，意为困于葛藤之上，巽为木为绳以象葛藤也，高悬岩边水坎，动则臲卼不安，叫作动悔有悔，小成图第三宫☳上☰乾，为天雷☳无妄，阴阳失配而往为悔，☳为脚，脚动渐吉；小成图第八宫艮☶上离☲，为火山旅☲，阴阳得配向前为亨，☶为手，手动大吉；小成图第六宫☰上☲，为火天☰大有，阴阳得配而往为亨，☰为脑，脑动亨通。即动则征吉，吉行也。

　　深陷困境，动脑深思熟虑，缜密计划，手脚动而付诸实施，解困之果可见。社会经济风险规避，矛盾化解，一切顺利矣。见图3—13。

图 3—13　困之讼小成

第八节　运行之地

"☵井，德之地也；居其所而迁；以辨义。"机制之地是事物升降进退有序化。

一　内容

（一）德之地

☵井，改邑不改井，无丧无得，往来井井，汔至亦未繘井，羸其瓶，凶。

《彖》曰：巽乎水而上水，井；井养而不穷也。改邑不改井，乃以刚中也。汔至，亦未繘井，未有功也。羸其瓶，是以凶也。

☵井，上卦☵坎，下卦☴巽。"巽乎水而上水，井。"巽☴为绳，为进退，象繘打水之升降。"繘"者，打水用之绳索。下互卦☱兑，兑为水井之口，上卦坎☵为水，象井之出水，☵坎又为弓轮，象繘井升降辘轳，如插图 3—14 所示。

"无丧无得"者，即无得无失，意为井水不打不溢，又取之不尽，用之不竭。"往来井井"者，形容取水之众，有序不乱，☵中互☲睽，离☲主升为往，兑☱主降为来，前一井字为名词，后一井字为动词，为汲水之意，升降进退有序也。

（二）居其所而迁

"改邑不改井，乃以刚中也"者，水井建成，固定不动，它无私欲，刚健中正，凡汲用者皆可涵养，尽管用户或地区管辖有所变动，但水井永不移动，故曰"改邑不改井"。有居者必有水，有水方有井，人们围井而居，视井之远近而迁移。

（三）以辨义

䷯之中互为䷥睽，䷯下卦兑为口，上卦离为目，以辨义。

二　路径

文化软实力运行机制之地从䷯井，即经济升降进退有序化。

（一）升降进退有序化之初始

䷯井，初六：井泥不食，旧井无禽。

《象》曰：井泥不食，下也。旧井无禽，时舍也。

䷯井之䷄需。"井泥不食"者，井卦初爻，巽☴水斗入井触底，井无水见底，打捞泥沙，不可食用，故曰"井泥不食"也。"旧井无禽"者。《说文》："走兽总名，曰禽。"旧井，即巽初变乾，不见清水只见淤泥，不可食用，已无禽兽来此过时之井中饮水了，故"井泥不食，下也。旧食无禽，时舍也"。另一种说法，"旧井无禽"，是讲捕兽的陷阱，因无禽兽出没，捕兽之陷阱废弃也。

经济升降进退有序化之初始：（1）有供给（水）才有需求（人与动物饮水），供给决定需求；（2）无需求（禽兽出没）也就无供给（捕兽的陷阱）；（3）供给与需求相平衡。

（二）升降进退有序化之目标

䷯井，九二：井谷射鲋，瓮敝漏。

《象》曰：井谷射鲋，无与也。

䷯井之䷦蹇。《说文》："谷，泉出通川为谷，从水半见于口。"兑☱为口，坎☵水半见，即"从水半见于口"而有"谷"象。䷯上互离☲为戈兵，下互坎☵为渔民为"射"也，鲋，鲫鱼也。故曰"井谷射鲋"。"瓮"者，汲水之器，湿土经火煅成器，艮☶为土，坎☵为水，离为火而成蹇䷦形，上互离☲如瓮口，初爻阴爻断裂，"瓮敝漏"之象也，即从井谷中射鲋鱼，把打水的瓮破漏了。敝为破烂。"井谷射鲋，无与也"，不得其益也。

经济升降进退有序化之目标必须正确，标的物选择错误，不仅达不到目的，而且会把工具损坏。

（三）升降进退有序化之反腐

䷯井，九三：井渫不食，为我心恻，可用汲，王明，并受其福。
《象》曰：井渫不食，行恻也。求王明，受福也。

䷯井之䷜坎。渫，除去也，即除去井中水的污垢，其水净化就可以食用，若不食用，感到可惜！可以取用，如果君王明白井渫可食。都会得到享受之福的。"王"泛指"人"。井之坎，䷜坎中互艮☶为手，互震☳为动。艮☶为土，即渫去污泥浊水，变成纯洁之坎水了；便可以食用受福。此寓治身治家治国，去腐生新之象也。

经济升降进退有序化之反腐，强则进之，弱则退之。

（四）升降进退有序化之修缮

䷯井，六四：井甃，无咎。
《象》曰：井甃无咎，修井也。

䷯井之䷛大过。甃，井壁也。又结砌也。谓修好井壁则水长清，故无咎也。䷯井六四动变䷛大过，则井壁刚健，大过中四爻皆阳，象修补好之井壁也。故"井甃无咎，修井也"。

经济发展依靠组织制度的不断修改完善。

（五）升降进退有序化之中正

䷯井，九五：井洌寒泉食。
《象》曰：寒泉之食，中正也。

䷯井之䷭升。"洌"，清也。䷯九五值坎☵中爻，坎☵为清泉，动变坤☷，纯阴变寒，下互兑☱口为食，故曰"井洌寒泉食"。何以说"寒泉之食，中正也"呢？井䷯卦九五爻为主爻，为中正；上坎☵阳下降，下互离☲上升，阴阳正配相交为元，故曰"中正"也。非单纯以九五居中为"中正"也。动变升䷭，外卦坤☷主降，上互震主升，而得䷗复卦，亦阴阳得配而向心，寒泉入于口腹之中也。

经济升降进退有序化之中正：（1）以法治理，坚持原则，维护制度权威，发挥法定职能，履行正常程序；（2）发扬民主，上下沟通，科学决策。

（六）升降进退有序化之无限

　　　䷯井，上六：井收勿幕，有孚，元吉。
　　《象》曰：元吉在上，大成也。

　　　䷯井之䷸巽。"井收勿幕"者，"收"，乃收其汲水绳索；☵上坎☵卦象汲水之辘轳，动变巽☴，巽☴为进退，能收能放，又为绳，故象收其水之绳索；上互离☲为见，下互兑☱为口，为见其井口，"勿幕"之象；幕者，覆盖也。今见井口，勿盖，即不准盖则通风为好。"有孚元吉"者，䷯井上卦☵与外互☲得既济䷾，阴阳得配向心为元，向心相交为"有孚"。孚者，信也，向心也。故曰"元吉"。井上坎☵纳戊，互下兑☱纳丁，合戊丁为"成"。变巽☴上互离☲，下互兑☱，火泽睽䷥而离心，逐渐扩大，故《象》曰："元吉在上，大成也。"

事物发展是无止境的，社会经济进化无限。

第九节　运行之制

"䷸巽，德之制也；称而隐；以行权。"机制之制是创新立命与行法律之准绳。

一　内容

（一）德之制也

　　《彖》曰：重巽以申命，刚巽乎中正而志行。柔皆顺乎刚，是以小亨，利有攸往，利见大人。
　　《象》曰：随风，巽；君子以申命行事。

　　　䷸巽，☴像人鼻之呼吸，吐故纳新，创新立命。上卦巽为命，为申命；下卦巽，为工，为事业，为行事，申命从事。巽为草木，为纤维，用麻制绳做墨线，《说卦》曰"绳直"，即木工制器时用墨斗打底线，墨线直以利工，规制也，如插图 3—15 所示。

（二）称而隐

☴巽，巽为风，为信息，为意识，为规制，出入无形，进退无影，称而隐。

（三）以行权

巽☴为辅相，"相"字从木，与目，巽为木，上互离为目，合为"相"。巽通蘁，为權，巽以行权，以申命行事。

二　路径

文化软实力机制之制从☴巽，即经济创新立命与行法律之准绳。

（一）创新立命与法律准绳之志

☴巽，初六：进退，利武人之贞。

《象》曰：进退，志疑也。利武人之贞，志治也。

☴巽之☴小畜。巽☴为进退不果，思虑不定之象，故曰"利武人之贞"，武人则当机立断也，巽☴初爻动变乾☰，乾☰为刚，立志，坚贞也。

"进退，志疑也"，指巽☴是进是退，犹豫不决。动变乾卦☰为"利武人之贞，志治也"。贞固也，☴小畜上卦☴下卦☰，阴阳得配而向心为元，励志之吉象。

事物运行环节的无序，社会经济主体和治理者的优柔寡断以及发展逐渐显现乏力，集中表现出柔盈刚亏、阴盛阳衰特征。因此，经济要不断建立新的增长点，创新立命，经济立法，公正执法，科学管理，刚柔相济，志治也。

（二）创新立命与法律准绳之包容

☴巽，九二：巽在床下，用史巫纷若，吉，无咎。

《象》曰：纷若之吉，得中也。

☰☰巽之☰☰渐。巽为床，古时用木制之神柜，非今人睡觉之床也。下卦巽☴为史巫，动变渐☶，中互☲☵未济☵为纷若。渐卦☶阴阳得配而向心为吉，为无咎也。"纷若之吉，得中也"者，指☶渐卦阴☵阳☲得配向心为元，得中正也。

社会经济出现利益纷争和意见分歧是正常的，似☶渐之中互☲☵未济☵，是由于信息不对称，又无有效渠道沟通、利益不协调等引致。持包容态度，坦诚相待，沟通信息，协调利益，象☶渐卦，阴☵阳☲得配向心得中，一切问题均可化解也。

（三）创新立命与法律准绳之忌

　　☴☴巽，九三：频巽，吝。
　　《象》曰：频巽之吝，志穷也。

☴☴巽之☴☵涣。频为屡次，巽为进退不果，义为屡次进退不果，不能突破。☴上☴下阴阳失配，同性而来为吝。失去信心，谋事不成而散之也，故曰"频巽之吝，志穷也"。巽为涣，即疑心生而事不成也。涣者，散也，巽不稳定也。

创新立命与法律准绳之忌为循环往复，停滞不前，人心涣散，纪律松懈。

（四）创新立命与法律准绳之利

　　☴☴巽，六四：悔亡，田获三品。
　　《象》曰：田获三品，有功也。

☴☴巽之☴☰姤。☴上互离☲为戈兵，为田猎，获三品者，离☲为雉，野鸡也。兑☱为羊，野羊也。巽☴为鸡也，竹鸡也。共三种为三品也。巽☴中互睽，阴阳失配而离心为利。☴中互☴阴阳失配而往为悔，☴与☰两外互☰大有阴阳得配而往为亨，则无悔而有功也。

虽然经济之策一般为双刃剑，有利有弊。但经济创新立命与法律准绳能一举两得，处理好，还可以一箭三雕。

（五）创新立命与法律准绳之中正

　　☴☴巽，九五：贞吉，悔亡，无不利。无初有终。先庚三日，后庚三日，吉。

《象》曰：九五之吉，位正中也。

☴巽之☶蛊。"贞吉"者，小成图第一宫☵上☴巽，为风水涣☴，阴阳得配而来为贞吉也。"悔"者，小成图第三宫☶上☶艮，为山雷☶颐，阴阳失配而往为悔。小成图第四宫巽☴上离☲，为火风☲鼎，阴阳失配而辟为利。由悔到利，即悔亡。既然"悔亡"还有"利"，则"无不利"也。

巽　　　　之　　　　蛊

图 3—16　巽之蛊小成

"无初有终"，《说卦》云，"艮，东北之卦也，万物之所成终而所成始也"。可知艮为终又为始，丑寅二支之位，为一年之终，又为一年之始，故曰"所成终而所成始"。按巽卦之中无艮卦，故曰"无初"，初即始也。巽五爻动后成艮卦，故曰"有终"也。

"先庚三日，后庚三日，吉。"先庚三日丁，实际包括丁、戊、己三日也，后庚三日"癸"，实际包括辛、壬、癸也。始不见有甲，故曰"无初"。最后有"癸"，癸为十干之终，故曰"有终"。此与蛊之先甲后甲同一数法。

为什么以"庚"为定点而论始终？即将巽卦上下卦相加，再将变卦上下卦相加，看总数多少。去其整数，用其零数为定点，按巽 8 + 巽 8 + 艮 3 + 巽 8 = 27，去其整数不用，余 7。7 为震☳庚，即以庚为定点，天数之约也。

何以又云"先庚三日，后庚三日"呢？先庚后庚共七日，则有震数七，艮又为成始成终，其数三，因而有前三后三，以庚为定位，中立、稳定、吉祥也。

《象》曰："九五之吉，位正中也。"二五爻阴阳呼应为中为正。小成图中宫天盘☵与地盘☲，阴阳得配而来为贞吉，中正也。

创新立命与法律准绳之中正，是要明确定位，把握时机，与时俱进。

（六）创新立命与法律准绳之保护

　　☴巽，上九：巽在床下，丧其资斧，贞凶。

　　《象》曰：巽在床下，上穷也。丧其资斧，正乎凶也。

　　☴巽之☵井。☵井，上坎☵下☴，阴阳得配而来为贞。

　　巽，入也，为风，为隐伏，即藏于床下。"床"古作神柜，条棹形象，用以祭神置香炉之家具也。今人作睡觉所用之床铺为"床"。藏的是"资斧"，即古代用的"货币"，是说藏在床下的货币丧失了。根据卦象看，巽变为坎，巽为隐伏，坎为盗，是货币被人偷盗去了。☵井卦义为贞，卦象为凶，故曰"贞凶"。

　　"巽在床下，上穷也"者，即说上面没有放处，或是放钱的地方没有保护，钱不保险，故曰"上穷也"。因而藏在床下。"丧其资斧，正乎凶也"者，失去了货币，真正算得凶了。原因是财产没有安全保障，保护不够呀。

　　创新立命与法律准绳在于财产保全，知识产权保护。

第四章

资源利用文化包容力

第一节　文化多样性

一　文化多样性的内涵

2005 年 10 月第 33 届联合国教科文组织大会通过的《保护和促进文化表现形式多样性公约》中，"文化多样性"被定义为各群体和社会借以表现其文化的多种不同形式。这些表现形式在他们内部及其间传承。文化多样性不仅体现在人类文化遗产通过丰富多彩的文化表现形式来表达、弘扬和传承，也体现在借助各种方式和技术进行的艺术创造、生产、传播、销售和消费。文化多样性是人类社会的基本特征，也是人类文明进步的重要动力。

大卫·哈蒙（David Harmon）认为，文化多样性可以理解为人类表达方式和人类组织形式的多样性，包括人类群体之间以及人类与环境之间相互关系的不同形式。世界文化多样性的指标分为三大类，生存与生计、创造性活动、群体识别。[①]

（一）文化多样性体现为不同人群的文化特性

文化多样性是不同人群之间宗教、语言、习俗、价值观念、生活方式以及表达文化特性的差异。文化多样性存在于比较之中。文化多样性是文化表现形式的多样性。不同民族、不同地区、不同国家人们的文化内涵与表现形式存在很大的差异。因此，有人把文化多样性理解为文化发展的多样性，即人类文化发展所具有的多方向、多层次、多方式的性质。文化发

---

① David Harmon, *In Light of Our Differences*: *How Diversity in Nature and Culture Makes Us Human*, Washington and London: Smithsonian Institution Scholarly Press, 2002, p. 45.

展的多样性，在不同的历史阶段具有不同的表现形式。联合国教科文组织对文化多样性的定义偏重于文化表达形式的多样。

（二）文化多样性又指因文化差异而形成的民族（群体）多样性

正是因为不同民族或群体的存在，文化表达方式的多样性才成为可能，而文化差异的存在则成为一个民族（群体）区别于另一个民族（群体）的标志。民族或群体多样性表现为多民族国家里的少数民族、土著居民与移民。美、澳学者对文化多样性的关注则偏重于社会内部因文化差异而产生的群体多样性。

以上两种多样性，相互依存、密切联系。民族（群体）多样性是文化多样性的基础，没有群体的多样性就没有文化表现形式的多样性。文化表现形式的多样性是群体多样性存在与发展的体现，是最为直观的多样性。归根结底，不同民族或者族群的存在是文化多样性的根本内容。

（三）文化多样性问题在本质上就是不同文化群体的关系问题

在多元文化社会里往往存在着主体民族文化与居于次要地位的民族文化的差别。而居于次要地位的群体在不同国家的具体表现形式存在差别，如多民族国家里的少数民族、西方社会土著居民与移民。

（四）对待文化多样性的正确态度

既要认同本民族文化，又要尊重其他民族文化，相互借鉴，求同存异，尊重世界文化多样性，共同促进人类文明繁荣进步。因为尊重文化多样性是发展本民族文化的内在要求，也是实现世界文化繁荣的必然要求。

（五）处理文化多样性的原则

既保持各民族文化差异和平等竞争的权利，又维护文化互动交流、自由创造的权利。

二 文化多样性的构成及其特点

（一）文化多样性的层次

文化多样性体现在两个层次上。

1. 全球层面上文化多样性

世界是由不同的民族、不同的文明和不同的文化构成的丰富多彩的世界。随着全球化进程的加深，国际社会的文化多样性问题日益突出，联合国教科文组织成为国际社会倡导和宣扬文化多样性的力量，各国也正在认识国际文化多样性的构成及特点，共享文化多样性资源，不断探究并相互借鉴在处理国际文化多样性问题上的理论与政策经验。

2. 各国内部文化多样性

在各国内部，文化多样性体现为主体民族文化群体与多个少数民族或者族群的共同存在。但长期以来，人们主要还是在主权国家范围内来管理文化多样性的。一般来说，在任何一个多元文化国家里，文化多样性都表现为主体文化群体和居于次要地位文化群体的同时存在。主要文化群体多半是一个主体民族。文化多样性的构成特点取决于居于次要地位文化群体的形成方式，即对多元文化社会的分类，主要考察非主体民族或者文化群体的形成特点以及非主体民族或文化群体的构成方式。非主体民族或文化群体的状况决定了他们所处的多元文化社会的特点。

（二）文化多样性社会分类

1. 按社会成因分类

沃尔泽（Walzer）针对多元文化社会成因，把多元文化社会分为以下两种类型：

（1）基于合并的文化

一种社会文化的多样性源于将一个或数个先前自我管理的、集中在某一地域范围内的文化整体并入一个国家。这些并入的文化群体，称为"少数民族"（National Minority）。

（2）源于迁徙的文化

源于个人和家庭迁徙而出现的异质文化群体，即"族群"（Ethnic Groups）。

2. 按形成过程的特点分类

瑞典学者哈拉尔德·朗博姆（Harald Runblom）按照民族文化多样性形成过程的特点，把多元文化社会分为三类：

（1）历史传承的少数民族

历史久远的少数民族，世世代代居住在固定地区。如瑞士和1991年前的南斯拉夫，中国的55个非汉民族。

（2）大规模洲际移民族群

此类建立在大规模移民的基础上，如美国、加拿大和澳大利亚。

（3）现代移民族群

第二次世界大战后，出现的大批移民新现象，如瑞典和其他西欧国家。①

（三）各类文化族群的特点

在多元文化社会里，文化多样性主要由与主体民族相比较而存在的少数民族和移民族群构成。作为多元文化构成的主要内容，少数民族与移民族群存在很大差别。

1. 形成的方式不同

少数民族是在一国内部，在历史上形成的，而移民族群则是从外部迁徙而来的，是近现代以来国际移民运动的结果。

2. 社区生存环境不同

少数民族往往有自己固定的居住地域，有自己语言、传统文化以及相应的机制存在，而由移民组成的"族群"并没有固定的、长期居住的地域，也没有自己完整的社会组织和制度，他们的母语可能会与移入的国家不同。因此，学习该国的语言而不是维护自己的语言的特性，就成为他们谋生的更为紧迫的需要。

3. 社会诉求不同

族群差别的存在决定了在多元文化社会里，作为文化多样性构成因素的少数民族和移民对主体社会的诉求也存在差异。少数民族希望通常继续整合他们的社会并与主流文化相并列，为此，他们要求各种形式的自治或自我管理，以确保他们社会和文化特性的保持与延续。移民构成的族群联系松散，他们通常希望整合进主体社会，并被主流社会完全接受为成员。与此同时，他们也寻求其族群身份的认同，但目的不是要成为一个独立于整体社会的自我管理的"民族"（Nation），而是要求国家法律进行适当修改以包容其文化上的差异。②

作为如美国、加拿大和澳大利亚这样的移民国家文化多样性构成重要部分的土著，他们又具有自己的特点。土著问题是近代殖民主义的产物。在历史上，在白人殖民时期以及在国家建立后很长时期内，政府对土著居民进行屠杀、隔离、剥夺，使得土著曾经饱受痛苦。现在，土著要求政府

---

①　Harald Runblom，"Swedish Multiculturalism in a Comparative European Perspective"，*Sociological Forum*，Vol. 9，No. 4，1994：636.

②　周勇：《少数人权利的法理——民族、宗教和语言上的少数人群体及其成员权利的国际司法保护》，社会科学文献出版社 2002 年版，第 52—53 页。

对国家曾经给他们造成的伤害与痛苦进行补偿，归还他们的土地，保护他们的独特的生活方式和传统文化。土著问题成为这些国家文化多样性问题的重要方面。

三　文化多样性问题的成因

人类历史发展进程表明人类文化发展从来都存在多元化倾向，人类社会从来就是一个多元文化的社会，文化多样性是人类自古以来的基本特征。但为何在当今世界文化多样性如此令人关注，成为国际社会和世界各国政府与人民必须面对的重要问题呢？

（一）文化多样性是国际社会民主化的必然要求

自人类产生以来，不同文化群体在世界各地相互隔绝，并行独立发展，形成一幅幅人类文化多样性发展的生动场景。但是，在西方人走向世界、征服、控制和奴役新大陆和东方的文化群体的过程中，人类文化的这种多元性发展进程失去了平衡，形成了欧洲中心论和白人种族主义观念。他们宣扬民族文化有优劣之分，宣扬白种人优秀、有色人种低劣的白人中心主义。他们宣称优秀的白种人理应统治世界，劣等的有色人种理应居于被统治地位，低劣的文化理应灭绝；所有人如果要追求进步，就必须放弃文化传统和民族个性，向优秀的白种人看齐。在这种思想的支配下，西方国家长期拒不承认土著人、外来移民等少数民族群体的文化传统和民族个性，将他们排斥在主流社会之外。于是，他们认为西方文化才有存在和发展的必要，非西方文化没有存在的价值，以致文化多样性被人为地压制，并由此酿成无数惨剧。

第二次世界大战后，殖民体系崩溃，一系列独立的民族国家出现，民族独立、文化自由成为国际社会的重要原则。《联合国宪章》以及后来的一系列国际公约规定了各民族的自由权利和平等地位。而民族独立、主权平等就意味着各国有权寻求自己的发展道路、社会制度、生活方式和价值观念，不同的国家和民族有权维护和发展自己的文化。文化自主和自由的重要性也逐渐为人们所重视。因为只有实现了文化自由，才能真正实现国际社会的民主和平等。由此，在世界范围内，承认、保护和鼓励民族文化多样性成为国际社会的呼声，而昔日被压制的非西方文化则要求拥有与西方文化平等的地位，要求作为独特的文化景观存在于人类文化多样性之中。在一定程度上，全球范围内的文化多样性问题是非西方文化要求独立和平等地位，争取与西方文化并行发展的问题。①

（二）文化多样性是各国政治民主化的内在要求

国际社会民主化推动了各国政治民主化进程。政治民主化的重要表现就是文化自由与自主。在历史上，建立种族纯洁、文化同质的单一民族国家一直是很多国家追求的理想，但是，真正的单一民族国家少之又少。即使是瑞典这样一个长期坚持同质理想的北欧国家，历史上也存在不同文化的少数民族——犹太人、萨米人、吉卜赛人和芬兰人等。在不列颠帝国内部，也存在苏格兰人、英格兰人、威尔士人和爱尔兰人。宗教是文化的重要组成部分，西方社会虽然大多信奉基督教，但基督教会内部教派纷呈，复杂多样。在所谓的民族国家内部也莫不如此，法国内部就有天主教、新教差别，双方还曾经兵戎相见。但是，在种族纯洁、文化同质成为西方国家普遍的建国理想的时候，这种文化多样性遭到了拒绝和否定，次要文化群体遭到无情的压制，主体文化群体利用国家机器，设计和实施种种歧视性政策，导演了一幕幕为纯洁文化，创建同质社会而消灭文化多样性的历史悲剧。强制同化、种族清洗、种族隔离、种族屠杀、文化灭绝不断出现。强制同化成为西方国家处理文化多样性的普遍模式。由殖民地发展而来的美国、加拿大和澳大利亚便是如此。

第二次世界大战后，国际社会倡导人权、民主、自由和平等，基于普遍的文化差异（包括宗教、民主、种族、语言、出生等差别）而产生的社会歧视不再有存在的合理性和合法性。各国少数民族（次要文化群体）要求平等的呼声不断高涨，斗争全面展开。美国的民权运动、澳大利亚土著斗争、南非的反种族隔离运动蓬勃发展。这迫使西方国家重新审视自己的民族文化政策，开始转向尊重国内不同民族文化群体的生活方式，保证不同文化群体的平等，承认国内不同文化群体的存在和发展。因此，就各国而言，次要文化群体的斗争和平等诉求，使得主体文化和次要文化关系紧张，民族文化多样性问题作为扩大国内民主的方式而出现。②

---

① 杨洪贵：《澳大利亚多元文化主义研究》，西南交通大学出版社 2007 年版，第 19—21 页。

② 同上。

（三）全球化凸显了文化多样性问题

战后尤其是"冷战"结束以来，全球化空前地促进了不同文化的接触、交流和碰撞，使得文化多样性问题成为国际社会、各主权国家乃至每个人都必须直接面对和处理的问题。

信息技术发展迅猛，世界各地不同民族、文化之间的交往和联系日益密切。文化多样性的范围越来越大，人类的不同群体在价值观念、生活方式、文化习俗与族群归属等方面的差异越来越显著。在当今世界，文化多样性已经不是学者笔下的学术术语，而是世界各国人民每天在日常生活中必须面对的现实。"大多数人每天都与来自其他文化的人进行交往。其他文化的形象充斥着电视屏幕和电影银屏，在工作单位、大街上、市场上，人们不断遇到外国商人、移民、旅游者和难民。"①

如今，多数国家已经成为文化多样性的社会。以共同的传统、文化、价值观、生活方式为纽带，形成了不同的民族、宗教或语言群体。移民来自越来越多的国家，因而更多文化背景不同的人聚居在一起。移民的到来改变了国家原住民人口的比例及民族文化构成，传统意义上的民族国家在越来越大的程度上成为多民族、多文化的国家。多民族共居、多文化并存已经成为世界各国的基本特征。当今世界单一民族国家越来越少，越来越多的国家成为民族文化多样性的国家，文化多样性问题摆在每个国家人民的面前。②

四　文化多样性面临的挑战

（一）西方文化冲刷各国本土文化

在经济全球化过程中，不同文化的地位和影响存在很大的差别。全球化进程迄今大体上与西方价值观尤其是美国文化对世界其余部分的渗透同时并进。③ 全球化最为明显的证据是全世界范围内消费模式的转变。全球娱乐产业几乎都受到了来自美国、欧洲和澳大利亚产品的控制。在西方文

---

① Will Kymlicka, *Multicultural Citizenship*, *A Liberal Theory of Minority Rights*, Oxford: Clarendon Press, 1996, p. 1.

② 联合国开发计划署编：《2004 年人类发展报告——当今多样化世界中的文化自由》，《2004 年人类发展报告》翻译组译，中国财政经济出版社 2004 年版，第 28、30 页。

③ 叶虹：《文化全球化形成及其后果》，《浙江师范大学学报》（社会科学版）2000 年第 1 期。

化的冲击面前，非西方文化的传统文化遭到破坏，民族文化身份受到抹杀。全球化所带来的西方文化对全世界的冲击，正在给文化多样性的发展带来严重的挑战。

(二) 民族文化对抗加剧

"冷战"结束之后，世界格局剧变，意识形态对国际社会的影响消退，全球化进程的加深促进了人们的民族意识和文化观念的空前高涨，文化间的对抗不断产生。面对西方文化的强大攻势，非西方社会知识分子反应强烈，纷纷以弘扬本土文化来对抗西方文化。文化间的对抗同样发生在西方文化内部，如法国打算建立文化马其诺防线，以保护法语，防止美国文化的侵袭，欧洲影视界则视好莱坞为劲敌，等等。[1] 民族文化的对抗在有的地区还导致政治冲突、争端与战争的出现。由此，文化原教旨主义和文化冲突论甚嚣尘上，一时间成为全球社会讨论的热点，并成为一些人解读国际社会的理论基石。文化原教旨主义认为，不同的文化之间的关系本质上就是互相敌对、你死我活的关系。[2] 在他们的眼里，文化交流的必然结果就是文化冲突。文化冲突论的广泛传播，在一定程度上形成了文化偏见，恶化了文化多样性发展的国际环境。

(三) 文化多样性急速减少

人类社会的政治变革、科学技术进步、文化政策和社会观念的变迁、自然生态环境的变化以及信息载体的变化，不仅造成了大量的生物灭绝或濒临灭绝，同时也造成了大量文化形态的灭绝或濒临灭绝。文化多样性在当今社会快速发展的冲击下变得极为脆弱，文化的种类不断减少，文化传承后继乏人，许多语言、民族艺术正在面临消亡的危险。语言是文化的符号与载体，而语言多样性正以有史以来最快的速度在消亡。据世界知名的语言专家东英吉利大学的萨沙兰德研究，世界上有 6800 种语言，其中 1676 种语言正在面临灭绝的危险，而其中面临危险最大的达 438 种，因为使用这些语言的人数一般都不过 50 人。[3] 有专家则推测，如果任其发

---

① 叶虹:《文化全球化形成及其后果》,《浙江师范大学学报》(社会科学版) 2000 年第 1 期。

② 联合国教科文组织编:《世界文化报告——文化多样性、冲突与多元共存 (2000)》, 关世杰等译, 北京大学出版社 2002 年版, 第 28 页。

③ 陈祖甲:《漫议语言濒危》,《人民日报》2003 年 7 月 2 日。

展，在随后的 100 年里，世界语言的百分之九十将走向灭绝，① 如澳大利亚土著语言正面临着灭绝的危险。欧洲人开始定居澳大利亚的时候，澳大利亚原住民所讲的语言大约有 250 种，其中包括 700 种方言。在过去的 200 多年中，这一数字已降至 45 种左右，有些语种不到 10 人能说。② 语言不仅是一种交流的工具，更是表达和传播文化的载体。一种语言的消亡同时也意味着一种文化的灭绝。难怪美国的语言学家惊叹："一种语言从地球上消失，就等于失去一座罗浮宫。"③

总之，尊重与认同文化多样性成为大势所趋，经济全球化的发展使得文化多样性成了人们必须面对的社会现实，而社会经济的快速发展在给文化多样性带来威胁的同时，也使人们广泛地认识到保护与发展文化多样性对人类整体存在与发展的价值。

五　文化多样性的价值

保护与发展文化多样性已经成为世界各地的文化运动，文化多样性的价值日益得到世界各国人民的认可和接受。文化多样性的价值表现在三个方面：

（一）文化多样性造就了丰富多彩的人类生活

正是因为存在多样性，人类才能生活在如此丰富多彩的世界里。在我们生活的这个星球上，有 60 多亿人口，200 多个国家，2500 多个民族，6000 多种语言，有基督教、天主教、伊斯兰教、佛教和道教等多种宗教。正是因为不同文明的相互依存、相互交流、相互借鉴、相映生辉，才构成今天这个丰富多彩的世界。语言多样性、文化多样性与生物多样性同样是我们人类生存的必需品。

（二）文化多样性是人类创造性的源泉

在人类文明的进程中，曾经出现过千千万万个民族，每个民族都有他们独特的传统文化，每种文化都蕴含如何和大自然相处的智慧，都蕴含着如何处理社会关系和协调自我心灵的独特智慧。在这个意义上讲，世界上

---

① Tove Skutnabb-Kangas, *Linguistic Genocide in Education-or Worldwide Diversity and Human Rights*? Mahwah, NJ: Lawrence Erlbaum Associates, 2000: ix.

② 多民族国家，http://www.dfat.gov.au/aib/chinese/society.html。

③ 陈祖甲：《漫议语言濒危》，《人民日报》2003 年 7 月 2 日。

每一种文化的存在，都有其适应自然、调整社会关系以及抚慰自我心灵的内在价值。[①]

文化多样性不仅作为人类精神创造性的一种表达，它本身就具有价值，[②] 而且是人类文化得以延续和保存的重要前提。一种文化要想在不利于自身存在的条件下获得生存的机会和可能性，就只有通过吸收其他文化的优势因子取长补短，来迎接挑战，积极地适应环境。

就人类文化的整体而言，如果离开了所有不同文化之间的互补融合，就有可能将一种文化的缺陷放大为整个人类文化在总体上所普遍具有的共同缺陷，从而危及人类文化的持续存在。文化多样性能够培育人类作为一个整体的更大的感性的、智力的以及情感的能力以使人类机能达到更高阶段。这种创造力不局限于艺术，而且还是激发人们寻求解决社会问题与环境问题办法的源泉。而这些解决方法往往被主导文化群体所忽视，因为优势地位使得他们产生自满，缺乏自我批评的能力。从这个意义上讲，文化多样性是不可缺少的纠错和平衡力量。[③]

因此，文化多样性的存在是人类文化保持自身活力的重要条件。一方面，文化多样性为人类文化实现类似生物学意义上的"杂交优势"创造了必要的条件；另一方面，文化多样性的存在还为特定文化的选择提供了多种可能性。文化多样性所要求的不同文化之间的多元关系，成为各种文化之间的张力结构赖以保持的可靠保障，而不同文化之间的张力关系恰恰为人类文化的存在和发展提供了不竭的动力。[④] "正如生物适应总和特殊环境有关一样，文化适应也是相关的；一个专门化的社会（或种族）在环境条件变化的时候将面临严重的危险，种群的多样性可能是使整个社会更新和创造的重要源泉。"[⑤] 文化多样性是人类社会更新和适应性变化的基础条件。经济学家斯蒂芬·玛格林（Stphen Marglin）认为，文化多样

---

① 周勇：《少数人权利的法理——民主、宗教和语言上的少数人群体及其成员权利的国际司法保护》，社会科学文献出版社 2002 年版，第 34 页。

② 联合国教科文组织编：《世界文化报告（1998）——文化、创新与市场》，关世杰等译，北京大学出版社 2000 年版，第 3 页。

③ David Harmon, *In Light of Our Differences: How Diversity in Nature and Culture Makes Us Human*, Washington and London: Smithsonian Institution Scholarly Press, 2002, p. 45.

④ 刘冬雪：《文化全球化与文化多样性》，《社会科学辑刊》2003 年第 1 期。

⑤ ［美］P. K. 博克：《多元文化与社会进步》，余兴安等译，辽宁人民出版社 1988 年版，第 143 页。

性可能是人类这一生物继续存在下去的关键，^① 因为人类的文化多样性，特别是人类与自然和谐共处的文化多样性，不仅过去曾是人类生存发展的重要指针，而且将来也会为人类社会的可持续发展提供宝贵的历史经验。^②

（三） 文化多样性是社会公正的保障

不同文化的存在对希望保持自己文化特性的人群来说至关重要。例如，世界上许多地方的土著人就认定他们使用的土著语言是他们身份的重要标志。文化特性是族性归属的基础，而族性归属的基本价值在于给个体一种独特的归属感，同时使他们归入一个群体之中。^③ 从这个意义上讲，文化是社会生活的产物，是民族精神的结晶，是民族间区别与差异的"遗传密码"。世界上每个成熟的民族都有属于自己的特有文化形态和文化个性，这种特有的文化已经成为民族亲和力和凝聚力的重要源泉。因而，保护和发展自己的民族文化，不仅是一个民族生存发展的需要，甚至也是维护民族独立和主权的必要条件。^④ 这意味着保持文化多样性直接关系到社会公正问题，文化多样性是保障人权、促进人类公正与民主的必由之路。

在近代，欧洲殖民主义就是通过征服其他文化群体在世界上实现扩张，并一度建立起对他国的统治的。在"冷战"时期，美国与苏联为了扩大霸权，遏制对方，也都曾经强行把自己的文化推行到其他国家。因此，从国际社会来看，承认文化多样性就是承认各国人们有权选择自己的文化、世界观和生活方式。承认与包容文化多样性是促进国际社会平等与公正的重要途径与方法。

在历史上，因为文化不同，许多国家在对待不同文化群体的态度与做法上曾经出现过极端行为，并带来了深重的灾难和沉痛的教训。例如，有时把某一种族全部同化于另一种文化，以致造成原有文化特征的毁灭。他们的语言被禁止，政治上有些不同做法就意味着被监禁和被处死，宗教活

① 联合国教科文组织编：《世界文化报告——文化的多样性、冲突与多元共存 （2000）》，关世杰等译，北京大学出版社 2002 年版，第 159 页。

② 任文伟、郑师章：《文化生态学》，中国环境科学出版社 2004 年版，第 329 页。

③ David Harmon, *In Light of Our Differences*: *How Diversity in Nature and Culture Makes Us Human*, Washington and London: Smithsonian Institution Scholarly Press, 2002, p.45.

④ 仲言：《经济全球化与文化多样性》，《人民日报》2002 年 1 月 20 日。

动和信仰被隐藏或禁止等。① 这成为世界各地少数民族、移民、土著以及各种各样处于弱势地位的文化群体被排斥的重要根源。而文化多样性的存在与发展的基础就是承认和保护处于弱势地位的文化群体的集体权利，保障他们获得公正、平等地与他人生活在一起的起点。要真正要求充分地实现《世界人权宣言》第 27 条和《经济、社会、文化权利国际公约》第 13 条和第 15 条所规定的文化权利，就必须首先承认与保护文化多样性，就必须尊重人权和基本自由，特别是尊重少数人群体和土著人民的各种权利。但是，任何人不得以文化多样性为由，损害受国际法保护的人权或限制其范围。

承认与保护文化多样性是保护人权和促进人人平等的基础和起点。认可、尊重、维护和促进文化多样性的存在与发展关系到人类整体的存在与发展，关系到社会的公平与正义。

六　文化多样性的处理理论与模式

在人类社会的发展过程中，文化多样性一直是各国政府和民众关注的重要问题。出于对民族的不同理解，历史上和现实中形成了不同的处理文化多样性的理论与政策模式。

（一）文化多样性的处理理论

对民族和国家的不同理解和定义成为引导各国处理民族文化关系的基本出发点，并由此产生了不同的处理民族文化问题的方法与模式。从类型或形态来看，人们可以将民族主义辨析为一般意义上的民族主义、文化民族主义、地方民族主义、政治民族主义、经济民族主义、语言民族主义，甚至体育民族主义等几大类型。一般意义上的民族主义指的是对民族国家的高度忠诚的态度、情感与信念；政治民族主义指的是对民族或国家的强烈的政治认同；文化民族主义指的是对母语文化的强烈认同。政治民族主义与文化民族主义对处理文化多样性的理论与政策模式的形成有着重要的影响。

1. 文化民族主义

文化民族主义是文化领域的民族主义，它的基本内容包括相信每一个

---

① 联合国教科文组织编：《世界文化报告——文化的多样性、冲突与多元共存（2000）》，关业杰等译，北京大学出版社 2002 年版，第 25 页。

民族（国家）都有自己独特的传统文化，文化是区分不同民族国家的本质特征；文化民族主义是处理不同文化之间相互关系的原则；它把文化作为民族和国家认同的核心依据，目标是保留、复兴和壮大自己民族的文化。① 文化民族主义把文化、生活方式和社会机构看作决定民族的本质性因素，看作一种统一力量的表达，同时又把这种统一力量的表达称为"文化民族的灵魂"或"精神"。②

具体而言，文化民族主义根据共同的血统、语言和文化来确定民族国家认同与归属，公民地位的获得是以"血统"或者族源为基础的。文化民族主义基本属于一种自我封闭的民族意识，它始终强调国家的地缘性及族体的亲和性。土地的根源和共同的祖先构成了民族伦理价值的核心，民族也被视为一种绝对的生物模式或历史模型。它在追求民族生存与国家创建方面，主张恢复历史文化建构，保持本土价值形态，以便寻找族体内在的原初生机，融合传统与现代。文化民族主义的这种特性，意味着其在处理文化多样性问题、处理与其他民族群体的关系的时候固守民族共同体的纯洁与同质，把少数民族排斥在公民和民族共同体之外。德国坚持这种模式，德国的公民资格只给予那些具有德国（日耳曼）血统的人，即使是在德国出生的母语已经是德语的第三代土耳其人也无法获得德国公民权，而一位来自苏联地区的日耳曼人，即使从来没有在德国生活过，不懂德语，也可以很快获得德国公民权。日本也与此类似，在日本出生的韩国人或者其他国家生活在日本的人们根本没有可能获得日本的公民权。③

2. 政治民族主义

政治民族主义是随着近代资本主义民主的形成而形成的，早期以法国为主要代表。政治民族主义"将民族民主式地建立在公民性以及人民主权原则的基础上。或者说，它从个体的意志，从以个人自我决定为基础的市民资产阶级的人权和公民权中，自由主义地导出民族这个概念"④。政治民族主义把民族、国家定义为建立在宪法、法律和公民身份之上的政治共同体，只要外来移民认同和接受这些政治规则，民族、国家就可能接纳

---

① 措科：《文化民族主义解析》，《青海师专学报》（教育科学版）2006 年第 5 期。

② 李工真：《德意志道路——现代化进程研究》，武汉大学出版社 1997 年版，第 198 页。

③ 同上。

④ 郭洪纪：《文化民族主义的缘起及主要特征》，《青海师范大学学报》（社会科学版）1997 年第 3 期。

他们为共同体的成员。政治民族主义一般不在意民族的文化认同，但很在乎政治认同，对民族的主权和独立，对国家在政治、经济、军事上的荣衰强弱十分关心。这就意味着，对国家的忠诚可以与对民族文化的认同分离。① 因此，政治民族主义可以认可和接受文化差别和族群社区的形成。政治民族主义以公民身份作为促进民族国家团结的纽带。这种政治民族主义模式主要在澳大利亚、加拿大和瑞典实施，对荷兰、美国和英国以及其他国家也产生了影响。②

当今社会，这两种民族主义并非都以纯粹的形式出现和存在。政治民族主义认同有着历史和文化的根源，同时，文化民族主义认同有着政治的特征。但重要的是这两种成分的相对重要程度。当民族认同以文化成分为主的时候，它就可能成为和平管理文化多样性的障碍，威胁社会和谐，甚至导致暴力冲突；而如果民族认同以政治成分为主的话，就有利于尊重差别，允许民族文化多样性的存在，促进他们充分地参与社会和享受社会资源，实施民主的多元文化主义。

(二) 文化多样性的处理模式

在历史上和现实中，基于对国家和民族的不同理解，西方社会逐步形成与实施三种处理民族文化多样性的政策和理论模式。③

1. 同化主义模式 （Assimilationist Model）

同化主义是一种处理文化多样性的极端模式，它认为通过个人放弃自己原有的语言与文化传统，接受主体民族的语言与文化，通过个人适应主体社会的变化过程，少数民族最终将完全融合进主体民族与主体社会之中，并认为通过把少数民族完全吸收进主体社会之中，可以消灭不同的民族群体的存在，可以消除民族冲突与民族矛盾。④ 同化主义模式否认和拒绝文化多样性，决不容许民族国家内部存在任何不同的文化与语言，并实施相关政策来消除文化多样性。同化主义模式认为；移民和少数民族与主

---

① Management of Social Transformations：Multiculturalism：A Policy Response to Diversity，UNESCO 1995，http：//www. unesco. org/most/sydparer. html.

② 李工真：《德意志道路——现代化进程研究》，武汉大学出版社1997年版，第198页。

③ Camon Naomi, *Immigration and Integration in Post-industrial Societies*, New York：ST. Martin's Press，1996，p. 23.

④ Christine Ingles, *Multiculturalism：New Policy Responses to Diversity*, Paris：UNESCO，1995，p. 37.

体文化之间的接触会促进少数民族的逐渐改变，少数民族的成员会逐渐放弃自己的传统文化以适应主流社会。这个过程经常被描绘为文化遵从或文化适应。在这种模式下，主流社会成员在数量上的优势，移民与主流社会交往的密度和强度以及时间的长短被认为加速同化过程的因素。[1] 但是，同化过程完全被认为是个人的责任，而不是国家的责任，因此国家和政府在促进少数民族个体同化的过程中的作用是有限的。同化主义模式具有开放性，承认接纳移民进入共同体的可能性，只要他们放弃自己的文化特征，认同该国的政治规则和同化进该国的主流文化之中，他们就可能成为主体社会的成员。从本质上讲，同化主义模式准许那些已经进入一个国家的人们以放弃原有文化身份为代价加入该国家和民族，其最终结果是导致了文化差别的消失。历史上许多国家都曾经实施同化主义模式试图消除民族文化多样性，建立同质社会，如澳大利亚为了实现"白澳"建国理想，就曾经对其土著居民和非英语移民长期实施同化政策。

2. 差别与排斥模式（Differentical-exclusionary Model）

差别与排斥模式认为，民族冲突与矛盾可以通过消除或者尽量减少与少数民族的接触与联系来加以控制。这一模式最极端的做法是对少数民族进行"民族清洗"（Ethnic Cleaning），最普遍的做法是限制少数民族成员参与主体社会生活。国家宪法规定不接纳少数民族成员成为公民。[2] 差别与排斥模式主要产生在那些根据主体人口的民族血统背景来确定民族身份的国家里。主体群体不愿意接受移民及其子女成为民族的成员。这种不情愿表现为排斥性的移民政策、限制性的入籍规则和拒绝承认自己为移民国家。

冷漠与排斥意味着移民可以进入社会的某些领域——首先是劳动力市场，但被拒绝进入如福利制度、公民身份和政治参与等领域。移民以工人、消费者等身份成为社会的一部分，但是在经济、社会、文化和政治领域被排除在充分参与之外。[3] 德国和奥地利多年来一直实施差别与排斥模

---

① Camon Naomi, *Immigration and Integration in Post-industrial Societies*, New York: ST. Martion's Press, 1996, p. 23.

② Christine Inglis, *Multiculturalism: New Policy Responses to Diversity*, Paris: UNESCO, 1995, p. 37.

③ Castles, Stephen and Miller, J. Mark, *The Age of Migration*, London: The Guiford Press, 1998, pp. 244 – 245.

式。日耳曼人在到达德国后，在享有公民权方面具有特权，同时还要享受多样政策优待，而那些其他民族的移民却不能获得公民权，即使是这些移民在德国出生的第二代或第三代。①

以上两种处理文化多样性的模式既存在差别，又有相同之处。同化主义完全否认民族国家内部文化多样性的存在。由于主体社会服务机构排除了为少数民族服务的可能性，差别与排斥模式却可能允许，并在有的情况下支持民族国家内部已经存在的少数民族发展自己的服务机构，以满足他们对教育、卫生和文化的需要。② 因此，在差别与排斥模式之下，一个国家内部在主体民族文化之外，可能还存在受排斥的少数民族文化群体。同化主义存在接纳的倾向，允许不同民族文化的人们以放弃自己的文化传统为前提，融合进当地民族文化之中。而差别与排斥模式的基本倾向是排斥，无论少数民族群体如何努力，都不可能被接纳为民族共同体的成员。尽管如此，两者都存在严重的文化排斥，都是对少数民族群体的歧视，都是处理文化多样性的非民主方式。③

3. 多元文化主义模式（Multicultural Model）

联合国教科文组织在 1956 年哈瓦那国际会议上提出"多样性的统一"（Union in Diversity）的口号，倡议在社会统一的前提下不同文化的和谐共处。④ 在 20 世纪 50 年代到 60 年代的美国和加拿大，多元文化主义（multiculturalism）这一术语逐步流行并进入政策领域。⑤ 多元文化主义的含义主要有三个方面。（1）指多文化、多语言、多宗教和多民族这种社会现象，即多元文化社会；（2）指政府为谋求民族、宗教或语言方面的少数群体对公共领域的参与，而设计的处理民族、文化多样性问题的一系列方针、原则和措施；（3）指西方社会兴起的与同化主义相对立的处理

---

① Robinson Vaughon, *Migration and Public Policy*, Massachusetts：Edward Elgar Publishing, 1999：435.

② Christine Inglis, *Multiculturalism*, *New Policy Responses to Diversity*, Paris：UNESCO, 1995. p. 38.

③ 杨洪贵：《澳大利亚多元文化主义研究》，西南交通大学出版社 2007 年版，第 32—37 页。

④ Carmon Naomi, *Immigration and Integration in Post-industrial Societies*, New York：ST. Martin's Press, 1996. Inglis, *Multiculturalism*：*New Policy Responses to Diversity*, Paris：UNESCO, 1996.

⑤ Lawrence H. Fuchs, "An Agenda for Tomorrow：Immigration Policy and Ethnic Policies", *Annals of the American Academy of Political and Social Science*, 1993, Vol. 530.

民族文化多样性问题的理论体系，即多元文化主义思潮。

多元文化主义认为文化多样性是一种永久性的现象，所有人都是平等权利的公民。追求个人和群体和平共存的理念，[①] 在保护民族多样性的同时促进政治统一，[②] 20 世纪 70 年代，加拿大、澳大利亚和瑞典以此作为一种民主方式处理民族文化多样性的政策，80 年代英、法、荷、比、丹等国相继在不同程度上实施该项政策来解决主流社会与外来移民的关系问题。冷战结束以来，多元文化主义成为西方一种普遍的社会思潮。

第二节　文化多样性产生形成和发展过程

文化是人文地理环境的产物，不同的人文地理环境，形成不同的文化，不同的文化必然具有不同的文明生发形式。古埃及、两河流域、希腊、罗马、印度、美洲和中华文明由于产生地域生态差异，形成不同的演进机制和模式。

一　古埃及文明

古埃及文明起源于狭长条带的尼罗河流域。在公元前 5000 年，尼罗河河套分段治理出现许多城镇政体。由于这种多元的地方中心并无有力的地理屏障，导致国王统一神化集权统治，从而形成多元一体化文明机制，是"一节灌肠式的神化集权模式"[③]。

二　两河流域文明

两河流域文明在公元前 5000 年前后起源于西亚地区的美索不达米亚平原上的底格里斯河和幼发拉底河（今天的伊拉克一带）。幼发拉底河流域内的小区域地理自然分割破碎。灌溉是当地的经济生活的命脉。城邦各家族族长代表原住民公社成员平等享受灌溉权与外来移民以其人格尊严和

①　Harald Runblom, "Swedish Multiculturalism in a Comparative European Perspective", *Sociological Forum*, Vol. 9, No. 4, 1994.

②　Lawrence H. Fuchs, "An Agenda for Tomorrow: Immigration Policy and Ethnic Policies", *Annals of the American Academy of Political and Social Science*, Vol. 530, 1993.

③　H. W. F. *Saggs*, *Civilization before Greece and Rome*, New Haven: Yale University Press, 1989, pp. 21 – 30.

劳力来换取原住民公社所允许的灌溉使用权构成的"原始民主制"① 和"政体碎裂化"的"间断续生型"文明，是"一串腊肠、粉肠相串联的香肠模式"②。

三　古希腊文明

古希腊文明晚于古埃及和两河流域文明，是西方历史的源头，持续了约650年（前800—前146）。位于欧洲南部，地中海的东北部，包括今巴尔干半岛南部、小亚细亚半岛西岸和爱琴海中的许多小岛。公元前5、6世纪，特别是希波战争以后，经济生活高度繁荣，产生了光辉灿烂的希腊文化，对后世有深远的影响。古希腊人在哲学思想、历史、建筑、文学、戏剧、雕塑等诸多方面有很深的造诣。这一文明遗产在古希腊灭亡后，被古罗马人破坏性地延续下去，从而成为整个西方文明的精神源泉。古希腊文明是初始"扇面扩展性"模式。

四　古罗马文明

古罗马文明起源于意大利中部台伯河入海处。古罗马城建于公元前753年，后来逐渐强大。罗马坐落在意大利半岛中部的第伯河谷，意大利则居于地中海周边地区的中心。罗马依据这一优越地理位置向外扩张，征服了周围其他地区，乃至整个意大利半岛和地中海周围广大地区。罗马起初实行王政，公元前509年实行共和制，公元前1世纪30年代建立"元首制"，进入帝制。公元5世纪后期，西罗马帝国灭亡，西欧进入中世纪，帝国东部则进入封建制的拜占庭时期。古罗马文明对西方乃至世界文明发展进程最重要的贡献是在两个方面：前半期的罗马律法，后半期的基督教。古罗马文明是"扇面扩展性"模式。

在古罗马文明基础上演变出的西方文明史是一部在普遍缺乏农业长足发展条件而又开放的人文地理环境中、由于骑马民族的反复冲击和不同文化的不断杂交而形成和发展的，打着鲜明游牧文化烙印的历史。就其性质而言，大抵属于一种不同文化相互竞争，优胜劣汰、你死我活的竞争型

---

① H. W. F. Saggs, *Civilization before Greece and Rome*, New Haven: Yale University Press, 1989, pp. 31–41.

② 苏秉琦：《中国文明起源新探》，生活·读书·新知三联书店1999年版。

文明。

五　古印度文明

古印度文明在公元前 2600—前 1900 年起源于今巴基斯坦和印度西部。由商人、地主和宗教领袖等精英构成聚落 "城市文明"。经千年自然变迁，河流改道，贸易路线废弃，原先的文明被侵蚀而衰落，文明中心向今印度北部的恒河流域转移。印度文明是贸易—政治—宗教联盟的 "间断续生型" 文明模式。[①]

六　古美洲文明

美洲是世界古文明的重要发祥地之一。美洲印第安人经过漫长的渔猎采集生活，大约在公元前 3000—前 2000 年开始定居并从事农业种植，培植了玉米、马铃薯、番茄、花生、甘薯、向日葵、烟草、可可、龙舌兰、南瓜及某些豆类和薯类作物。饲养的家禽家畜有骆马、羊驼、火鸡等。印第安人培育的很多农作物后来传到世界各地，对人类物质生活做出了重大贡献。但是，古代印第安人不知道使用铁器、车轮和牛马，这影响了其生产力的提高和发展。在社会组织方面，长期处于原始公社制阶段。土地为部落公有，由议事会分配给各氏族和家庭使用。实行集体劳动，产品平均分配。但是，有的地区达到了较高的社会发展阶段，进入早期的阶级社会。玉米种植是印第安文明的基础，故印第安文明又称 "玉米文明" 型。

七　中华文明

中华民族早在一万多年前，便有了原始的农业生产，至标志文明社会的青铜时代前夕，已有了 8000 年的发展历史，并且在相对封闭而又丰富多样的环境中，创生出多种多样的农耕文化圈。中国文明起源是以黄河、长江、辽河三大流域为单独发展基础，在多样性的生态环境里造就了不同文化选择的文明起源多元中心。各中心社会复杂化的具体机制不尽相同，北方半干旱半湿润地区，灌溉水利工程催生社会复杂化机制，处于亚热带湿润气候带的长江流域则以洪水控制体系为社会分层的机制。不论南北地

---

① Jonathan Mark Kenoyer, "Birth of a Civilization", *In Archaeology*, January February, 1998, pp. 54-61.

区，由于社会内部分层由来已久，加上中国文明起源主要集中在东部二级台阶以下的平原地区，自然环境无大的地理阻隔和大的破碎地理单元，政体倾向于至少在文化区内的集权化。所以，中国文明过程更趋向于从酋邦社会向成熟的早期国家过渡，不大有机会进入两河流域式的"原始民主制"城邦。

中国位于亚洲东部，面向太平洋，背倚亚欧大陆，幅员辽阔，发展空间绝对比尼罗河和两河流域要宽广得多。因而中国的文明模式更容易倾向于中心辐射型，而不是埃及和两河"香肠型"的模式。

中国历来以农业为经济基础命脉，贸易在古代一直未能占领社会经济主体的地位。因此中国文明进程中，"城市革命"可能不是最首要的。因此中国缺乏形成古印度"城市文明"的土壤。

随着龙山时代尧、舜、禹酋邦在黄河流域从黄土高原向华北大平原推移并稳稳地站住脚跟后，黄河在此无法随意摆动又给黄河中游带来可预测的丰富的水利。这个文明起源的中心之一，选择了一条可持续发展的道路，稳步前进。而长江中游石家河文化、下游良渚文化和早先的辽河流域红山文化，因选择了非可持续发展道路而先后崩溃或原地踏步，最终促成黄河中游一枝独秀局面的形成。中国文明一体化进程正式启动，中国文明蛛网式核心辐射型模式诞生。

中原文明核心形成后，采纳大河文化心态，汇聚千流，海纳百川，使中原文化具有水一样优良的融合性、渗透性。开禹贡九道，将原各文明起源中心的优秀精华吸纳于中原，集四方成就之大成，方使中国文明生生不息。禹贡九州的分划、五服、九牧、十八岳的官僚体制充分显示中原文明核心辐辏八方的外交型行政管理手段，同埃及内向型官僚体制迥然不同。中国的文明起源模式是多元一体化的蛛网辐辏模式，从其起源到形成，一直带有集权色彩，完全不同于市民做主的"原始民主制"城邦政体制度。

中国文明起源地区的生态环境的多样化，造就了文明起源的多元性；一体化后又长期地充分保留了地方文化的多样性，从文化、政治、宗教、思想、哲学等诸多方面为文明核心源源不断地提供多样化的养分，以保持中国文明经久不衰的生命力，这是埃及、两河甚至印度所缺乏的，这也正是中国文明这唯一一个从诞生之日至今从未被打断的文明成功的秘诀。

第三节　中华文化一脉相承

20世纪70年代，英国著名历史学博士阿罗德·约瑟·汤恩比（1889—1975）做出一个著名历史研究结论："世上有四大文明古国，其他三国都消亡了，惟有中国源远流传至今，这是什么凝聚力？这是儒家（忠孝仁义）教育的结果。否则，早也七零八落，不知变成多少个小国家了，中国就是第二个印第安，欧洲人的版图。""中国的政治始终是统一的局面，再没有长期分裂过，且在文化上，从未丧失她的整体性。"他还推出了最精辟的预言："中国过去的成就和历史经验，已使其具备统一世界的资格；这正是西方所显著缺乏的。在这种成就的力量上，中国比任何其他国家都更有希望，带领人类政治进入大一统的世界。"①

中国的文化不灭很重要的一个原因就是文化包容性。中华文明是兼容性极强的文明。中国人有史以来就意识到文化多样性的重要性，很早就认为"不同""和实""阴阳得配"是事物发展的根本。《国语·郑语》记载西周末年史伯说过的一段话："夫和实生物，同则不继。"阴阳相异的事物相互协调并进，就能发展。每个民族的文化都有其优缺，不同种族、不同民族共居一处，可以互相学习，互相借鉴。中华文明的兼容性主要表现在如下几方面。

一　政治兼容

两千多年来，中国历代王朝对拥有不同文化和宗教的少数民族普遍采取兼容的政策，"因俗而治"，讲究"怀柔""德治"，容许其实行与中原地区不同的政治制度，从不强迫他们实行与中原地区相同的制度，也就是在一个国家内实行多种政治制度。直至今天，中国政府仍继承历史上的优良传统，建立自治区、自治州、自治县等自治行政单位，对香港、澳门也一样，实行一国两制的政治制度。

---

① Arnold Toynbee, "Inheritors of the Earth?" *Horizon*, Volume 16, No. 3, Summer, 1974, pp. 18 – 19.

二 宗教合一

宗教兼容表现在两方面：（1）不排斥外来宗教，对各种外来宗教都采取兼容的态度，佛教、伊斯兰教、基督教、天主教和东正教都在中国大地上生根，并得到发展，拥有为数众多的中国信徒。虽然历史上不同宗教之间曾发生一些摩擦和冲突，但从未发生大规模的宗教战争。不同宗教信徒之间，基本上能够和睦相处，共生共存。（2）允许同时信仰多种宗教。许多人既信佛教，也信道教和其他宗教。有些人见神就拜，见寺庙或教堂就求，无论它属于什么宗教。有些寺庙甚至把多种宗教的神像放在一起共同供奉和祭祀，如明清以来至今的许多寺庙，都是儒、道、佛三教同堂供奉。人们的祭祀和敬拜心理，也是拜的神越多越好，会得到更多神的保佑。而西方民族的宗教信仰具有排他性的特点，每个人一般只信仰一种宗教，不会既信基督教又信天主教或伊斯兰教。正如英国伟大的哲学家和思想家罗素所说："我们从犹太那里学到了不宽容的看法，认为一个人如果接受一种宗教，就不能再接受别的宗教。基督教与伊斯兰教都有这样的正统的教义，规定没有人可同时信仰这两个宗教。而中国则不存在这种不相容；一个人可以是佛教徒，同时又是孔教徒，二者并行不悖。"①

三 不断学习

中华文明与许多文明不同，数千年来，她以拥抱世界、海纳百川的胸怀，兼收并蓄，以外来文化服务于本体文化，以实现自我的再生和创新，从而使中国文明充满活力和生机。如印度文明、波斯文明、基督教文明等都曾在中国大地传播和交流。中华文明从这些文明中吸取其精华，丰富自己，从而使中华文明成为历史悠久、博大精深、源远流长的世界文明的一大支脉，形成独具一格的文明。中华文明之所以历五千年而连续不断，就在于她不断地吸收其他文明的精华，使自身活力永葆，生命永存。

四 国家民族立场上的统一意识

在中国漫长的发展史中，国内各民族今战明和、人民聚散分合、迁徙

---

① ［英］罗素：《中国问题》，秦悦译，学林出版社1996年版，第150页。

与融会，却始终不曾割断共同的文化传统，文明认同始终如一。而能够达到这一境界，其根本的因素就是国家统一的理念已渗透中华民族的血液之中，成为人们一致的价值取向与理想追求。所谓"阴阳得配而向心为吉""礼乐征伐自天子出"、天下"定于一"等，正是这种民族文化心理的形象表述。数千年的中华文明史，在某种意义上，可以说是国家统一观念深入人心的历史，是实现和维护统一的历史。统一作为中国历史发展的主流，浩浩荡荡，不可逆转。

五　为政治国理念上的民本色彩

国家为君主之本，庶民为国家之本，所以安定民生为政治之本。"敬德保民"的民本论在西周初期已形成。春秋时期，"重民轻神""恤民为德"成为社会上的普遍思潮。道家和儒家继承这些宝贵的思想资源，系统形成了"以民为本"的政治主张。孔子建立"仁学"，核心宗旨便是"爱人"，主张"亲亲而仁民"。在此基础上，提出了比较系统的爱民恤民措施，要求做到，"其养民也惠，其使民也义"。孟子和荀子大大丰富了"民本思想"的内涵，提升了"民本思想"的价值。孟子"民本论"的典型表述，是"得乎丘民而为天子"，"民为贵，社稷次之，君为轻"。结论是："天时不如地利，地利不如人和。"荀子认为君民关系是水与舟的关系，君主离开民众的拥戴和支持，便意味着政治前途的葬送，"君者，舟也；庶人者，水也，水则载舟，水则覆舟。此之谓也"。秦汉以来，"重民爱民"始终是历代王朝名义上或实际上的基本政治原则之一。这对缓和社会矛盾，维系社会相对稳定产生了深远的影响。

六　社会秩序建设上的包容和谐理想

☰☰坤象曰：地势坤，君子以厚德载物。做人要有大地般的胸怀。包容和谐是中国传统文化的重要命题与核心精神，道、儒、墨、法、兵等主要思想学派对和谐思想都有深刻的阐发。儒家提倡"中和"，强调"礼之用，和为贵"，注重人与人之间的和睦相处，人与社会的和谐发展。道家追求人与自然的和谐统一，提倡遵道以行，率理而动，因势利导，合乎自然，虚静处下，海涵宽容，从而建立起自然和谐的治国秩序。墨家倡导"兼相爱，交相利"，主张实现个体与社会的有序一体，道德与功利的和谐一致。法家主张对个人、社会、国家三者关系做出正确定位，在大一统的格局内，实现国家主导下的社会和谐。兵家讲求"令民与上同意"，强调"先和而造大事"。视"和谐"为克敌制胜、战胜强敌的保证。所有这一切，都表明包容和谐是中国传统文化的本质属性，中华文化能够生生不息，自立于世界民族之林，与它充沛着包容和谐的精神有着密不可分的关系。

七　伦理关系处理上的仁义原则

两千五百多年，孔夫子建立的"仁"的思想，是根植于人类命运的道德的主体，开辟了中华民族价值的根源。它是中国古代处理人际关系、治理国家的根本思想，并以此为核心形成了一整套的伦理、价值观念。这些观念可以用"仁、义、礼、智、信"五个字来概括。因此而确立了一系列解决和处理各种复杂社会关系，满足社会伦理基本需求，完成个人人格健全的道德规范，如"己欲立而立人，己欲达而达人""己所不欲，勿施于人"的"忠恕仁爱"精神；"重义轻利"的"义利之辨"原则；"正人先正己"的"率先垂范"准绳；"无弃物、无弃人"的包容宽厚立场；"言必信，行必果"的"恪守诚信"态度；"爱有等差、尊卑有序"的"克己复礼"追求；"举一反三，见微知著"的"心智完善"能力等。

八　事业追求态度上的自强精神

☰乾象曰：天行健，君子以自强不息。用这种追求上进的奋斗精神武装头脑，主张自强不息、勤奋刻苦、舍生取义，充分发挥人的主观能动性，奋斗拼搏、积极向上。孔子主张"三军可夺帅也，匹夫不可夺志也"。孟子提倡舍生取义，推崇大丈夫精神。"富贵不能淫，贫贱不能移，威武不能屈。"这已经成为民族的普遍心理认同，即对自己所认定的追求锲而不舍、百折不挠、义无反顾、虽死不悔，"亦余心之所善兮，虽九死其犹未悔！"正是这种根深蒂固的文化传统，塑造了无数仁人志士的高尚人格，磨砺了我们民族生生不息的自强精神，指引了后人的理想追求，注入了社会进步的勃勃生机。

九　解决问题做法上的中庸选择

易学"中和中正"思想是"中庸"之道，主要含义是指办任何事情都要把握合宜的分寸，合宜的"度"，所谓"无过无不及"，恰到好处，收放恰宜。孔子最早提出"中庸"的概念。在孔子看来，凡事都必须坚守大经大法，做到不偏不倚，无过无不及，具体做法便是"执其两端而叩之"，从中找到和掌握合适的度，辩证地看待问题，凡事不走极端。总之，一切要"允执其中"。孔子把这种"中庸"之德，定位为最高的道德境界与政治智慧。应该说，这一原则已具有人们在处理一切问题时所普遍遵循的方法论意义。如：既树立远大理想，又注重脚踏实地；既崇尚和平，又敢于以战止战；既尊重客观规律性，又发挥主观能动性；等等，从而成为了人们处世接物的高明艺术。①

第四节   中华文化包容力

一   包容之道

世界之大，大可到"天"，人地位之高，高可达"帝"。在客观物质世界里，"天"和"帝"是有限的。如果中国的"天"和西方的"帝"，是指人格化的"神"，那就是客观物质世界对应的"映像"，是一种信仰。作为信仰，不可能越过人类理性思维的极限。

然而，中华优秀传统文化范式之"道"的范畴却是"先天地生"，"象帝之先"的，即道在天之前，并能生天生地，又在上帝之先，高于上帝。道揭示了宇宙起源、地球产生、世界万物生育成长和社会经济发展的规律，给出了包容一切人间秩序和价值观念的超越的理想世界，是人类理性思维延伸的极限，它是一种终极的、唯一的绝对真理，因而同现代自然科学、社会科学和哲学的研究成果遥相呼应。

中华优秀传统文化之"道"，在文化本体论上的无限超越性可作为普世价值的终极信仰，成为世界多样性文化的交汇点，这在人类文明的发展中具有无与伦比的意义。道的学说使道家文化具有最高的超越性和最大的包容性，它不仅包容进中国诸子百家思想的精华，而且还可以融合进东西方异质文化中各种最优秀的思想。可以断言，道的学说体现了人类文明的最高智慧，是中华民族最伟大的文化资源，也必将成为世界文明相互交融

---

① 纪宝成：《中国传统文化的基本特征和核心价值》，载徐根初编《中华战略文化的传承与发展》，时事出版社 2008 年版，第 6 页。

的凝聚点。道学既为中国文化之根基，又为嫁接外来文化之砧木，[1] 可将中国传统经济学文化、现代西方经济学文化和马克思主义经济学文化整合一体化。

二　包容之德

黄帝、尧、舜时期，生产发展，百业兴隆，生产、交换、分配和消费环节细化，社会全面演进，日趋繁荣。设天干地支，定天地万物时空。以《易》推演事物演变形式，用五行分析相互关系，揭示其变动规律。"夫《易》，彰往而察来，而微显阐幽。"改进治理制度，引导人民按自然规律与国家法规行事，百官与百姓各尽其力，终致天下太平，以至于垂拱而治，无为而成。易学的道理是穷极则变化，变化则通达，能通达，则能恒久。能循此变通的原则，何事不成？为此取象于《乾》《坤》两卦，描述衣裳（乾上为衣，坤下为裳）的上下协调，和谐统一。模拟天、地、人及万物之阴阳交合的机理、演进过程、发展趋势和结果形式，如图4—1所示。

图4—1　☰《乾》☷《坤》通天之德与类地之情

---

① 胡孚琛：《道学通论》，社会科学文献出版社 2009 年版，第 48 页。

三　包容之功

包容力从☷坤。

　　《系辞》曰：夫坤，其静也翕，其动也辟，是以广生焉。
　　《象》曰：地势坤，君子以厚德载物。

　　☷坤，即大地，"其静也翕"，"翕"为收敛，为关闭，众物蓄藏于其中。☷坤为土壤，植物生长之用；坤也可作为宅舍，人类居住或储存食物之用。静而不用时，则由敛闭藏，故曰："其静也翕。"当使用时，则打开其门，任人选用，故曰："其动也辟"，其中蓄象甚众，所以叫作"广生焉。"如插图4—2所示。

第五节　资源利用文化包容力实现路径

一　内涵

　　☷坤，元亨，利牝马之贞。君子有攸往，先迷后得主。利。西南得朋，东北丧朋，安贞吉。
　　《彖》曰：至哉坤元，万物资生，乃顺承天。坤厚载物，德合无疆。含弘光大，品物咸亨。牝马地类，行地无疆，柔顺利贞。君子攸行，先迷失道，后顺得常。西南得朋，乃与类行；东北丧朋，乃终有庆。安贞之吉，应地无疆。
　　《文言》曰：坤至柔而动也刚，至静而德方。后得主而有常，含万物而化光。坤道其顺呼？承天而时行。

　　☷，排列与地支未申同位，建立之古远。《说文》曰："坤，地也，易之卦也，从土从申，土位在申。"
　　☷，六画阴为坤，与六画阳☰为乾，鲜明相对，乾称"元、亨、利、贞"，坤称"元、亨、利、牝马之贞"。似乎只在"贞"字之义与乾卦所不同。乾为刚健之贞，坤乃柔顺之贞，故以"牝马"之贞以别之。
　　"牝马地类，行地无疆，柔顺利贞。君子攸行"，用"攸行"四方而展开，"坤之坤"如图4—3所示。

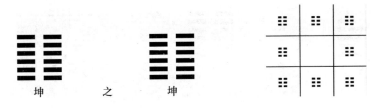

坤　　　　之　　　　坤

图4—3 ䷁坤行地无疆

一宫坎落䷁卦，地盘坎☵加天盘坤䷁，为重卦师䷆。师，君子以容民畜众。《象》曰："师，众也，贞，正也，能以众正，可以王矣。"䷆之䷁☵阴阳得配而来为贞，一阳率众阴，万众一心。

二宫坤落䷁卦，地盘坤加天盘坤，为重卦坤䷁。坤，厚德载物。《象》曰："坤厚载物，德合无疆。含弘光大，品物咸亨。"地盘地宫与天盘飞宫同为☷，体用不二，象义如一也。

六宫乾落☰卦，地盘乾加天盘坤，相重为泰卦䷊。泰卦上卦坤，坤为母为牝，泰卦下卦乾，乾为马，坤性下降，乾性上升，相交于中，阴阳正配，为元、亨、贞。贞者，固也。故曰"利牝马之贞"。

《象》曰"至哉坤元，万物资生，乃顺承天"者，天地交泰而万物生，故曰"万物资生"强调"乃顺承天"，缘地性柔顺，被动之德也。因此以"牝马"喻之。

三宫震落☳卦，地盘震加天盘坤，坤震相重为复䷗。震为动，为行，"君子攸行"之象，下震☳上坤☷，复䷗上六有"迷复"之词，与此处"君子有攸往，先迷后得主"，"君子攸行，先迷失道，后顺得常"中之"迷"字，皆来自坤卦纯阴之象。

西方七宫兑☱，南方九宫离☲都为阴，故称"西南得朋"，故曰"乃与类行"。

东北八宫艮☶，北方一宫坎☵皆属阳，又曰"东北丧朋"，与坤阴卦不同类，不得朋，故曰"丧朋"。因其阴阳不同类，而☶和☷阴阳正配，☶向心交合为元，☷向内同来为贞，故"乃终有庆。安贞吉"也。

二　路径

文化包容力从☷坤，与生产方式离☲结合，其路径如图4—4所示。

图4—4 ☷坤与社会生产☲的结合过程

震宫落☷，阴阳得配向心为元吉，亨通祥和之象。☷，文化包容力调动资源☲。飞宫☲落乾宫，成小畜卦☰，阴阳正配，元亨。乾宫为科层行政，又为中枢神经，说明文化包容力是依靠核心价值体系，利用信息☲通过科层上下贯通实现的。

第五章

资源利用文化发动力

中华优秀传统文化发动力源于生产方式，由 12 部分组成。按其功率大小排序为：（1）物流；（2）投资建设；（3）技术进步；（4）工业化；（5）信息化；（6）社会需求；（7）生产关系调整；（8）房地产；（9）社会稳定；（10）生态环境；（11）政治；（12）共同富裕。

第一节　物流发动力

一　物质生产

物质生产，最早可追溯到包牺氏时期，渔猎为其主要生产方式。模仿捕鱼狩猎种种情状，编结绳子成罗网，似☲；猎鸟，飞鸟之展翅飞翔而身未随动，像☲；猎兽，牛羊二角，又像☲。为此以易《离》卦表达，如插图 5—1 所示。

《离》☲，中虚，像网罟眼，互兑为口，互巽为绳，中二阳爻像网中绳结。☲为生产力，属火，是包牺氏木德王天下的产物，相当于现在的总产值 GDP，是被解释的变量，是国家生存发展的基础。《离》，在《周易》64 卦中排第 30 位，处中部。

二　水运

挖空木头作为独木舟，削平木板为楫桨，发挥了舟楫船只的便利，以解决交通不便的困难，通航远方以利于天下人民，这取自《涣》☴卦，如插图 5—2 所示。

用《涣》☴卦，木在水上，像船在水中，以描述水上交通。☴涣，上卦为巽，阴木，内互为震，阳木，木生离火，☲为发展☴的动力。

《彖》曰："涣，亨。刚来而不穷，柔得位乎外而上同。王假有庙，王乃在中也。利涉大川，乘木有功也。"

《象》曰："风行水上，涣；先王以享于帝，立庙。"

䷺涣，内卦坎☵阳为刚为来，坎中满，刚来而不穷。亨者，通也。䷺阴阳得配而来为贞。此曰"亨"，是出于䷺涣，上卦巽☴为风，下互震☳为行，下卦坎☵为水，风行水上，吹波助浪，不断扩散的亨通之象；另外，䷺涣作为生产䷿的动力，组成的小成图，见图5—3，震☳宫落巽☴，巽与震合䷩益，䷩阴阳得配而阖为元吉，自然亨通也。

䷺涣为物流业，为经济发展☲离的动力，其动力传递过程从震宫的☳启，首先到巽宫的☴，其次到兑宫的☱，再次到坎宫的☵，最后到离宫的离☲为止。即从投入与信息☵起步，通过组织☴与货物运输☳，完成营运过程。

☵与☲组成䷾既济，阴阳得配而阖为元吉，亨通也。

离　　　　之　　　　涣

图5—3　经济发展☲离之动力䷺涣

巽即风，无影无形，充满空间而不占有空间，充分体现了物流业的基本特征，将生产资源和产品不间断地运送到各个经济空间。

"王假有庙"者，䷺上互艮☶为庙，有艮为有庙，假，至也，王至庙，在此指货到仓储。"利涉大川"者，震☳为足在坎水之中，利涉大川之象，意指载物输运大地山川也。

三　陆运

驯服野牛，骑乘马车，拖引重物到达远方，以利于天下人民，这取自《随》卦。如插图5—4所示。

牛与马服从人的驱使，运货载人。取随卦下卦震☳，震☳为脚为动，上卦兑☱，为口，为悦，互艮☶象鞍，互巽☴为股，坐骑时之象。

䷐随，外互巽木，下卦震木，木生离火，☲也为发展☲的动力。

　　《象》曰：随，刚来而下柔，动而说，随。大亨贞，无咎，而天下随时，随时之义大矣哉！

　　䷐随，"刚来而下柔，动而说"，下卦震☳为阳为刚，上卦兑☱为阴为柔，阳在阴之下为刚来（动）而下柔，阴阳有情而向心，外柔内刚，刚柔并济，大吉也。"说"通"悦"，震为动，兑为悦，动而悦。随者，随时空之变而变，顺其自然，悦从人行也。意指物流随时而动，畅通不止也，随时之义大矣哉。

　　陆运过程如图5—5所示。

图5—5　经济发展☲离之动力䷐随

　　陆运，从震宫的☳，到兑宫的☱，即组织车辆☳运输完成；艮宫现☶，☶为固定资产；乾宫和坤宫均现☰，☷为信息；离宫现☲，☲为合同契约。

　　陆运依赖基础设施做保障，以合同契约为依托，通过信息处理与组织协调等环节运作而完成。

第二节　投资建设发动力

一　投资

　　增长依赖于投资的增加。发展不仅要求稳定的投资，而且要求投资结构合理并与生产、交换、分配和消费等众多环节相协调。为此，我们选取《恒》，以求平衡。䷟恒卦，恒之，久也。日月长明之卦，四时不惑之象。

雷乘风而行，风因雷增势。䷟恒上震☳为动，下巽☴为入，表示持续不断地投入，如插图 5—6 所示。

二　路径

䷟恒，上卦震，下卦巽，阴阳木合生离火，为生产之动力。

>《象》曰：恒，久也。刚上而柔下，雷风相与，巽而动，刚柔皆应，恒。恒亨，无咎，利贞，久于其道也。天地之道，恒久而不已也。利有攸往，终则有始也。日月得天，而能久照，四时变化，而能久成，圣人久于其道，而天下化成；观其所恒，而天地万物之情可见矣！

䷟恒，由上卦震☳与下卦巽☴合成，震为动，巽为入，投入也。（1）巽木扎根土中，犹如树根入地不移，指投资须落实到产业实体，投资者财产要得到保护，《孟子》卷五《孟子·滕文公上》曰，"有恒产者有恒心"；（2）"恒亨"者，不断上升扩大，雷乘风，风承雷，雷风相与也；（3）恒，经济持续发展，靠投资，阴阳得配，即实体投资与虚拟投资的协调。䷟内柔外刚，互卦䷪阴阳得配而向心为元吉，刚柔皆应，必然"无咎""利贞""利有攸往"，如图 5—7 所示。

离　　　　　　恒

图 5—7　经济发展☲离之动力䷟恒

震宫落☳，动力倍加；投入☴现坤宫，投入源于收入；飞宫☴落☳宫和乾宫，说明投入是经济主体行为，通过信息处理，依靠经济组织协调而完成。

第三节　技术进步发动力

一　技术进步

技术进步过程以生产工具为标志，用《益》卦表示，如插图5—8所示。

《益》☰☷中有巽☴，巽入也，有震☳，震动也，互坤☷艮☶二土，像耕作时之象。

二　路径

☴☳益，上卦巽，下卦震，阴阳木合生离火，为生产之动力。

《象》曰：益，损上益下，民说无疆，自上下下，其道大光。利有攸往，中正有庆。利涉大川，木道乃行。益动而巽，日进无疆。天施地生，其益无方。凡益之道，与时偕行。

☴☳益，上卦☴巽阴下降，损上益下，下卦☳震阳上升，天道应地道上升而下行，喻技术进步和制度进化过程。（1）技术进步在于调整要素配置结构，将高价格要素比例降低，提高低价格要素比例，即以廉价要素代替昂贵要素；（2）制度进化在于外部性内在化，将个体高报酬降低，与其贡献相对应，使个体收益率等于社会收益率，如图5—9所示。

离　　　　　　　益

图5—9　发展☲离之动力☴益

震宫落☳，显示技术进步靠信息、知识与投入；艮宫落☶，资本加宽加厚，资本深化，技术进步实质是资本替代劳动的过程；兑宫落☱，说明制度在于进化，进化是动态的调整；乾宫落☰，呈☴小畜卦，阴阳得配而向心为元吉，信息化、技术进步和制度进化要有行政的公正、廉洁、高效。

第四节　工业化发动力

一　加工业

砍断木棍作为"杵"，挖掘石地作为"臼"，发明臼杵舂谷的便利，使百万民众得到好处，这取自《小过》卦，如插图5—10所示。

《小过》䷽上震动，下艮止，互兑为口，互巽为入，像杵臼。

二　路径

䷽小过，上卦震，内互巽，震巽木共生离火，为生产离火之动力。

　　《彖》曰：小过，小者过而亨也。过以利贞，与时行也。柔得中，是以小事吉也。刚失位而不中，是以不可大事也。有飞鸟之象焉，飞鸟遗之音，不宜上，宜下，大吉；上逆而下顺也。

　　《象》曰：山上有雷，小过；君子以行过乎恭，丧过乎哀，用过乎俭。

　　䷽小过，上卦震下卦艮皆阳而上升，互卦兑巽皆阴而下降，一升一降，阴阳得配而亨通也。（1）阳者，变动速度相对快之，资本要素也。阴者，变动速度相对慢之，劳动要素也。显示工业化的本质是资本替代劳动的过程，资本外向扩展，不断加宽加厚，形成资本积累并深化机制，而对应的劳动要素，却在内向收缩，所占比例不断降低，结果为生产的有机构成在逐渐提高，技术进步在不断推进。（2）工业化是一个"以行过乎恭，丧过乎哀，用过乎俭"的过程。工业化初期，资本快速扩展，到达中期后保持不变，在后期逐渐收敛，表现出一个倒"U"形曲线。反映到人均收入差异情况也是如此，工业化初期，人均收入差异显著，中期持平，后期逐渐缩小，如图5—11所示。

　　震宫落☳，力量倍增，工业化作为经济发展的动力强大；艮宫、兑宫和乾宫落☰，说明通过产业和市场组织所形成资本产生、积累和扩张机制是工业化成为经济发展强大动力的根本原因；飞宫☵落在艮宫、兑宫和乾宫，☵为投入，为信息，显示基于信息化的投入与正确组织行政决策是经

图5—11　发展☲离之动力☳小过

济发展的动力之源。

第五节　信息化发动力

一　信息化

信息化是现代社会经济协调发展的主要特征。我们选取《家人》☲卦，☴上卦为巽☴，为信息。巽为风，通入之德。下卦☲，为契约文书。信者，上下前后进入，向心也，以信息推进社会发展，如插图5—12所示。

随着以计算机技术与通信技术为代表的现代信息技术迅猛发展，信息技术、信息产业和信息化成为经济社会发展的主要推动力，社会进入知识经济发展的新阶段。信息是社会经济活动的重要资源和基本生产要素，信息的流通和扩散是培育市场机制、提高资源配置效率的前提。经济主体生存发展、信息消费扩大和社会经济活动加快对信息及其流通扩散的无限需求推动着信息活动的成长，不断拓展相关产业发展的市场空间，逐步形成了一个相互联系的产业网络体系。信息工具的创新变革是导致信息产业结构演进的决定因素。信息工具的应用是信息产业发展的重要拉力。虚拟垂直一体化逐渐成为信息产业企业新的组织形式。专业化成为信息企业核心竞争力的关键。技术是信息产业结构优化整合的主要推动因素。

二　路径

☲家人，上卦巽，下卦和外互皆离，巽木生离火，为生产之动力。

《象》曰：家人，女正位乎内，男正位乎外，男女正，天地之大义也。家人有严君焉，父母之谓也。父父，子子，兄兄，弟弟，夫夫，妇妇，而家道正；正家而天下定矣。

《象》曰：风自火出，家人；君子以言有物，而行有恒。

　　☲家人，外卦巽，六四当位，内卦离，六二当位，上下卦均得位也。又下卦☲离主升，内互☵坎主降，阴阳得配向心相合为元吉。故曰"男女正，天地之大义也"。家人成员位正，结构稳妥。（1）指信息化时代，传统的土地、资本、劳动等资源要素配置合理，结构关系协调；（2）信息"以言有物"，成为主导经济发展的较稀缺要素，谁能有效控制它，谁就能掌握整个经济社会；（3）信息"行有恒"，其非排他性决定知识信息不因使用而价值衰减，也决定了其知识产权保护的重要性和艰难度，如图5—13 所示。

离　　　　　　　　家人

图 5—13　经济发展☲离之动力☴家人

　　震宫落☳，巽宫落☴，兑宫落☱，☴为信息，从震宫起，☳→☴→☱，到离宫止。飞宫☶落震宫和乾宫，信息通过产业和市场组织到达生产过程，信息是经济发展的动力。

第六节　社会需求发动力

一　社会需求

　　发展因社会需要。市场交易与消费，最早现于神农，以集市贸易、言语约定、口吃食物和张口高歌为标志，用《噬嗑》卦表达，如插图5—14 所示。

　　《噬嗑》☲日中为市，离☲为日居上卦之象。聚天下之货，艮☶为山，货物堆码如山之象。震☳卦在下，震动也，人群往来走动之象。互坎☵中满，各得其所，满意而退之象。此取噬嗑类市场经济交易与食品消费之情也。

二　路径

䷔噬嗑，上卦离，下卦震，震木生离火，为生产之动力。

《彖》曰：颐中有物曰噬嗑，噬嗑而亨。刚柔分，动而明，雷电合而章。柔得中而上行，虽不当位，利用狱也。

《象》曰：雷电噬嗑；先王以明罚敕法。

䷔噬嗑，颐䷚中六四爻变阳爻成噬嗑䷔。故曰颐中有物曰"噬嗑"，（1）指消费是生产的推动力，☳阴☲阳得配而上升为亨，携手前行一路畅通。☳为动，☲为明，动而明。（2）说明消费受制于生产，☲中上互☵为陷为困厄，下互☶艮为止，☲为言，艮为犬，合之为狱，为约束。（3）不管是消费推动下的生产，还是生产决定了的消费，都是在"先王以明罚敕法"，即在制度调控下运行，因☲的☲表天威，☲表明察，帝出呼☳，人君南面听天下，故称先王矣。☲上☵为"网"，☲为戈兵为"刀"，☲为言，合之为"罚"，为法，制度与法律也，如图5—15所示。

图5—15　经济发展☲离之动力䷔噬嗑

飞宫☵落兑宫，兑宫为组织，震宫落☲，☲为签约，是有序化的表现。说明通过组织制度创新与正确贯彻实行于生产的有序化，是经济发展的动力。

第七节　生产关系调整发动力

一　生产关系

《易经》道："离，利贞，亨。畜牝牛，吉。"《离》䷝，犹如孕育生

产的母牛，是传统农业的动力，是社会经济生产力的标志，如图 5—16
所示①。

图 5—16　生产《离》☲☲寓意

☲☲离，上层的天道与中层的人道组成一定的关系，是生产过程的重要
条件。生产关系要适应生产的需要，要根据生产的要求做出相应的调整，
以保障生产目标的顺利实现。

二　路径

☲☲离，上卦离，下卦离，比合离火，内互☴巽木生离火，为生产之
动力。

> 《象》曰：离，丽也；日月丽乎天，百谷草木丽乎土，重明以丽
> 乎正，乃化成天下。柔丽乎中正，故亨；是以畜牝牛吉也。
>
> 《象》曰：明两作，离，大人以继明照于四方。

☲☲离，上下皆为☲，两☲同性，志同道合也。（1）生产与生产关系

---

① Li Yan，*I CHING*：*The Illustrated Book of Changes*，Foreign Languages Press，1997，p. 204.

相伴而生，和谐同行；☲象鸟，外阳爻似翅为动，内阴爻似身为静。上☷为角，下☳为牝。（2）生产力犹如鸟之身和牛之首，它决定鸟之翅和牛之角的生产关系之大小与快慢。（3）"日月丽乎天"和"重明以丽乎正"，☲离为日，重明也，☲离之中间四爻组成大坎卦☵，坎☵为月，两坎重叠为重明，日月同辉，但月亮光芒来源于太阳，即生产力决定生产关系，而生产关系能动性反作用于生产力，如图5—17所示。

图5—17　发展☲离之动力☲离

艮宫落☳，兑宫落☴，同时投入领域巽宫也落☴，☴为组织，☳是文书，为制度形式。说明生产关系调整是生产资料所属关系以及投入领域的资源配置关系的组织制度改善；飞宫☱落坤宫与乾宫，显示生产关系调整也包括收入分配关系与行政关系的改进。

第八节　房地产发动力

一　房地产

上古人民居住在洞穴而生活在野外，后世的圣人以宫室取代了它。宫室上面有栋梁下面有屋宇，能够遮挡风吹雨打，这取自《大壮》卦，如插图5—18所示。

《大壮》☳上震为木为栋，下乾为阳为宇。宇，指上下四方空间，宫室之象。

二　路径

☳大壮，上卦震，下卦乾，上卦☳震木生离火，为生产之动力。

《彖》曰：大壮，大者壮也。刚以动，故壮。大壮利贞；大者正也。正大而天地之情可见矣！

《象》曰：雷在天上，大壮；君子以非礼勿履。

䷡大壮，天上之雷，雷惊百里，刚强猛闯，来势汹汹之象。二阴难胜四阳。（1）指房地产业扩张之势大于一般产业，是经济的增长点；（2）"君子以非礼勿履"，房地产业发展要节制有序，如图5—19所示。

离　　　　大壮

图5—19　经济发展☲离之动力☳大壮

震宫落☳，动力强增，艮宫和兑宫落☴，乾宫落☵，说明产业和市场组织对房地产的作用较大，同时政府行政的影响不可低估；坤宫和巽宫皆现☳，房地产不仅显示出社会居民财产结构是否合理，而且反映了投入领域资源配置结构能不能优化。如果房价过高，不但低收入居民买不起房，并且由于房地产业利润过高，其他产业经济实体就会纷纷退出原有产业而转入房地产业，从而造成投入领域畸形产业结构，危害经济发展，大量过剩的房产可能引发经济危机。

第九节　社会稳定发动力

一　社会稳定

设立厚重大门，敲击木梆报警，以防暴徒刺客的侵犯，这取自《豫》卦，如插图5—20所示。

《豫》䷏互坎艮为"重门象"，柝，木梆子，震为竹，为击，击柝象。震☳为雷，为暴，居外卦为客，暴客象，艮☶为止，用《豫》卦来描述联防匪徒之象。

二　路径

䷏豫，上卦震☳，下卦坤☷，上卦☳震木生离火，为生产之动力。

《彖》曰：豫，刚应而志行，顺以动，豫。豫，顺以动，故天地如之，而况建侯行师乎？天地以顺动，故日月不过，而四时不忒；圣人以顺动，则刑罚清而民服。豫之时义大矣哉！

《象》曰：雷出地奋，豫。先王以作乐崇德，殷荐之上帝，以配祖考。

（1）社会稳定的表现为和谐和顺，气象万新。☷☳豫，上卦☳震为动，下卦☷坤为顺。

（2）社会稳定，重在思想路线正确、顶层设计周密、基础工作扎实、备选预案齐全。☳上互卦☵坎为思虑，下互卦☶艮为成，连上卦☳为竹，胸有成竹，有动思虑成竹于众先为"豫"。豫谋，为之超前计划。《礼记·中庸》曰："凡事豫则立，不豫则废；言前定，则不跲；事前定，则不困；行前定，则不疚；道前定，则不穷。"所以，先豫则立，故利建侯行师。

（3）社会稳定，在于治理有方，要以法治国，因势利导，顺其自然。《说文》曰："建，立朝律也。"《辞海》："侯，有国者的统称。""建侯"，即建国立宪。☳的上卦☳震为行，上互☵坎为险，下卦☷坤为众，乃行险之众为师☷也。☳，阴阳得配而来为贞，坚固也。顺以动，为"天人合一"之义，"圣人以顺动，则刑罚清而民服"，治理者顺应自然而治理天下，刑罚不乱施，清正顺民服也，豫之时义大矣哉！如图5—21所示。

图5—21 经济发展☲离之动力☷豫

震宫落☳，动力增强，投入领域巽宫落☴，☲→☳→☴→☷，说明社会☷稳定是一切资源☵的载体，也是经济发展☲的载体。

第十节　生态环境发动力

一　生态环境

古代埋葬用柴草做死者的厚衣，葬于野外，不封棺也不树碑，守丧日期也没有准数。后世的圣人改为以棺椁装殓，堪舆，相墓，立碑，这取自《大过》卦，如插图5—22所示。

《大过》☱☴象棺椁，中间四阳爻象棺材，上下两阴爻象泥土，用大过取象棺椁。

二　路径

☱☴大过，下卦巽☴，巽木生离火，为生产之动力。

《彖》曰：大过，大者过也。栋桡，本末弱也。刚过而中，巽而说行，利有攸往，乃亨。大过之时义大矣哉！

《象》曰：泽灭木，大过；君子以独立不惧，遁世无闷。

（1）经济发展要与环境相适应，否则会出现失态失衡（大过）。☱☴大过，中间四阳为大，上下二阴爻为小，由于本（主体）强而末（环境）弱而形成中间本"大过"了。

（2）调整经济增长方式与发展模式，走经济可持续与环境优美的和谐发展之路。☱☴上卦☱兑，下卦☴巽，阴阳失配而内引为吝。"巽而说行，利有攸往"，故宜往而向外而后亨也。互为乾☰，往而向外，上卦☱，上互☰，阴阳得配而向心为元吉，如图5—23所示。

离　　　　大过

图5—23　经济发展☲离之动力☱大过

震宫落☷☶，☷→☲→☶。环境与投入☶☶、生产☲、组织☷、管理☷有关。小成图布局均衡，两个☶与两个☷对应两个☲与两个☵，阖辟对称。说明经济发展依存生态环境平衡。

第十一节 政治发动力

一 政治

政治是社会经济的集中表现，政治是统帅。根据我国社会主义特点，选取《师》。政治模块（卦）选择不仅要符合其特征，而且必须经事实验证（如唐朝政治选取《姤》，☴是经朝代的延续时间、各帝王的在位时间与更替的重大事件等事实验证了的，我国社会主义选取《师》，笔者已用计算唐朝政治的公式验证了前述有关的现实事件，一一吻合）。☷☵师卦，师，兵众也。君子以容民畜众（带领团结群众）。一马当先，万马奔腾，将帅统兵之象。我们要坚持共产党领导，坚持走社会主义道路。☷☵内互☷☳生☷☲离，形成社会经济协调发展的一个动力，如插图5—24所示。

二 路径

☷☵师，内互卦☷☳，☳☲震木生离火，为生产之动力。

《彖》曰：师，众也，贞，正也，能以众正，可以王矣。刚中而应，行险而顺，以此毒天下，而民从之，吉又何咎矣。

《象》曰：地中有水，师；君子以容民畜众。

（1）政治基本功能为"容民畜众"。

（2）执政者，民主定之，"能以众正，可以王矣"。

（3）一人一党执政，万民及在野党监督并服之，☷☵师，一阳爻统领全局，其他五阴爻从之。

（4）政治领袖产生的民主方式：可一人一票直选，尤一阳爻直接由下层中位（二爻）上升到上层中位（五爻）；也可逐层间接选之，即一阳爻从人位（二爻）经三—四爻上升到君位（五爻）。

（5）民主表现在初选，但更重要地体现在各级治理层的集体决策过程中，民主集中制之中庸，是制度中阴阳平衡的典范。

（6）民主，无对错优劣高低之分，只有适应与不适应之别。

（7）宪政只是国家政治体制可选择的其中一种形式，民主不可绝对化，跨越层次直接投票表决国家最高统治者不是个人权利实现的唯一途径。中国传统文化认为国家在民主与集中间求得平衡，个人权利是在国家地位、集体和家庭利益不断巩固提升中，通过多层次礼治有序地实现，如图 5—25 所示。

离　　　　　　师

图 5—25　经济发展☲离之动力☷师

震宫落☳，阴阳得配向心为元吉，祥和之象，☳宫→☵→☶，☴宫→☲→☷→，政治调动资源☳，先由信息☵，经过组织☶渠道至☷，到达生产领域☲。飞宫☶落艮宫，飞宫☰落乾宫。乾宫为中枢神经，艮宫和震宫为手与足，说明政治是靠政府行政强力实现的。

第十二节　共同富裕发动力

一　共同富裕

社会经济进入工业化与城市化阶段，发展迅猛，城乡收入差距拉大，贫富不均，社会关系调整已非《益》所能及，我们增选《谦》。谦☷地中有山之卦，仰高就下之象。☷谦卦下艮☶为山，剑峰峻岭，沟壑纵横，工业化和城市化的自然千疮百孔，区域经济和城乡居民收入差距扩增过猛；☷上坤为地，☷坤厚补壑，行地无疆，城乡社会协调发展使自然资源恢复生机，以工补农，区域经济和城乡居民收入差距缩小，趋于均衡，如插图 5—26 所示。

二　路径

☷谦，外互卦☳，☳震木生离火，为生产之动力。

《彖》曰：谦，亨。天道下济而光明，地道卑而上行。天道亏盈而益谦，地道变盈而流谦。鬼神害盈而福谦，人道恶盈而好谦。谦尊而光。卑而不可逾，君子之终也。

《象》曰：地中有山，谦；君子以裒多益寡，称物平施。

（1）共同富裕是自然规律，是天道、地道和人道，为每个人所追求的目标，"君子之终也"。

（2）贫富差异削减的路径是调整各阶层利益格局，贫富两极分化犹如䷲，将上层利益调三分之一给下层，成䷲。实际上，上层利益初始是由下层广大民众创造的，即䷨损下益上而来的。通过䷎谦，上下调剂，实现收益公平分配是合理的，"天道下济而光明"。

（3）䷎谦，"裒多益寡，称物平施"，实现共同富裕，犹如插图5—26所示厚土填沟壑，变山川为平原。䷎对䷲的作用如图5—27所示。

图 5—27　经济发展䷝离之动力䷎谦

震宫落䷲，阴阳得配阃之大吉，吉祥和顺之象，䷲宫→䷲→䷲，共同富裕重点调节劳动力䷲收入分配䷲。从资源配置开始，巽宫落䷸，䷸→䷸→䷸，资源配置中，要使各经济主体䷸在土地与固定资产䷲及金融䷲中优化和均衡。乾宫落䷀，要借助价格、利率和税率等杠杆，依靠产业、市场和政府组织䷀，实现财产䷲、劳动力价格䷲、收入报酬䷲等的公平、合理和均衡。

第十三节　发动力函数

《易传》对文化与经济一体化进行了系统的描述、模拟和调控，建立了精美的经济协调发展模型，包含有几千年后才被马克思主义经济学阐述的经济规律和现代西方经济学表达的数量经济函数关系。

一　古典模型

远古包牺氏时代，渔猎经济，结绳网罟为其生产工具，网眼孔孔相连形似☲（☲为目）；保持熟食须维持火种生生不息，神似☲（☲为火）。形神兼备，合二为䷝。䷝，上下皆为☲，比和关系，内互为☴，外互为☴，表示口传（☱为口）信息交流（☴为风、信息）是其经济文化的主要特征。因此包牺氏时期经济生活可用《离》模拟之，模型如下：

$$䷝ = ☯☲离上☲离内互☴离外互 \qquad (5—1)$$

（5—1）式左边的䷝为体卦，表示经济绩效，是要被解释的模块；式右边的☲☲☴为用卦，表示生产过程，是解释模块，其中☲为生产投入，☲为生产中间品，☴为生产关系，生产环节的强化过程；☯是太极图，为道统，表示模型运行机制，在此具体含义是维持生产力与生产关系的可持续性。体卦（被解释的模块）和用卦（解释模块）依据所考察目的不同而有区别划分。如果各模块只有其中一个要素数量发生变化，该模型可以用生产函数表示如下：

$$Y = f(x_1, x_2, x_3) \qquad (5—2)$$

包牺氏结束，社会进入农、林、牧、渔、副诸业发展基础上的市场经济之神农氏时代，生产、交换、分配和消费环节形成，经济社会可用《离》《益》和《噬嗑》模拟，即䷝、䷩、䷔，其关系如下：

$$䷝ = ☯䷩䷔ 　\qquad (5—3)$$

$$䷝ = ☯☲离上☲离内互☴离外互☳益下☴益上☷益内互☶益外互 $$
$$☳噬嗑下☲噬嗑上☶噬嗑内互☵噬嗑外互 \qquad (5—4)$$

如果（5—4）式各模块只有其中一个要素数量发生变化，该模型可以用生产函数表示如下：

$$Y = f(x_1, x_2, x_3, x_4, x_5, x_6, x_7, x_8, x_9, x_{10}, x_{11}) \qquad (5—5)$$

古典模型为《离》《益》《噬嗑》《乾》《坤》《涣》《随》《豫》《小过》《睽》《大壮》《大过》《夬》的组合，即䷝䷩䷔䷀䷁䷺䷐䷏䷽䷥䷡䷛䷪。体为䷝，其他为用。

$$䷝ = ☯䷝䷩䷔䷀䷁䷺䷐䷏䷽䷥䷡䷛䷪ \qquad (5—6)$$

$$䷝ = ☯☲离上☲离内互☴离外互☳益下☴益上☷益内互☶益外互 $$
$$☳噬嗑下☲噬嗑上☶噬嗑内互☵噬嗑外互☰乾下☰乾上 $$
$$☰乾内互☰乾外互☷坤下☷坤上☷坤内互☷坤外互☵涣下$$

☷涣上☷涣内互☷涣外互☷随下☷随上☷随内互☷随内外

☷豫下☷豫上☷豫内互☷豫外互☷小过下☷小过上☷小过

内互☷小过外互☷睽下☷睽上☷睽内互☷睽外互☷大壮下

☷大壮上☷大壮内互☷大壮外互☷大过下☷大过上☷大过

内互☷大过外互☷夬下☷夬上☷夬内互☷夬外互　　(5—7)

如果（5—7）式各模块只有其中一个要素数量发生变化，该模型可以用生产函数表示如下：

$$Y = f\ (x_1,\ x_2,\ \cdots,\ x_{51})\qquad(5—8)$$

二　现代模型

现代模型在古典模型 13 个模块（卦）组合基础上，根据现阶段特点，增补《师》《恒》《谦》《开》4 个模块（卦）。

补全的现代模型为《离》《益》《噬嗑》《乾》《坤》《涣》《随》《豫》《小过》《睽》《大壮》《大过》《夬》《师》《恒》《谦》《开》的组合，即☷☷☷☷☷☷☷☷☷☷☷☷☷☷☷☷☷。体为☷，其他为用。

$$☷ = ☯☷☷☷☷☷☷☷☷☷☷☷☷☷☷☷☷☷\qquad(5—9)$$

☷ = ☯☷离上☷离内互☷离外互☷益下☷益上☷益内互☷益外互

☷噬嗑下☷噬嗑上☷噬嗑内互☷噬嗑外互☷乾下☷乾上

☷乾内互☷乾外互☷坤下☷坤上☷坤内互☷坤外互☷涣下

☷涣上☷涣内互☷涣外互☷随下☷随上☷随内互☷随内外

☷豫下☷豫上☷豫内互☷豫外互☷小过下☷小过上☷小过

内互☷小过外互☷睽下☷睽上☷睽内互☷睽外互☷大壮下

☷大壮上☷大壮内互☷大壮外互☷大过下☷大过上☷大过

内互☷大过外互☷夬下☷夬上☷夬内互☷夬外互☷师下

☷师上☷师内互☷师外互☷恒下☷恒上☷恒内互☷恒外互

☷谦下☷谦上☷谦内互☷谦外互☷升下☷升上☷升内互

☷升外互　　　　　　　　　　　　　　　　(5—10)

（5—9）式与（5—10）式，左为本，右为用。如左为人本，右为影响和决定人本的社会经济关系；如果（5—10）式各模块只有其中一个要素数量发生变化，该模型可以用生产函数表示如下：

$$Y = f\ (x_1,\ x_2,\ \cdots,\ x_{67})\qquad(5—11)$$

第六章

资源利用文化凝聚力

第一节　文化凝聚力

一　凝聚力表现

中国人受《易》的熏陶，认为凡事阴阳得配向心为吉，家和万事兴，齐心协力，团结奋斗就能成功。国泰民安，万事大吉。

阴阳得配向心，如泰☷☰也，如插图6—1所示。

二　事态吉凶标准

事态千变万化，归为四象八态，由吉到凶，有八个标准：元、亨、利、贞、悔、吝、厉、咎。吉之程度由大到小，依次为：元、亨、利、贞；凶之程度由小到大，依次为：悔、吝、厉、咎。悔，是中间状态，称"渐吉"，即由凶逐渐向吉转变。

阖者，下卦升，上卦降，向心之式，吉。若阴阳得配为有情，元吉，例泰☷☰；如阴阳失配（同性）为伪，例塞☶☷。

三　趋利避害和逢凶化吉心态化为向心凝聚力

趋利避害和逢凶化吉是人心之常态。而阴阳得配向心为吉。阴阳者，各种差异统称也。有不同意见是正常现象，只要能沟通交心，就可化解异议，同心同德，和谐统一。

一个家庭，其成员常沟通交心，可化解异议，同心同德，和谐统一。

一个国家，各民族人民常沟通交心，可化解异议，同心同德，和谐统一。

心，有形，指人之大脑；心，无形，指人之核心价值。同心同德，指共同的核心价值观。各民族人民有共同的核心价值观，就可产生向心凝聚力，团结一致，实现和谐统一。

第二节　资源利用文化凝聚力实现路径

一　凝聚力泰之通也

泰☰☰，小往大来，吉，亨。

《象》曰：泰，小往大来，吉亨。则是天地交，而万物通也；上下交，而其志同也。内阳而外阴，内健而外顺，内君子而外小人，君子道长，小人道消也。

☰☰泰。泰者，通也。何为？天地相交，故通也。上卦☷☷，下卦☰，天道下行，地道上行，天地相交而万物皆通也。

"小往大来。"☷☷为阴为小，☰为阳为大。☰之☷☷为小，本位在内而到外，称"小往"；☷☷之☰为大，本位在外而到内，谓"大来"。故此，小往大来。凝聚力，以小集大，积少成多也。

"吉，亨。"阴阳正配而向心相交通，故称为"吉，亨"。亨者，通也。

"天地交，而万物通也；上下交，而其志同也。"天地交与上下交，理一分殊。天地交表达自然界事物之间的关系，上下交反映社会人们间的联系。☰☰天地交，☰天本属上而居下，生气向上；☷☷地本属下而居上，蓄气向下。一生一降，相交于中，故谓之同志，同心同德也。

"内阳而外阴，内健而外顺，内君子而外小人，君子道长，小人道消也。"☰☰，外卦坤☷☷，坤☷☷为阴为顺，为小人；内卦乾☰，乾为阳为健，为君子。☰☰泰以此分内君子外小人，内外有别也。☰☰泰又以内为长外为消，阳长阴消，君子进小人退，阳胜阴衰也。

《象》曰：天地交，泰，后以财（裁）成天地之道，辅相天地之宜，以左右民。

后，君妻也。虞翻曰："坤，女主，故称'后'。坤富，称'财'。守位以人，聚人以财，故曰成天地之道。"䷊泰之凝聚力，以人为本，聚集资源与财富，是天地交泰之道的体现。积有"财富"，就可广惠于民了。

二　凝聚力泰之通为真命题也

䷊泰，天地、上下、内外、主客、同道等交合。"上下交而其志同也。"根据证伪"命题—等值—穷尽—辨识"程式，该证伪命题等值问题是，穷尽世上合办之事，找不到一个当事双方互不相识又无任何信息交流而合作成功的范例。如果找到了这样的范例，就证伪了，即"上下交而其志同也"是伪命题。显然，穷尽现实，找不到这样的范例，那么"上下交而其志同也"就是真命题。

三　路径

䷊泰，作用与生产方式䷝离，其状态如图6—2所示。

图6—2　䷊泰与䷝离之结合

震宫落䷲，阴阳得配阖之大吉，亨通和顺之象。☷→☳→☷，凝聚力以人为本，会集各地各民族人民。巽宫落☴，☷→☴→☶→☳，凝聚力投入☶宫始，到社会组织☴，再到行政组织☳，依靠各种信息渠道，进一步强化组织。首先从本土☷开始，然后依靠正式和非正式组织，借助网络信息☲传递、市场和政府力量得以实现。

第七章

资源利用文化中和中正力

第一节　资源利用文化中和中正力

文化中和中正力是一种结构均衡与优化力。

结构是要素构成的关系组合。要素各具阴阳五行。文化中和中正力重视要素阴阳，备选五行。均衡与优化，首先从结构构成开始，然后结合环境分析，最后进行系统整合。

一　结构构成

易学范式中的结构按照八卦规则排列而成。八卦不是通过占卜所得，而是经过长期历史考证与现实辨识结合，法象设卦而来。"以通神明之德，以类万物之情。"如生产过程用离☲卦表示，是在公元前 7000 年前，伏羲时代，根据客观世界生产过程的观察总结而设定的，时至今日，☲仍然可以反映现代生产过程，离☲归藏为坤☷，反映社会生产总值，即 GDP，依然是生产的重要指标。

经过长期的经济发展历史考察，主要产业、关键经济环节、重要治理措施的标识符号六爻卦都已定型。如：物流业䷺涣与䷐随，工业䷽小过，信息业䷤家人，房地产业䷡大壮；生产䷝离，分配䷞谦，交换与消费䷔噬嗑；投资䷟恒，技术进步和制度进化䷩益，社会稳定䷏豫，生态环境䷛大过，政治䷆师，国防䷥睽，管理决策䷪夬等。

某一产业、经济环节、治理措施的结构，可以用两六爻卦结合得出一小成图八卦，该小成图八卦组成反映所要研究的经济结构关系。

易学结构分析是典型的二层分析。上层为所要研究的结构，称为"天盘"；下层为该结构的环境，谓之地盘。事物结构状态如何，很大程度上取决于天盘与地盘的结合状况。

易学结构二层分析，不仅能分析经济结构与经济环境的相对关系，也能分析二层经济结构之间的关系。如农业经济与工业经济、乡村经济与城市经济、实体经济与虚拟经济，等等。

事物结构由要素阴阳四象八态 9 类关系组合而成，以八卦小成图九宫中的 9 个卦表示，每个卦有 8 种状态，共计 72 变，反映事物结构的变动规律。调整经济结构，可带来经济关系的改善，经济效益的提高。

二　结构分解

结构由两个六爻卦生出八卦小成图表示。两个六爻卦一个为主，一个为次。主卦选反映其本质特征的卦，如农业选离☲，工业选小过☳，物流业选随☶；次卦一般选与主体卦关系密切卦，或反映本产业次要特征的卦。

经济结构分解是八卦小成图的解析，八宫八卦结合其四象八态，揭示经济结构的关系构成、状态、变动趋势等。

（一）农业

1. 农业经济结构

农业是最古老的产业，其主卦与次卦均为离☲。经济结构小成图如图 7—1 所示。

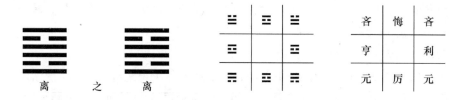

图 7—1　农业经济结构

2. 农业经济结构分析

（1）中间环节少

飞宫路线短，表示农业生产过程中，中间产品少，市场交换环节少，标准化程度低，管理检查较困难，产品增值空间小，附加值少，农业是一个低产值部门，竞争处境不利，需要政府和社会扶持。

（2）投资回报慢

离宫为悔，即渐吉，生产周期长，投资回报慢，需要较长的产权期与更强的投资保护。对价格、利率、汇率等调控信号反应迟缓，宜长期规划。

（3）经济组织动力强

乾宫为元吉，震宫为亨，表示农业经济组织动力强。农业经济主体为农户或家庭农场，血缘关系劳动力比雇佣关系劳动力劳动积极性要高，而且监督管理成本低。

（4）资源投入产出结构难以均衡

巽宫与坤宫为吝，表明农业资源投入产出结构难以均衡。资源投入的进退机制不畅，资本边际报酬高，而劳动边际报酬低。

（5）资本投资效果好而不足

艮宫为元吉，说明农业固定资产投资效果好，但天盘不见艮☶，显示农业固定资产投入不足。农业缺乏资本形成、积累和扩张机制，以致劳动力相对过剩，甚至劳动边际报酬为零。

（6）农业发展的"瓶颈"是要素流动不畅与无序

坎宫为厉，是八宫中最差的状态，说明农业结构中最大的问题是要素流动不畅与无序。

经济高效的基础是资源配置优化，而资源配置优化的前提是要素自由流动。如果要素流动不畅，经济必然低效，产品供给不足，经济短缺；但资源要素流动过度，就会出现无序，经济社会动荡。

资源要素流动性是社会经济发展的函数。社会经济越发展，资源要素流动性越高。因为资源要素承担着经济高效和社会福利双重职能，当社会经济发展程度比较低时，社会不能为农民提供全程的社会保障福利，农民只能以自己手中的土地和劳动力发挥家庭社会保障福利功能，农村土地和劳动力流动性很低。此时，无论采取市场化或法令强化土地和劳动力大规模加速流动措施，都会出问题。

（二）工业

1. 工业经济结构

工业主卦为小过☶，次卦为家人☲。经济结构小成图如图7—2所示。

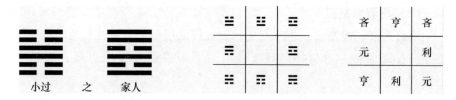

图7—2　工业经济结构

2. 工业经济结构分析

（1）中间环节多

飞宫路线长，表示工业生产过程中，中间产品多，市场交换环节多，标准化程度高，管理检查较容易，产品增值空间大，附加值多。

（2）投资回报快

落宫多数为亨，生产周期短，投资回报快，对价格、利率、汇率等调控信号反应灵敏。

（3）企业组织召唤力强

兑宫为利，震宫为元吉，表示工业企业组织这一权威机构召唤力强。产业工人是革命的生力军。

（4）资源投入产出结构均衡是难题

巽宫与坤宫为吝，表明工业资源投入产出结构均衡是个难题。进退机制、优化配置、要素报酬、收入分配等是难点。

（5）具有资本产生、形成、积累和扩张机制

艮宫为亨，飞宫路线吉，天盘又见艮☶，落宫为利，说明工业具有资本产生、形成、积累和扩张机制，该机制是工业化的本质。

（6）工业是高值产业

工业结构八宫中有6个宫吉，相比农业结构中的4个吉，多了两个吉，工业相对农业所处环境优越。工农产品交换有"剪刀差"，通过"剪刀差"农业向工业提供资本原始积累；农村的土地和劳动力通过要素市场进入城市，又通过巨大"剪刀差"，为城市化提供资本和政府财政收入。

（7）工业发展在于产业组织

乾宫为吉，兑宫为利，飞宫☴落在信息与投入部门的巽宫，说明工业结构中起重要作用的是产业组织。产业组织强，工业发展快；产业组织弱，工业发展慢。

　　产业组织指产业内企业间的市场关系和组织形态。产业内企业间的市场关系，是指同类企业间的垄断、竞争关系；产业内企业间的组织形态是指同类企业相互联结的组织形态。

　　产业组织结构决定经济主体行为，经济主体行为决定经济绩效。利用结构、行为、绩效之间的双向关系和动态变化规律，改善产业组织结构，引导经济主体适应性的积极反应，改变其消极行为和不良结构，提高绩效，而优秀成绩也会导致产业组织结构和经济主体行为的进一步改进，形成良性循环，促进整个工业的持续发展。

（三）物流业

1. 物流业经济结构

　　物流业主卦为随☳☱，次卦为涣☴☵。经济结构小成图如图7—3所示。

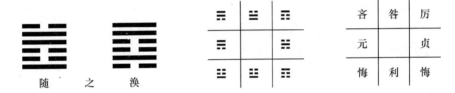

图7—3　物流业经济结构

2. 物流业经济结构分析

（1）合同契约环节多，履约路线长

　　离宫落☲，飞宫路线长。表示合同契约环节多，履约路线长，网点布局多，管卡多，工作艰辛。

（2）投资回报期长

　　落宫多数为悔吝，投资回报期长，管理费用高。

（3）车辆庞大，运作顺利，调度复杂

　　震宫为元吉，巽宫为吝，震卦两现。一落坎宫为利；二落艮宫为悔，表示车辆庞大，运作顺利，调度复杂。

（4）资源投入产出结构均衡是难题

　　巽宫为吝，坤宫为厉，表明物流业资源投入产出结构均衡是个难题。进退机制、优化配置、要素报酬、收入分配等是难点。

（5）基础设施投资量巨大，周期较长

　　艮宫为悔，渐吉，天盘又见艮☶，落坤宫为厉，说明物流业基础设施投资量巨大，周期较长。☷落坤宫，物流业基础设施占用土地量太多，征用土地交易费用过高，以致工程难以开展。

（6）物流业是弱势产业

物流业结构八宫中有一元、一利、一贞，共三吉，比农业少了一个吉，比工业少了三个吉，物流业相对工农业是弱势产业，需要扶持。

（7）物流业发展在于基础设施建设

艮宫为悔，坤宫为厉，离宫为咎，厉与咎是八宫中最差的状态，说明物流业结构中最大的问题是基础设施。基础设施包含硬设施和软设施，硬设施包括道路、港口、航站、仓储、货站，等等；软设施指有关货运法规条例的立法与司法，也包括诚信氛围的营造。

第二节　资源利用文化中和中正力实现路径

中和中正力实现路径为结构内外双向优化。结构优化是指结构关系的改善。结构内关系的改善为结构内优化，结构外关系的改善为结构外优化。

一　结构内向优化

结构内向优化指结构分解关系和整合关系共同改善。关系改善，包括部分关系改善以及全部关系的改善。部分关系改善，指维持良好关系不变情况下，使至少一种不良关系得到和谐，或保持不良关系不变情况下，使至少一种良好关系得到进一步的改进。

关系改善需要一个过程，在具体分析问题时，重视飞宫路径，关注八宫八卦相对中宫的动态变化。中宫是八宫八卦的中心，表示整个结构的实质。飞宫卦与中宫卦归藏得到的卦，反映飞宫的状态，共分延年、天医、生气、辅弼、禄存、廉贞、破军、文曲八种。

中宫的卦，由八宫的垂直、水平、东南与西北、西南与东北四个方向卦归藏所得。

（一）农业经济结构内向优化

农业经济结构内向优化小成如图7—4所示。

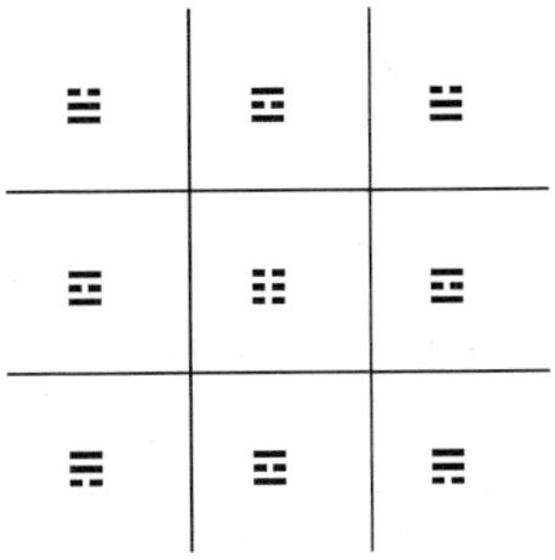

序	宫	卦	状态	路径
1	坎	☷	文曲（厉）	☷→☷
2	坤	☷	天医（吝）	☷→☷→☷
3	震	☷	文曲（亨）	☷→☷
4	巽	☷	天医（吝）	☷→☷→☷
6	乾	☷	廉贞（吉）	☷→☷→☷→☷
7	兑	☷	文曲（利）	☷→☷→☷
8	艮	☷	廉贞（吝）	☷→☷→☷→☷
9	离	☷	文曲（悔）	☷

图7—4 农业经济结构内向优化小成

1. 中心问题是土地，技术层面归结为规划

小成图归藏为☷，☷为土地，农业经济结构的实质是土地。各个飞宫落宫终端都是☷，即农业经济结构内向优化技术归结点是规划。由于农业经营项目周期长，投资回报慢，对价格、利率、汇率等调控信号反应不灵敏，宜长期规划。地方政府和各个经济主体需要制订长、中、短期发展规划和详细的生产计划，并随经济发展变化而调整。

2. 优化从流通领域开始

经济结构关系改善，应从最差的领域开始，从大到小序之。小成图状态最差者"厉"在坎宫，与结构质点的关系为文曲，因此优化应从流通领域开始，逐步提高农民社会保障福利水平，降低农村土地、劳动力、资金的家庭福利保障功能，提高其经济高效功能，促进农村经济要素合理有序流动，解决农业要素流动不畅与无序问题。

3. 重视粮食与收入差异

小成图坤宫呈吝，与结构质点的关系是☷为天医，坤宫为产出，显示粮食与收入差异是农业经济结构优化的重点。人口大国最重要的问题是人民的粮食安全与收入公平公正。收入差异是经济动力来源，但收入悬殊又是社会不稳的动因。坤宫飞宫☷兑宫经☷到离宫☷。说明农业收入公平公正问题需要通过组织制度来解决。

（二）工业经济结构内向优化

工业主卦是☶，次卦为☴，经济结构内向优化小成如图7—5所示。

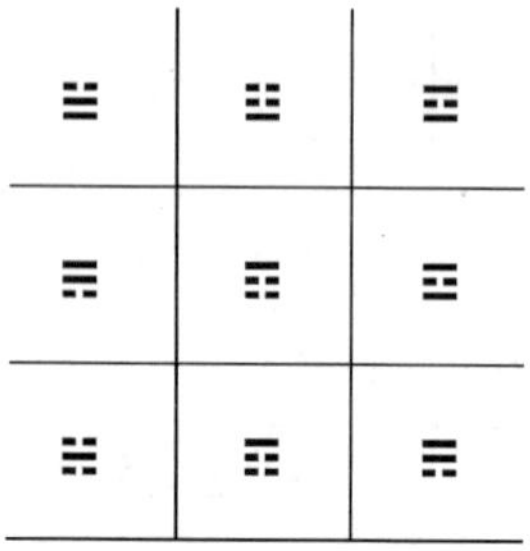

序	宫	卦	状态	路径
1	坎	☵	辅弼（利）	☵→☴→☶
2	坤	☷	禄存（利）	☷→☶→☵→☴→☴
3	震	☳	破军（吉）	☳→☴→☵→☷→☶
4	巽	☴	延年（吝）	☴→☴→☶→☷→☵
6	乾	☰	破军（吉）	☰→☴→☶→☷→☵
7	兑	☱	禄存（利）	☱→☶→☵→☷
8	艮	☶	廉贞（咎）	☶→☷→☴
9	离	☲	文曲（亨）	☲→☴→☵→☷→☶

图7—5　工业经济结构内优化小成

1. 中心问题是资本，主要环节为金融

小成图归藏中宫☶为资本，飞宫☵落坎宫，即工业经济结构内向优化实质是资本深化，重要环节为金融。飞宫路径为☵→☴→☶，经济结构关系改善从最差的环节开始，小成图状态最差者"咎"艮宫，归藏为廉贞。

2. 优化从信息化开始，产业组织是关键

震、巽、兑、坤、乾宫的飞宫路线均长，几乎遍及每个领域，贯穿各个环节。优化从震宫始，震宫落☴，☴为信息。巽宫进出者见☴，☴为组织制度。组织制度主要是产业组织制度、市场组织制度和企业组织制度。兑宫与坤宫落☶，☶为规划，规划指地方政府和各个企业制订的长、中、短期发展规划和详细的生产计划。乾宫见☴，状态为吉，行政权威促进了效率，但乾宫☰的状态为破军，行政权力寻租也带来腐败，要依法严格程序，科学民主决策，根治腐败。

3. 重视要素报酬与收入差异

小成图坤宫见利，归藏现禄存。坤宫为产出，显示要素报酬与收入差异是工业经济结构优化的重点。要素报酬决定要素价格，要素价格决定要素的资源配置比例。收入差异是经济投入动力来源，但收入高低悬殊又是社会不稳的动因。坤宫飞宫☷→☵→☶→☳→☴→☷。说明工业收入公平公正问题需要通过市场与行政组织制度来解决。

（三）物流业经济结构内向优化

物流业主卦是☵，次卦为☷，经济结构内向优化小成如图7—6所示。

序	宫	卦	状态	路径
1	坎	☵	辅弼（利）	☷→☲→☵
2	坤	☷	文曲（厉）	☵→☷→☷
3	震	☳	延年（吉）	☳→☷
4	巽	☴	延年（咎）	☷
6	乾	☰	文曲（悔）	☷→☷→☷→☷
7	兑	☱	天医（贞）	☷→☷→☷
8	艮	☶	辅弼（悔）	☷→☷→☷
9	离	☲	破军（咎）	☷→☷→☷→☷

图7—6　物流业经济结构内向优化小成

1. 中心问题是车运，意识层面为契约与诚信

小成图归藏中宫☷为车运，震与巽宫落宫为☷，所有飞宫落脚点都是☷，☷为信息，即物流经济结构内向优化主要环节为信息技术与诚信工程的建设。

2. 优化从规划与调度开始

小成图归藏，离宫的状态为咎，破军出现在离宫。落宫☷→☷→☷→☷，其路径依次为组织制度、物资流动、车辆运输、信息技术等，物流是个有序运行的系统工程。规划与调度不易。改善其结构关系更难。

3. 重视基础设施

小成图艮宫状态为悔，归藏为辅弼，飞宫☷落坤宫，归藏也为文曲。显示基础设施建设是物流业发展重中之重。无基础设施，物流业无从谈起，而基础设施因其工程量大，建设周期长，投资风险高，发展滞后。基础设施建设要做战略规划，全面布局，重点扶持，精心设计，严密施工。

二 结构外向优化

结构外向优化指结构与环境及整个社会系统关系的改善，即结构随环境及整个经济社会变化而调整。

结构外向优化是处理主客体之间关系的，所要研究的结构为主体，环境及整个经济社会为客体。主客体分别为 8 种类型。

8 种类型用八经卦表示，分别为☰乾，☱兑，☲离，☳震，☴巽，☵坎，☶艮，☷坤，对应的环境 9 宫形成的关系为延年，天医，文曲，禄存，廉贞，破军，生气，辅弼。从强到弱依次排序为：延年，天医，生气，辅弼，禄存，廉贞，破军，文曲。延年、天医、生气、辅弼为强类，也称"西四类"：禄存、廉贞、破军、文曲为弱类，又称"东四类"。辅弼为中间态，遇强为强，遇弱为弱。

主客体关系优化原则为匹配规则，即强与强联合，弱与弱组合。强与强联合会更强，弱与弱组合会变强。如果强与弱结合，只会相互拖累而变弱。

强与强联合有延年、天医、生气、辅弼之间相互联合，联合结果仍然为强；弱与弱组合包含廉贞、禄存、文曲、破军之间相互联合，联合结果转弱为强。

结构属性由其小成图归藏得出的卦所定，对应关系，由两结构属性卦归藏所得。

（一）农业经济结构外向优化

农业经济结构小成图归藏是☷，即农业经济结构的属性中宫为☷，☷是辅弼，处强弱中间态，初始定型，将其归属强类。农业在其漫长的历史发展过程中被立为本，而工商则被视为末。

农业经济结构相对工业经济结构是一种遇强化强关系，因为农业的☷遇见到工业的☷归藏为☳，☳为生气属强类。农业为工业发展提供巨额资本原始积累和大量廉价劳动力，而工业为农业发展带来基础设施、机械和科学技术。针对这种互补关系，农业应利用大量廉价劳动力转移情况，及时调整土地与劳动力的比例，适度扩大土地经营规模，优化农业经济结构。

明确了农业经济结构的属性☷，只要辨识其他产业、企业、各个项目的结构属性，就能确定农业经济结构与它们的关系，从而改善之。

农业经济结构外向优化是农业经济结构随外部时空变化而做出的调整。

时间的属性变化可准确地判定，因为农历年、月、日、时辰的天干地支的八卦属性是预先排定的，如 2014 年甲午☰，结构归藏☷；2015 年乙未☷，结构归藏☷；2016 年丙申☷，结构归藏☷……以此确定 2014 年农业经济结构与时间关系遇☷破军，2015 年遇☷辅弼，2016 年遇☷生气气……

针对农业 2014 年的不景气、2015 年的恢复巩固、2016 年的生机盎然的状态，早做安排，采取适当措施改善关系。及时调整农业发展模式和发展结构。

需要指出的是，虽然农业总体经济结构属性是☷，但并不意味着每个农业经济主体的属性都是☷，各个农业经济主体的属性必须根据具体情况个案分析，另行决定。

方位的属性变化能够明确地认定，北方为☵坎，东北方为☶艮，东方为☳震，东南方为☴巽，南方为☲离，西南方为☷坤，西方为☱兑，西北方为☰乾。农业相对北方为破军，东北方为生气，东方为禄存，东南方为廉贞，南方为文曲，西南方为辅弼，西方为天医，西北方为延年。农业及其各经济主体要根据自己的属性，对各方位的关系进行正确的改善。

（二）工业经济结构外向优化

工业经济结构小成图归藏是☷，即工业经济结构的属性为☷，是生气，处强态。

明确了工业经济结构的属性☷，只要辨识其他产业、企业、各个项目的结构属性，就能确定工业经济结构与它们的关系，从而改善之。

工业经济结构外优化是工业经济结构随外部时空变化而做出的调整。

时间的属性变化是既定的，由农历年、月、日、时辰的天干地支的八卦属性预先排定，2014 年甲午，属性是☷；2015 年乙未，属性是☷；2016 年丙申，属性是☷……以此确定 2014 年工业经济结构与时间关系为☷廉贞，2015 年为☷生气，2016 年为☷辅弼等。针对工业每年所处的状态，早做安排，采取适当措施改善关系。需要强调的是，虽然工业总体经济结构属性是☷，但并不意味着每个工业经济主体的属性都是☷，各个工业经济主体的属性必须根据具体情况个案分析，另行决定。

方位的属性变化也能明确地认定。工业相对北方为廉贞，东北方为辅弼，东方为文曲，东南方为破军，南方为禄存，西南方为生气，西方为延年，西北方为天医。工业及其各经济主体要根据自己的属性，对各方位的关系进行正确的改善。

（三）物流业经济结构外向优化

物流业经济结构小成图归藏为☷，即物流业经济结构的属性为☷，是禄存，处弱态。

明确了物流经济结构的属性☷，只要辨识其他产业、企业、各个项目的结构属性，就能确定物流经济结构与它们的关系，从而改善之。

物流经济结构外向优化是物流经济结构随外部时空变化而做出的调整。

时间的属性变化是既定的，由农历年、月、日、时辰的天干地支的八卦属性预先排定，2014 年甲午，结构归藏☷；2015 年乙未，结构归藏☷；2016 年丙申，结构归藏☷……以此确定 2014 年物流业经济结构与时间关系为☷天医，2015 年为☷禄存，2016 年为☷文曲等。针对物流每年所处的状态，早做安排，采取适当措施改善关系。需要强调的是，虽然物流总体经济结构属性是☷，但并不意味着每个物流经济主体的属性都是☷，各个物流经济主体的属性必须根据具体情况个案分析，另行决定。

方位的属性变化也能明确地认定。物流相对北方为天医，东北方为文曲，东方为辅弼，东南方为延年，南方为生气，西南方为禄存，西方为破军，西北方为廉贞。物流及其各经济主体要根据自己的属性，对各方位的关系进行正确的改善。

第八章

资源利用文化整合力

整合力是一种系统的活动，而它本身不是系统。即整合是系统的活动，系统是整合的担当者。整合的担当者是多因素、多层次、多关系的耦合联动构成的结构严谨、功能协调的复杂系统——整合体。整合作为一种活动，具有多元综合性、整体协调性、序化定向性等特点。

整合体作为一种多因素、多层次、多关系的耦合联动的复杂系统，有着极其复杂的结构，结构是系统的特征之一。任何具有特定结构的系统，都具有一定的功能，功能是系统的特征之一。①

结构是指系统内部要素之间的内在联系和组织方式，功能是指系统与环境之间相互作用过程中表现出来的特性和能力。相对来说，前者藏于内，后者显于外；前者稳定，后者易变。

整合力是结构的功能，而其本身不是结构。整合体具有结构和功能，整合是整合体的功能，而不是整合体的结构。

整合概念最早出现在中国的易学中，"合"是易学的核心范畴。十天干有五合，十二地支有六合和三合。《归藏易》重在"整合"，《周易》将"分解"与"整合"视为对称的分析过程。

从生物机理上对"整合"加以专门和系统研究的是英国神经生物学家谢灵顿，他在《神经系统整合作用》一书中，十分清楚地把整合理解为整合体的功能。目前学术界对整合问题的研究，同样也把整合作为一个功能性很强的范畴来理解，提出整合是一个科学性很强的范畴，是一个功能性概念。

所谓资源利用文化整合，是指由资源利用文化多因素、多层次、多关

---

① 张生太：《企业核心能力的人力资本整合机制研究》，科学出版社 2006 年版，第 50 页。

系耦合联动构成的结构严谨、功能协调的系统对事物进行协调有序综合的加工过程，是资源配置运行文化整合体的功能，是其协调有序活动和运动的能力。

第一节　核心

一　核心价值

多样文化融合不是简单的混合，而是在保持各自特色基础上提炼共同理念，形成凝聚多种文化的"核心价值"。中国 56 个民族之所以团结一致，就是靠保护各民族特征的中华文化的核心价值体系。

中华民族核心价值是一个伟大民族自己的精神、理想、道德情操和追求的集中体现。它存在于中华民族学术层面的思想文化内，也存在于中华民族生活层面的日常生活中。

中华民族核心价值体系的形成是为实现全国和谐将其基本价值观普世化的过程。普世化核心价值是对国家经济形态、机制体制和政治制度的升华，是一种理想境界，其观念性的理念为"公平、正义、仁爱、和谐"。"公平、正义"是社会和谐的基本条件，"仁爱"是人与人、人与社会、人与自然和谐的根基元素，"包容与和谐"是中华人文的本质属性。

随着改革开放的不断深入，中国传统文化和西方流行文化不断碰撞出激烈的火花，让人们的价值观在不断的对比中融合。为实现全世界和谐，各国需要在一些重大问题上达成共识，寻找共同的价值基础，有必要将其核心价值普世化。核心价值普世化是构建和谐世界机制的首要环节。

目前，中西政治文化核心价值观确实存在差异。西方政治文化在其产生和形成初期，教会权力高于一切，因此西方人文思想在与教会权威抗争中，提出用人权代替神权，用人性替代神性，用人道代替神道。其理论认为，人是万物之本，具有理智、情感和意志的独立体，爱情、友谊、自由、平等、尊严等均属人的自然权利，每个人都是他内在因素的创造物，他对自己的命运负责，人权高于一切。

在西方人文社科近代与宗教神学激烈斗争中争取人的各种权利时，中国传统文化已形成天人合一完整的仁、义、礼、智、信理学体系，并成功地驱走了神鬼的权威和宗教的迷狂，同时吸收包容了道教和佛教的理性成分。中国人文思想，在强调人是万物中心的同时，都习惯于从人、人与人关系中去体认一切，将人视为群体的一分子，而非独立个体，从而得出人是具有群体生存需要，有伦理道德自觉的互动个体，仁爱、正义、宽容、和谐、奉献都是其必尽的义务，每个人都是他所属关系的派生物，他的命运离不开群体，与群体息息相关、紧密相连。

在文化核心价值实现途径上，中西文化差异显著。西方人文理论认为实现"核心价值"的途径只能是民主，通过个体直接投票表决的形式进行；中国人文理论认为，"民主"是相对"集中"而言的，绝对民主就会走向无序，绝对集中又会导致集权，应该通过"民主集中"制在"民主"与"集中"之间取得平衡。个人重视道德修养，社会注重礼乐之教和礼乐之治，个人的一切在温情脉脉的礼仪中和谐有序的实现。

中华民族核心价值与西方主体文化核心价值实质都是"以人为本"，两者的本质取向是一致的，差异性表现在核心价值概念外延宽窄不等及其实现路径选择不同上。中华民族核心价值体系涵盖有西方"民主、自由、法制、人权"的内容，价值实现路径不同只是人文生态历史沉淀有所差异而已。这种差异是正常的，与文化本身科学性或先进性无关。差异是文化分殊的原因，而其一致性则构成文化融合的基础。文化核心价值普世化就是在多样性文化融合的基础上催生合理"内核"，与时俱进地逐步向外扩散。

二　文化内核

文化内核是世界多样性文化融合与文化整合力构建机制的基因。

（一）西方文化内核

西方文明史是一部在普遍缺乏农业长足发展条件而又开放的人文地理环境中、由于骑马民族的反复冲击和不同文化的不断杂交而形成和发展的，打着鲜明游牧文化烙印的历史。就其性质而言，大抵属于一种不同文化相互竞争，优胜劣汰、你死我活的竞争型文明，是通过贸易、掠夺、殖民三位一体的生存发展模式，刺激生产力和积累财富的产物。进入近代工业革命，演化为资本产生、形成、积累和扩张机制，以市场垄断、意识形态渗透和军事干预等获取利益。西方文化内核可概括为一个"争"字。

（二）中华文化内核

中国农耕社会的人或家畜皆以植食为主，因而人们就像植物皆为根所羁一样，为土地、水源和家园所构成的物质和精神的"根"所束缚，不但失去了采集狩猎时代到处游荡的自由，也不能像游牧民族那样逐水草而居，随遇而安，而只能累世聚居于一地。由此便形成了农耕文化的一个基本内涵：重土安居的乡土观念。这种重土安居、重农抑商的民族特性，与西方人喜欢探险、经商、殖民的民族性，形成鲜明对照。所以，中华民族始终固守大一统的向心传统，几千年来，无论国力如何强盛，很少越出相对封闭的自然界限去向外开拓。

国家是暴力或战争的产物，东西方皆然。而农耕社会的战争，既不同于史前骑马民族所发动的掠夺战争；也不同于西方人有史以来一直持续至今的海上掠夺和海外殖民战争，而是一种农耕社会内部通过改变生产关系来发展生产力的兼并战争。兼并战争的主旨在于兼并和统一农耕生产的领导权或组织权而非掠夺或殖民，在发展形式上，往往是以某个最强大的氏族或部族为核心，如滚雪球般一层一层地越滚越大。这就形成了以核心民族为中心的同心圆式的大一统观念的农耕文化。

相对封闭的人文地理环境，既保障了中国农耕文明的独立创生与正常发展，又为它的持续发展提供了源源不绝的新鲜动力——与异质文化特别是游牧文化的交流和交融。周边的游牧文化和骑马民族，入乡随俗，甚至以入侵乃至易主的方式与汉族和其他少数民族不断融合，共同维护和发扬了中华文化传统。

农耕为本、血缘共有，兼并战争、家国同构，海纳百川、生生不息。此三者组成中华文明农耕、兼并、融合三位一体的生存发展模式，形成中华农耕文明特有的、以"天人合一""和而不同""以天下为己任"等为内涵的文化包容性。中华文化内核可概括为一个"和"字。

（三）东西文化交融后内核

中华文化"和"内核与西方文化"争"内核融合后，必然会形成世界文化的内核"易"。因为易学是中外学术界认可的能融合中西各门类文化的科学。

易学是繁衍融合世界文化多样性与和谐世界构建机制的生命元、基因、组织，它亦道亦器，可实证分析，也可逻辑推演，不仅能够显示社会发展规律，而且还能变通各种经济社会文化运行操作规则。易学类比推演法则不仅滋生文化多样性与和谐世界生长点、架构、内容，而且可以沿时间轴复制，横向无限包容，纵向贯通道器，驱动文化多样性与和谐世界持续创新。

易学能否成为融合世界文化多样性与和谐世界构建机制的基因，不取决于学者的主观判断，而决定于易学两大功能：（1）无限的包容性；（2）海量的贯通力。

第二节 体用

一 民族文化为根

在融合世界文化多样性与和谐世界构建中，要融合多种文化，又要保持多样性，就不能丢掉其民族文化的根。

学术大师陈寅恪先生在论及中、西文化关系时指出："窃疑中国自今日以后，即使能忠实输入北美或东欧之思想，其结局当亦等于玄奘唯识之学，在吾国思想史上既不能居最高之地位，且亦终归于歇绝者，其真能于思想上自成系统、有所创获者，必须一方面吸收输入外来之学说，另一方面不忘本来民族之地位。此两种相反而适成之态度，乃道教之真精神，新儒家之旧途径，而二千年吾民族与他民族思想接触史之所昭示者也。"

在文化交融中保持民族文化的根，对中华民族来说，就是要保持国学之根本。

现在一般提到的国学（Guoxue，Sinology），是指以先秦经典及诸子学为根基，涵盖了两汉经学、魏晋玄学、宋明理学和同时期的汉赋、六朝骈文、唐宋诗词、元曲与明清小说及历代史学等一套特有而完整的文化、学术体系。因此，广义上，中国古代和现代的文化和学术，包括中国古代历史、思想、哲学、地理、政治、经济乃至书画、音乐、易学、术数、医学、星相、建筑等都是国学所涉及的范畴。

二 本土文化为体

在融合世界文化多样性与和谐世界构建中，要吸收外部文化先进成分，又要传承发扬自身文化的优良传统，就必须以本土文化为体，外来文化为用。

文化是人文地理环境的产物，外来文化要想在本地幸存，就不得不放下身段，来适应本地人文地理环境。

中西文化融合，以中华文化为根本的原因还体现在如下三点：

（一）社会价值高

中国传统文化起源于公元前 7000—前 6000 年炎黄、尧、舜、禹时代，初成于殷末周初（公元前 11 世纪），几千年自然主义孕育成长，摆脱了神的主宰又与宗教相脱离，到春秋时期已经形成了较完整的科学体系。

盛传现在的西方主流文化起源较晚，长期受宗教影响，中世纪在教会绝对权威统治下，带有浓厚的宗教文化成分，到近代，反抗宗教胜利，又带有矫枉过正的偏激，体现在针对神学对人的压抑而提出的独立、人的尊严、人的自由、人的平等、人的权利为人权至上的各种理论，如"自由民主""一人一票""直接选举"，等等，但发展中国家实际应用效果远低于发达国家政治宣传价值。西方文化的根本目的仍然是物的生产，对人的管理也是把人当成物来管理，具有明显的功利主义和实用主义。因此，从本源上看，西方现代经济管理文化中的人本管理是以否定人能实现自我管理为出发点的。

中国以人的自我管理为起点，以社会管理为过程，强调个人权利是在国家地位和集体利益不断巩固提升中，通过礼治有序地实现。因为中国传统理论认为人处万物中心，是群体一分子，是非独立的并有伦理道德自觉的互动个体，每个人都是他所属关系的派生物，他的命运离不开群体，与群体息息相关、紧密相连。必须根据群体生存需要，从人与人关系中体认和处理一切，仁爱、正义、宽容、和谐、奉献都是其必尽的义务。对比之下，中国传统文化社会价值更高。

（二）包容性大

中国传统文化的阴阳互为运转演绎万物运行的宇宙辩证系统论，包括重视物质存在的马克思主义唯物论，也包括注重精神作用的西方唯心论，还包括所有人文学科和自然学科的方法论。

中国传统学术的宇宙观称为"天道"。天道是甚为简单又无穷的逻辑形式。天道的实质是阴阳互为运转依靠的辩证抽象关系。阴阳本为一体，对立运转只是其表现形式。阴阳天道这一简单的关系化成演绎宇宙万物及其千姿百态的运行形式。从而，也就告诉人们阴阳天道即为宇宙逻辑，具有宇宙最一般性，揭示物质世界和精神世界的运行规律，是认识宇宙万物，包括人类社会与人类思维规律的逻辑、方法论与认识论的统一。

（三）贯穿力强

中国传统学术的宇宙全息论，认为宇宙一切信息都是相通的，大到整个宇宙，小到银河系，再到太阳系、地球、某国、某人、某一细胞都包含宇宙的一切信息，只要具有激活这些信息的条件，全部信息即可释放。如取一粒种子，可培育出一株植物，取动物一细胞，可克隆出整个动物，等等。与此相应，信息的推演机制是同一的，用一个八卦组合可刻画一个人体的形态，也可形容整个宇宙的所处状态。无论道层次发展规律，还是器层次运行操作，都可以用这种八卦图式推演贯通。

中华文化在融合世界文化多样性与和谐世界构建中处于本体或主体的地位。中国文化本体化源自其构成体系、层次、结构、要素及规则。

三　外来文化为用

文化多样性和差异性是文明互补和创新的基础，同时也是各民族文化交流的前提。如果没有差异，就无法进行交流，也没有必要交流。越是异性、异质的文化，越有必要交流，越有可能从对方吸收有价值的东西。各种文化相互交流，可以相互学习，取长补短，互通有无。世界上各种文化，都是多种文化的混合物，其中有自身固有的，也有相当部分甚至大部分是外来的。因此，以本土文化为体，外来文化为用，是融合世界文化多样性与和谐世界构建机制的重要组成部分。

对我们来说，以本土文化为体，就是以中华优秀文化为体；外来文化为用，就是以西方先进文化为用。去粗取精，去伪存真。吸取其精华，去除其糟粕。

（一）以中华"伦理型"文化吸收西方"法理型"文化成分

从文化性质的角度来看，中国文化属于"伦理型"文化，西方文化属于"法理型"文化。中国文化从"性善"的角度出发，认为人的本性是善的，主张建立良好的伦理道德以规范人们的行为，通过教化使人形成自律意识，自觉克服人的动物性争斗本能，培养人们自觉地遵守社会规范，维护社会秩序；西方文化从"性恶"的角度出发，认为人的本性是恶的，主张"原罪说"，认为人生下来就有罪，主张建立严密的法律来抑制个人的私欲和动物性本能，以"他律"来促使人们遵守社会规范，维护社会秩序。

（1）在文化与人的关系方面，保持中华文化以培养和造就忠臣、良民、孝子为基本目的，重心性修养，以善良、老实、宽容、厚道的品格为荣，以"良心"作为衡量人格的重要标准之一等传统。吸收近代西方文化以培养一个守法的公民为基本目的，重法制建设的成分。

（2）在人才选拔方面，保持中国文化重德传统，吸收西方文化重才成分。

（3）在人生目的上，保持中国文化强调如何"做人"和"处世"，教人怎样才能正当地生活，人怎样才能过上文明人的生活。"入则孝，出则悌"，即在家为孝子，在国为良民的传统。吸收西方文化强调如何"做事"，重视个人能力的发挥，教人如何成为一个事业上成功的人，一个能适应社会的人的成分。

（4）在婚姻家庭方面，保持中国文化重视家庭稳定与和谐，重视亲情。事亲尽孝，兄友弟恭的传统。吸收西方文明弱化家庭观念，重视个性，重视友情的成分。

（5）在文化与自然的关系方面，保持中国文化与自然为善，强调天人合一，人与自然和谐相处。一切皆以体天意、遵天命、循天理为意志的传统。吸收西方文化强调人与自然的主客二分、二元对立，人是主体，自然是客体，人与自然的关系是主体与客体、征服与被征服的关系的成分。

（二）以中国"内向型"文化吸收西方"外向型"文化成分

（1）从动和静的角度来看，中国文明是静的文明，求稳定，求平安，从古至今，崇尚稳定，知足常乐，满足现状。善于忍耐，大事化小，小事化无。保持追求社会的均衡与和谐，时时处处强调稳定，在稳定中求发展的传统。吸收西方文明是动的文明，崇尚变化，不断进取，永远不满足于现状，在变动中求发展的成分。

（2）在对外关系方面，保持中国保守性很强，爱好和平，处处以防守为主，主张后发制人的传统。吸收西方文化的进取性很强，重视外部环境对自身安全的影响，通过扩大势力范围来保障国家的安全。主张先发制人，事事争取主动，强调把对手消灭在萌芽状态的成分。

（3）在个人性格方面，保持中国人大多是内向的柔性性格，温和平静，庄重老成，藏而不露的传统。吸收西方人大多是外向的刚性性格，进取心、自信心强，爱表现自己，时时处处以自我为中心的成分。

（三）以中国"家族本位型"文化吸收西方"个人本位型"文化成分

"家族本位"的中国文化，也就是以家庭、家族、宗族为基本取向单位，人与人之间的关系以相互依赖为特征，以血缘关系为基础，以稳定和持久的家庭、家族、宗族为纽带。每个人都被固定在关系网上，各种社会性需要都能在家庭、家族和宗族中得到满足。

吸收西方社会"个人取向"性格，人与人之间的关系以"自我依赖"为主要特征。近亲者之间的血缘纽带是暂时性的，没有永久的家庭和宗族基础，个人的基本生活和环境取向便是自我依赖。也就说，一切都必须自我思考，自己做决定，自己动手。

（四）西方文化应吸收中华文化优秀成分

罗素认为，西方文明必须从中国文明吸取有价值的东西，他说："我认为，中国人的思想能丰富我们的文化，就像同他们做生意能使我们的口袋鼓起来一样。"罗素甚至认为，中国智慧拯救西方文明和世界，他强调"从人类整体的利益来看，欧美人颐指气使的狂妄自信比起中国人的慢性子会产生更大的负面效果……中国人摸索出的生活方式已沿袭数千年，若能够被全世界采纳，地球上肯定会比现在有更多的欢乐祥和。然而，欧洲人的人生观却推崇竞争、开发、永无平静、永不知足以及破坏。导向破坏的效率最终只能带来毁灭，而我们的文明正在走向这一结局。若不借鉴一向被我们轻视的东方智慧，我们的文明就没有指望了"①。当年罗素发出的中国文化精华能够给人类和平带来希望的感慨正在变成现实。崇尚"和谐"与"和平"的思想将被越来越多的人所接受。

第三节　与时俱进

一　世情文化为鉴

人类社会已进入信息时代，信息技术广泛应用于社会生活各个方面，形成一种新型发展文化——信息文化。这种新的文化涵盖了世界范围的物质形态、社会规范、行为方式和精神形态等，是一种世情文化。

（一）世情文化特征

1. 数字化、全球化体现了信息时代的物质文化特点

全球化是信息文化发展的必然趋势，以前任何形态的文化都是区域性的，因地理障碍造成的交流障碍是不可克服的。互联网环境下，地理障碍已经不再成为交流的障碍，人们可以通过互联网足不出户地了解到世界各地的文化，信息文化将是全球性的，或具有全球性的。

---

① ［英］罗素：《中国问题》，秦悦译，学林出版社1996年版，第2页。

2. 虚拟性、交互性体现了信息时代的行为文化特点

虚拟现实技术作为计算机与信息技术发展的最新成果，是人与计算机生成的虚拟环境交互作用的技术手段。数字图书馆、虚拟实验室、虚拟办公室、网络商店和网上购物等，正在影响着我们的生活。互联网作为一种崭新的传播工具，区别于其他传统传播工具的最本质的特征，就是交互性。互联网用户不但可以实现一对一的信息双向流动，而且还可以达到一对多、多对多的互动关系。总而言之，互联网具有实时、互动的特点。

3. 开放性、自治性、自律性成为信息时代制度文化的特色

信息网络的结构是开放的和高度自组织的，在这种开放的技术环境中人们可以在网上随时随地以匿名的方式浏览各种信息发表各种看法，这为信息文化的发展提供了强大的推动。但是同时，又要求人们要有高度的自治性、自律性，不做法律、道德所不允许做的事情。

4. 信息交流自由、平等、共享的理念正逐渐演化为信息时代精神

文化本身就具有延续和传递的特点，而信息文化作为文化的一种同样也在传递和延续中扮演着重要的角色，所以在信息时代人们可以通过网络及各种信息设备进行交流，而且这种交流方式不受时空限制，在网络中人们用虚拟身份和不同的人进行对话、进行言论，所以能够加强人们的交流意识，从而汲取所需的文化，促进平等对话，同时也能够将自己认为比较好的东西与人分享，扩大交际圈。

（二）世情文化为鉴

信息文化构成了人类历史上第三次重大的科技腾飞，它将越来越产生出强大的作用，对社会乃至整个人类都产生重大的影响。

信息文化促进了技术进步、经济增长和社会发展，人民从中获得了实实在在的利益，为各国提供了可借鉴的经验。

信息化也产生了负面影响，金融衍生品泛滥、超前消费、虚拟经济过度膨胀等引致经济危机，为各国提供了可借鉴的教训。

世情文化为鉴要比较世界各种社会经济发展模式、结构和要素的差异，借鉴其经验教训，揭示其变化规律，选择适应不同国家地区社会经济发展的模式和调控方式。

二　国情文化为据

国情文化是各国经济社会发展的依据。中国国情文化就是在中国共产

党领导下，立足基本国情，以经济建设为中心，坚持四项基本原则，坚持改革开放，解放和发展社会生产力，巩固和完善社会主义制度，建设社会主义市场经济、社会主义民主政治、社会主义和谐社会，建设富强、民主、文明、和谐的社会主义现代化国家的文化。

（一）中国国情文化特征

1. 鲜明的时代性

文化作为一个历史范畴，虽然有其超越时代的共同性，但作为一定文化的总体而言，总是一定社会条件下的产物，不同社会具有不同性质的文化。中国正处于社会主义初级阶段，因而有中国特色社会主义的文化必然成为这个时代的基本特点，它必须同社会主义基本经济制度、政治制度结合在一起，围绕建设富强、民主、文明的社会主义现代化国家的根本任务，以经济建设为中心，坚持改革开放，坚持四项基本原则，为人民服务，为社会主义服务。

2. 浓郁的民族性

一种源远流长的传统文化之所以能够不断延续和发展，自有其深刻的道理。不管人们如何认识和把握它，它都要作为一种历史的积淀和社会意识的潜流，渗入社会心理的深层，同人们的生活方式、思维模式、行为标准、道德情操、审美情趣、处世态度以及风俗习惯融为一体，成为"化民成俗"的东西，成为人们生下来就濡染其间的一种精神家园。建设有中国特色社会主义的文化，深深植根于人民群众的历史创造活动，继承发扬民族优秀文化和革命文化传统，吸收世界文化优秀成果，形成了社会主义内容和中华民族形式相结合的全新的文化。

3. 实事求是的科学性

作为上层建筑重要组成部分的有中国特色社会主义的文化，正确地反映了自然和社会的本质及其发展规律，坚持了同自然观、社会观中一切非科学的文化思想进行坚决斗争的立场，为决策的民主化和科学化提供了理论依据。

4. 高度的民主性

发展社会主义民主政治，是中国共产党始终不渝的奋斗目标。没有民主就没有社会主义，就没有社会主义现代化。继承优良民主传统，增强民主意识，同封建主义、文化专制主义残余进行不妥协的斗争，使民主精神在广大群众中生根开花，是有中国特色社会主义文化主题中的应有之义。

贯彻"三不主义",弘扬主旋律,提倡多样化,自由讨论、自由创作和不同学派、不同风格的自由发展,使文化园地百花齐放、百家争鸣;同时,合理吸收外国文化一切好的东西,使有中国特色社会主义的文化成为海纳百川、兼容并包的博大体系,是这一文化民主性的重要表现。

5. 深广的群众性

社会主义文化事业是亿万人民群众创造的事业,人民群众是文化建设的主人,是一切文化创造的最深厚的源泉。有中国特色社会主义的文化是从群众中来、到群众中去的文化。它在建设有中国特色社会主义的伟大实践中、在人民群众的创造活动中汲取营养,又用健康的文化成果教育人民、服务人民,使之成为社会主义"四有"(有理想、有道德、有文化、有纪律)公民。

6. 勇于改革的创造性

改革是社会主义社会的本质要求,也是促进文化事业繁荣昌盛的强大动力。建设有中国特色社会主义的文化,要求深化改革文化管理体制,这是文化事业繁荣和发展的根本出路。改革的目的在于增强文化事业的活力,充分调动文化工作者的积极性,多出优秀作品,多出优秀人才。改革要符合建设有中国特色社会主义文化的要求,遵循文化发展的内在规律,发挥市场机制的积极作用。文化产品具有不同于物质产品的特殊属性,对人们的思想道德和科学文化素质有重要影响。要坚持把社会效益放在首位,力求实现社会效益和经济效益的最佳结合。

(二)以国情文化为依据

国情文化是融合世界文化多样性与和谐世界构建机制的立地、生存、发展和运作基础,社会经济文化发展的一切都必须从国情文化出发,国家及地区社会经济发展模式和调控方式选择要以国情文化为据,国情是内生变量,制约着社会经济发展,也影响着文化多样性和和谐社会的构成和走向。

作为工具的西方文化服务于我国社会主义。在文化融合创新中,马学定位,中学立架,西学装修。西方文化是一个参照系,其社会经济发展过程的经验教训以我之需而取舍。新文化体系结构内容的质由马学和中学认定,而其量的借鉴则由西学文化方法确定。

第四节　矛盾化解

整合是一种气氛，是矛盾化解的结果。矛盾化解是消化社会纠葛冲突的酶。困䷍，不失其所者久。穷而通；以寡怨。

世界各国发展的历史证明，社会矛盾化解至少有五个功能：（1）有利于促进世界和谐；（2）有利于促进社会的长治久安；（3）有利于民主法治；（4）有利于公平公正；（5）有利于经济健康发展。矛盾化解重在机制的构建。

一　矛盾化解机制构成特征

矛盾化解是由一套规范系统构成的，其机制的基本特征表现在六个方面。

（一）社会公平的价值理念

公平是构建社会矛盾化解机制的重要价值理念。社会公平旨在建立一个人人受到平等尊重、人与人之间关系和谐、社会共同发展的社会机制。这个社会机制主要包括四个方面：（1）切实保证每个社会成员享有大致相同的基本权利；（2）从总体上保证每个社会成员享有大致相同的基本发展机会；（3）根据每个社会成员的具体贡献进行有差别的分配；（4）立足于社会的整体利益，对第一次分配后的利益格局进行必要的调整，使社会成员不断得到由发展所带来的利益，进而使社会生活的质量不断提高。

（二）民主法制的制度基础

民主是调节社会矛盾的基本机制之一。民主需要制度的保障，有序民主即有具体制度和法律保障的民主。有序的民主才是合理合法的，人民大众才能依据法定的民主渠道，有序地协调社会利益关系。与此相对应的是，无序民主具有自发性、盲目性等特性，极易走上歧途，无序民主必然破坏社会的和谐。因而，和谐社会需要有序民主，这是历史的经验和教训告诉我们的。①

法制不仅在于调整统治阶级与被统治阶级之间的关系，而且还在于调

---

① 贺善侃：《如何健全社会利益协调机制》，《解放日报》2005 年 5 月 12 日。

整统治阶级内部的关系以及统治阶级与同盟者之间的关系。法律和法规在处理和解决人民内部矛盾的过程中，也发挥着越来越重要的作用。主要表现：其一，法律作用具有不可替代性；其二，具有权威性和公正性。

（三）以人为本的政策引导

以人为本，就是以人民群众的需要为本，它的着眼点和最终目的，不仅是物，更重要的是人。以人为本的要义有两个方面：一是"以人的全面发展为目标"；二是"让发展的成果惠及全体人民"。

（四）利益共享的机制保障

联合国在《发展权利宣言》中指出，发展权是每个人不可剥夺的人权。每个人及各国人民均有权参与、促进并分享经济、社会、文化和政治的发展。由于共享社会发展成果主要集中体现在经济、社会、文化和政治的利益上，所以，我们把全体社会成员都能享受到社会发展成果，从而将社会整体进步具体化为每一个社会成员的同步发展，称为"利益共享"。利益共享就是指社会各阶层不受性别、民族、身份、地位、能力等影响，都能平等地享受改革所带来的利益。

（五）安定有序的社会环境

和谐社会必定是安定有序的社会。社会安定就是社会平安、稳定，包括人与人之间、社会群体与社会群体之间、社会阶层与社会阶层之间、人与社会之间关系的和谐，做到人人平等、和而不同、互惠互利。安定有序的社会强调的是经济、政治、思想文化、社会生活各个方面和领域有章可循。政治领域的有序，主要表现为权力授予和权力运行要代表人民的意愿，符合民主程序，权力监督制约完备有效。经济领域的有序，主要表现为企业、市场、政府的功能定位要正确，行为方式要符合法律法规和市场规则。思想文化领域的有序，主要表现在正确处理指导思想一元化和思想文化发展多样性的关系上。社会生活领域的有序，则主要表现为坚持共同的社会主义道德规范以及在此前提下的充分个人自由。

（六）系统优化的社会结构

社会是一个稳定的有机统一的结构。在有序的社会结构中，社会的各个组成部分之间的关系比较匀称、比较均衡，特别是人口结构、阶层结构、职业结构、家庭结构比较合理，社会各个子系统都能得到适当的生存和发展条件。系统优化的社会结构，就是要形成社会主体之间既竞争又合作的张力关系，和谐社会表明了这种张力关系必须处于动态平衡的状态之中，并表现主体之间进行聚散、分合的有序性。

社会结构的系统优化，就是优化调整或协调社会中不同因素的矛盾、冲突或纠葛，使之成为大致统一体系的过程或结果，目的是使社会中各有区别又有联系的不同群体，通过相互顺应，遵守相同的行为规范而达到团结一致，形成一个均衡的体系。社会结构的优化整合，包含有法律整合、经济整合、文化整合等多方面内容。社会整合的最大功能在于维系社会的大致（不是绝对）和谐，提高社会整体发展水平。系统优化的社会结构是任何社会发展的前提和条件。

二　矛盾化解机制的治理架构

（一）目标：从利益失衡到利益均衡

以人为本的发展应当以绝大多数社会成员的利益为基本着眼点。如果改革发展的结果只是有利于少数社会群体、少数成员，那就说明我们改革发展的成果为少数人所享有，属于一种"无发展的增长"。利益协调目标就是要从抽象的群众利益到最广大人民群众的根本利益，从绝对统一的利益到根本利益至上、多元利益合理追求、最终实现利益均衡分享。

（二）格局：从政府统治到社会治理

"格局"一词在《现代汉语词典》里解释为"结构和格式"。随着社会利益分化与冲突加剧，社会矛盾利益化日益凸显，调节社会利益关系，缓和社会利益矛盾，正越来越成为我国政府的重要职能。只不过政府一般不再以强制性力量出现，而是调整了治理格局，越来越多地通过配套性的制度安排使新的社会组织形式合法化，进而为社会提供正常和稳定的公共秩序。在经济全球化和政治民主化的背景下，公民社会组织正在承担着越来越多和越来越重要的公共管理职能。

（三）理念：从人治之治到法治之治

任何社会，人与人之间的关系、个人与组织之间的关系、组织与组织之间的关系，都是按一定的规则进行的，否则社会就是无序的。把人们之间活动的规则固定起来，就是制度化；把制度用具有国家强制力的法律规定下来就是法律化。现代社会，由于人们交往范围的不断扩展以及社会交易链条的日益拉长，法律制度因其具有规范性、普适性和强制性的鲜明特质，更适于用来调节整个社会关系中的冲突和矛盾。

面对转型期利益格局的调整和分化，只有实行法治之治，社会成员的民主权利才能有制度化、法律化的根本保障，才能引导人民群众通过法定程序表达自己的利益诉求，追求用合法的手段和方式来维护自身的合法权益。只有实现法治之治，通过法律程序和法律手段解决社会纠纷和冲突，做到法律面前人人平等，真正贯彻有法可依、有法必依、执法必严、违法必究，才能实现和维护社会的公平和正义。只有实现法治之治，坚持依法治国，严格按照法定权限履行职责，行使权力，把社会纠纷和冲突的解决纳入法制化的轨道，才能避免社会矛盾激化为对抗和冲突，从而保证社会的安定有序。

（四）形态：从非制度化到制度化

所谓制度化（institutionalization），是指群体和组织的社会生活从特殊的、不固定的方式向被普遍认可的固定化的模式的转化过程，它是群体与组织发展和成熟以及整个社会生活规范化、有序化的变迁过程，表征为共同价值的生成、统一规范的形成、系统的机构和制度框架的建构。塞缪尔·P.亨廷顿认为，"所谓制度，即稳定的、受到尊重的和不断重现的行为模式，而制度化是组织与程序获得价值和稳定性的过程"[1]。一个组织的制度化水平越高，它的生命力和能力也就越强。

（五）手段：从单一的行政控制到多元的治理方式

国家是把冲突保持在"秩序"范围内的主要力量。但国家保持"秩序"的手段可以是多种多样的，既包括经济的、政治的、文化的、社会的，也包括和平的和专政的方式。多元的利益主体，多元的利益诉求，要求控制手段也要多元，借助于公共管理理论，应该采用经济、政治、法律、道德等多种方式综合并用的治理方式，从过多地运用行政权力，运用刚性的、一元的社会整合方式，转变为民主的、多元的整合方式。

三　构建矛盾化解机制的主要途径

构建一个完整的社会矛盾调节机制，就能够使社会面临不和谐因素时，自发地发现影响社会和谐的因素，并发挥调节、矫治的作用，有效地整合社会各部分及各种力量，使社会结构获得平衡，使社会运行在良性状态下进行。从当前的实际出发，建立和健全社会矛盾调节机制，要从以下

---

① ［美］塞缪尔·P.亨廷顿：《变革社会中的政治秩序》，李盛平等译，华夏出版社1988年版，第12页。

几个方面着手：

（一）创新社会利益整合机制

用法律、政治、行政、社会等多种途径来实现社会利益的表达和协商对话，以协调各个相关利益主体的特殊利益和价值观念，公平分配社会利益和配置社会价值。

（二）创新社会管理机制

把加强社会建设和管理同推进经济社会协调发展、同群众多样化的生活需要、同推进基层民主建设、同增强政府执政能力紧密结合起来，努力建立与经济、政治、文化体制相适应的社会体制。创新具有内源性、高能性、合作性、整合性的社会管理机制。

（三）创新社会矛盾调解的政府公共机制

创新社会矛盾调解的政府公共机制主要包括政府的公共政策机制、收入分配机制、福利国家机制。（1）运用公共政策机制调节社会矛盾；（2）运用收入分配机制调节社会矛盾，完善收入分配政策，对不公平的收入分配实施再分配；（3）运用福利国家机制调节社会矛盾，为社会稳定和社会安全提供完善的社会保障和社会福利。

（四）创新权利救济与纠纷解决机制

建立健全以司法为核心的多元化的权利救济与纠纷解决机制，满足社会主体的多样需求，维护正常的法治秩序，保证社会和谐和稳定发展。（1）通过民主程序建立合理的法律和各种制度，调节利益冲突，保证社会分配的公平，预防和减少纠纷的发生；（2）合理配置纠纷解决资源，建立司法和非诉讼纠纷解决机制，为当事人提供各种便利和帮助，使纠纷在发生后能够及时得到妥善解决；（3）制定相关的法律，并授权地方政府、权力机关和社会组织酌情制定具体的规则和制度，实现纠纷解决机制的多元化和合理化。鼓励民众合理选择纠纷解决途径，规范相关程序，保证纠纷解决制度独立公正地进行；（4）在突发事件、群体事件和公共安全事件发生时，及时采用应急措施稳定社会秩序、对受害人提供直接救助，并在事后启动责任追究机制。

（五）创新社会矛盾化解工作机制

1. 建立、健全灵敏有效的社会矛盾预警机制

在社会矛盾处于潜伏时期，能够及时察觉、预告有关迹象，并予以恰当处置，努力掌握矛盾调节的主动权。

2. 健全完善社会治安防控机制

加强农村社会治安防控机制建设，加强城镇社区治安防控机制建设，抓好公共场所的治安防范机制建设，加强情报信息工作，强化隐蔽战线斗争，做好矛盾纠纷排查协调处理工作，妥善处置群体性事件，加强法制建设，推进依法治理，把握正确的舆论导向，提供强大的舆论支持，落实领导工作责任，提供物质技术支持。

3. 健全完善人员调解机制

发展多种形式的人民调解组织，拓宽人民调解的工作范围，规范人民调解委员会的工作，依法确认人民调解协议的法律效力，提高人民调解员的素质，加强人民法院对人民调解委员会的指导。

4. 健全社会心理调节机制

加强精神文明建设，营造健康的、积极的社会心理氛围。健全信息传播机制；建立起政府与社会公众之间的信任机制；建立有效的社会心理支持系统，特别是要加强对社会弱势群体的精神慰藉和心理帮助。

5. 健全社会矛盾调节的应急机制

调动整个社会力量，提高应急效率，发挥公民社会组织在应急中的重要作用，把常态管理与应急处置有机地结合起来，高度重视社会"安全阀"系统的建设，坚持做好深入细致的思想政治工作，综合灵活地运用各种手段。

6. 健全社会矛盾调节的监督、考核和追究机制

确实加强领导，明确职能和职责，加强全程实时监控，形成科学的绩效考核指标体系，完善事后调查分析制度，健全责任追究制度。[①]

第五节　利益协调

利益关系是社会的核心问题，人类发展史实际上就是一部关于利益问题解决的发展和演进史。无论中国传统经济理论、马克思主义经济学还是西方经济学都蕴含着非常丰富的利益协调机制思想。《益》☰利益协调是控制社会发展的操作手柄。

[①]　靳江好、王郅强：《和谐社会建设与社会矛盾调节机制研究》，人民出版社 2008 年版，第 7 页。

一　利益不协调是世界不和谐因素产生的根源

古今中外，所有国际冲突无一不是因利益而起。利益不协调导致社会种族、阶层与群体利益分化严重，利益主体异质化、利益需求多元化、利益获取途径多样化、利益差距扩大化、利益冲突公开化导致当前社会主体利益分化加剧，社会不和谐因素大量滋生。如果某一阶层或群体的成员感到他们的利益长期受损，这将会增强他们对现实社会的不满情绪，进而引发社会矛盾和冲突。

二　和谐社会利益协调机制的基本原则

（一）公平与效率相组合的原则

构建和谐社会利益协调机制必须坚持公平与效率相组合的原则，要把握适配性、适时性和适度性，在不同时期选择不同的组合模式：（1）当基尼系数合理、经济社会发展阶段处于初创期、社会公平心理正常、政府行为适当、层次差异较小时选择效率主导下公平基准型组合模式；（2）当基尼系数较为合理、经济社会发展处于转型阶段、社会公平心理较为正常、政府行为适中、层次差异较明显时选择公平与效率互动型组合模式；（3）当基尼系数不合理、经济社会发展落后、社会公平心理不正常、政府行为失当、层次差异很大时选择公平主导下效率基准型组合模式。

（二）利己与利他相统一的原则

构建和谐社会利益协调机制必须坚持利己与利他相统一的原则。从提高市场经济运行效率的角度出发，培育具有合法追求自我利益动机的"经济人"；从维护市场经济运行秩序的角度出发，需要培育具有社会公正和法制意识的"经济人"；从实现社会良性运行的角度出发，需要培育具有同情心和仁爱精神的"经济人"；从促进微观经济组织和谐的角度出发，需要培育具有良好的社会责任的"经济人"。

（三）动态推进与统筹兼顾的原则

构建和谐社会利益协调机制还必须坚持动态推进与统筹兼顾的原则。如在中国，在第一阶段，应主要由中央政府、地方政府出面，采取法律保护、经济补偿、行政干预等手段，优先解决好在土地征收征用、库区移民搬迁、城市建设拆迁、企业重组改制和破产中事关群众生存的切身利益问题，保护好弱势群体的生存权，使社会矛盾和冲突化解在基层；在第二阶段，应以中央、地方政府，国有、私营企业、各部委、机关为主体，采取有效的转移支付和投资倾斜，并通过培育工会组织、加强法律维护等手段，统筹好城乡、区域发展，发展好教育、卫生事业，处理好劳资关系，解决好事关人们发展权的问题，使人们生活更加富裕，公共资源供给更加充足，社会关系更加美满和谐；在第三阶段，应以人大机关、司法机关为主体，新闻媒体和相关群体为配合，运用司法监督、舆论监督、组织监督、社会监督等手段，健全法制体系、加强人们的民主操练、培养社会主义的理想信念、营造蓬勃向上的创新环境，从而确保人民当家做主的地位得到落实，社会公平正义等到维护，创新活力得到激发，优秀文化得到弘扬。

三　和谐社会利益协调机制的模式构建

构建和谐社会利益协调机制，我们应该遵循"双重四位一体"的模式。所谓"双重四位一体"，就是指从利益的形态进行划分，可以把当前和谐社会的利益协调机制区分为经济利益协调机制、政治利益协调机制、文化利益协调机制、社会利益协调机制；从机制的类型来看，和谐社会的利益协调机制又可细分为利益激励机制、利益表达机制、利益规范机制、利益补偿机制。把四大利益与四大机制耦合起来，构建和谐社会的经济利益协调机制主要靠利益激励机制来实现，辅之必要的利益规范机制和利益补偿机制；构建和谐社会的政治利益协调机制主要靠利益表达机制来实现，辅之必要的利益补偿机制和利益规范机制；构建和谐社会的文化利益协调机制主要靠利益激励规范来实现，辅之必要的利益表达机制和利益补偿机制；构建和谐社会的社会利益协调机制主要靠利益补偿机制来实现，辅之必要的利益规范机制和利益表达机制。

四　和谐社会利益协调机制实施主体、操作工具和作用客体

"双重四位一体"的社会主义和谐社会利益协调机制的构建，涉及谁来构建、如何构建、构建什么、构建目标四个方面，这四个方面其实分别对应着利益协调机制的实施主体、操作工具、作用客体和最终目标。所以，"双重四位一体"社会主义和谐社会利益协调机制的构建过程也是指实施主体运用一系列政策工具，作用于不同种类的利益载体，从而达到社

会和谐的最终目标的过程。其中的实施主体包括政府、组织和公众三者，操作工具分为政府协调、组织协调、道德协调三类，作用客体囊括经济利益、政治利益、文化利益、社会利益四个方面，最终目标涵盖收入分配、经济活力、利益表达、精神文化四个领域；各主体、工具、客体、目标之间构成一种动态的配合与传导机制。[①]

第六节 中介

文化整合后形成的和谐文化是实现和谐世界的条件。文化融合是实现和谐社会的关键，也是文化多样性向和谐世界演进的中介。

文化整合除了包含前述的和谐世界为德、核心价值普世化为魂、文化内核为基因、民族文化为根、本土文化为体、外来文化为用、世情文化为鉴、国情文化为据、矛盾化解为酶、利益调整为柄等要素外，还包括其价值目标、社会功能和实践原则。

一 价值目标

文化融合是一定价值目标的实现过程。价值是一个主客体关系范畴，主要反映客体对主体的功用和意义。而价值目标是指主体为实现某种目的或达到某种社会效果，对客体所进行的价值选择和理想设计。作为和谐社会的精神基础，文化融合总是体现一定的价值观念，并为一定的实践活动服务，指向一定的价值目标。文化融合的价值目标是人们在建设文化融合过程中，对客体的价值判断与价值选择，它主要是关于文化融合的根本价值属性的定型与定位，其所涉及的基本问题是主体如何对待自然、自身、他人、社会等的关系问题。

（一）天人融合

天人融合是文化融合首要的价值目标，是人们认识和处理人与自然关系即生态关系的一种和谐的模式和价值取向，是人类生存与发展的前提与基础，决定着人类社会的前途和命运。

---

① 蒋永穆：《社会主义和谐社会的利益协调机制研究》，经济科学出版社 2011 年版。

1. 天人融合的内涵

"天"在传统文化中具有双重含义：一是指皇权或上帝；二是指宇宙自然。这里所说的"天"仅仅取后者，天人融合主要反映的就是自然与人之间的和谐关系或状态。

人与自然的关系是人类生存与发展的最根本、最基础的关系，然而在中国古代和西方，人们对这一基础性关系的认识并不完全相同。

在中国古代，思想家们多主张"天人合一""天人合类""天人合德""天人无二"等，表达了人们追求天与人协调、和谐一致的精神。

"天人合一"思想"是东方思想的普遍而基本的表述……是代表中国古典哲学的主要基调的思想，是一个非常伟大的、含义异常深远的思想"。这些思想，从不同的视角来看含义是不同的。

（1）在生态学意义上，"天人合一"思想，不仅肯定人是天地自然的产物，而且更强调"以天地万物为一体"。天地万物有一致的本性，因而人应顺应万物的本性，对待自然要宽厚仁爱。（2）在神学、政治学意义上，人们认为在人类和自然之上，还存在一个至高无上、无所不能的存在物，即"天"。"天人合一"在很大程度上表现在君权神授，神权王权的合一上。（3）在经济学意义上，"天人合一"思想主张在发展经济时，应重视自然对生产的作用，尊重自然规律，生产活动都要顺应天时。先哲们认识到自然界有其内在的规律性，不能创造和违背它，《管子·形势》曰："其功顺天者天助也，其功逆天者天违之。天之所助，虽小必大；天之所违，虽成必败。"贾思勰《齐民要术》也记载："顺天时，量地利，则用力少而成功多。"（4）在伦理学意义上，"天人合一"思想主张高扬仁爱之心，兼爱自然万物，把道德理性"天化"成为"天理"，把"三纲五常"特别是忠孝天经地义化。（5）在美学意义上，"天人合一"思想主张人与自然和谐的审美情趣和规范，并把"天人合一"的精神与境界看成审美的最高境界和核心。

在天人关系上，西方思想家从古老的"天人分立""主客二分""人定胜天"逐渐演变为现在的"人与自然协调"的"可持续发展"理念。（1）从古希腊开始，自然成为由"水""火"或原子等自然物质构成的自在世界，与人相分离，并受人的理性的支配。这样，"人生于自然之外并且公平地行使一种对自然界统治权的思想就成了统治西方文明伦理意识的学说的一个突出特征。对控制自然的思想来说，没有比这更为重要的根源了"①。（2）与传统人类中心主义直接相对的是"反人类中心主义"或称为"自然中心主义"，卡拉则认为："人只是这个自然界的一部分，因而自然界的一切存在物与人一样也都充满价值，它们都必须受到人类的尊重。"②（3）与自然中心主义同时出现的还有"新人类中心主义"，主张超越现代技术的控制，克服人与自然的冲突和对立，进而达到天人协调、自由和谐的境界。（4）当代，随着环境、生态等重大问题的日趋严重，人们进一步反思了人与自然的关系问题，一场规模宏大的可持续发展运动席卷了西方以至整个世界，这场运动催生了可持续发展理念。

无论中国古代的"天人合一"思想，抑或是西方"自然中心主义""新人类中心主义"思想，还是当代可持续发展理念，对我们科学理解天人和谐思想的内涵，建立和谐的人与自然的关系，促进生态文明，实现文化融合的价值目标都是大有裨益的。

2. 天人融合的基本原则

自然为人类提供生命的源泉和生存环境，是人类生存与发展至关重要的因素。以科学的和谐理念为指导，吸取中西关于天人关系的思想精华，确立天人和谐的基本原则，是实现文化融合价值目标的前提条件。（1）天人相通，地位平等；（2）厚德载物，合德并进；（3）人善用天，取之有道。

（二）身心融合

社会历史的主体是人，人自身的和谐亦即自我身心的和谐。身心融合不仅是构建文化融合的重要价值目标，而且是其他价值目标的内在基础和条件。

1. 身心融合的内涵

一般来说，在身心关系中，身是指躯体、生理、肉体，心是指心理、意识、精神，身心关系就是指身体和心理、生理与意识、肉体和精神的关系。但从生存本体论的意义上讲，身是指存在、物质、客体，而心是指意识、精神、主体，身心关系就是存在与意识、物质与精神、客体与主体之

---

① ［加拿大］威廉·莱斯：《自然的控制》，岳长龄、李建华译，重庆出版社1993年版，第28页。

② ［德］库尔特·拜尔茨编：《基因伦理学》，马怀琪译，华夏出版社2000年版，第165页。

间的关系。因此，当我们从哲学的深度研究身心关系的时候，它就成为在主体人身上发生的主客之间和内外之间的关系。

2. 身心和谐的基本要求

身心失和，精神分裂，人格扭曲，这已成为危害人类的一种现代"流行病"，重新发掘这些思想资源，把握身心和谐的基本要求，对我们修复身心的裂痕、建立和谐的身心、构建和谐文化，都是大有裨益的。（1）修身为本，正心诚意；（2）坚守中庸，拳拳服膺；（3）治气养性，神为形主。

（三）人我和谐

从不同的范围来看，人我融合具有不同的内容。狭义的人我融合是指人与人之间在社会交往活动中所保持的一种良性合作、和睦相处的关系或状态。广义的人我融合，是指个人、群体、社会、世界等不同层级的人群之间关系的和谐，主要包括狭义的人我和谐、社会和谐与世界和谐。下面将着重从狭义的角度探讨人我和谐。

1. 人我融合的本质

人的本质在于人是一切社会关系的总和，人在社会实践活动过程中离不开个体之间的相互作用，离不开个体之间的信息交流，个体与个体相关联、相交织，便形成各种特定的群体关系或社会关系。这种关系是其他各项关系的基础，在某种程度上又决定着其他关系的本质与社会特征。

人我融合，所反映的是人与人在社会交往中形成的取长补短、求同存异、通力合作的一种和谐有序的状态或关系，是一项重要而复杂的价值目标。从性质上来看，现实的社会实践活动中的人，是具有某种心理和行为特征的社会关系的总和。在追求自己本质力量对象化的过程中，现实人与人之间相互联系、交往合作，成为社会实践活动的主体。人我和谐即体现主体间的一种特定关系，它与异化、对抗、危机、骚动相对立，是自觉客观、多样包容、协作互惠、稳定有序、公正合理的。

2. 人我融合的道德原则

天时不如地利，地利不如人和。建立和维持人我和谐的社会关系，是社会和谐与进步、人类生存与发展的需要，是和谐文化建设的重要价值目标。在构建和谐社会的进程中，民主政治建设、法制建设、道德建设等都有助于引导和规范社会行为，促进人我和谐。但道德作为调控人我关系的基本规范之一，是一种主要靠自身自觉来指导与约束更高层的力量。在建立与维持人我和谐方面，以道德躬行实践，人我和谐的关系将更为巩固与深入人心。这里侧重论述人我和谐的基本道德原则，主要内容包括（1）宽厚、贵和；（2）仁爱、诚信；（3）礼让、谦恭。

（四）社会融合

作为社会主体之间的人我融合，扩展开来就是社会系统整体和谐。建设美好社会，实现社会和谐，是人类始终追求的社会理想，也是和谐文化建设的重要价值目标。

1. 社会融合内涵

社会融合具有整体性、自调性、自觉性等特征。首先，社会是由多种元素组成的有机整体。建基于生产力基础上的各种因素，如经济、政治、文化、社会、生态等相互联系、相互依存、相互渗透、有机结合，便构成一个有机的整体，社会才能获得整体性的发展。其次，社会和谐离不开社会有机体自调与控制。同生物有机体一样，社会有机体总是不断地调整和控制着自己内部、自己与环境之间的各种关系，从而使社会按一定秩序组织起来。再次，社会和谐是在社会主体自觉状态下形成的。作为一个高级的有机系统，社会的自组织、自调节过程是被社会主体自我意识到了的，并能通过自觉的形式，如各种社会制度、社会规范等对其进行约束、协调，从而使社会整体和谐。

2. 社会和谐的原则要求

作为和谐文化的重要价值目标，社会和谐是一种动态的平衡，它直观地表现为社会系统各要素按一定秩序和谐组合在一起有序运转不断变动的综合状态，静止量化的指标体系很难对其进行准确的定位。只有遵循社会进步与和谐发展的特有规律，从多个视角出发，才能逐渐厘清社会和谐的原则和要求。社会和谐的原则要求主要内容应包括：（1）民主与法治；（2）民富与国强；（3）修身与教化；（4）变革与创新。

二　社会功能

社会功能也就是社会价值和效用。对特定的事物来说，社会功能是其存在与发展的依据和意义。作为构建和谐世界的内在核心要素，文化融合具有重要的社会功能。在构建和谐世界的进程中，文化融合主要具有价值导向、实践规范、精神整合、素质培育、思维塑造等社会功能。

（一）价值导向功能

价值是反映主体与客体之间关系的一种范畴，包括客体对主体需要的满足和主体在客观条件下对客体的实际占有与同化程度。客体满足主体需要的程度，直接影响到主体对特定价值的认同和选择。在光辉的价值领域内，价值导向就如同茫茫大海之中的航标或灯塔，为人们照亮通向价值之路的正确路径。

以文化融合作为价值导向，简单地说，就是以和谐的理念作为人们对客观事物和自身价值认识、判断、评价和实践的原则或准则，它对人们的思想、道德、心理、行为等具有导向功能和调节作用。文化融合作为一种稳定的价值导向和价值体系，首先深刻地影响着文化主体的各种价值观念，包括道德价值观、人生价值观、社会价值观、经济价值观、金钱价值观、文化价值观等，这些观念既相辅相成，又能相互制约，反映了人们心理需要与社会发展的基本趋向，是人们具体实践行为的前提。其次，在实践活动中，文化融合能够引导人们把相关事物作为一个和谐的系统整体来看待，无论在处理人与自然的关系问题上，还是在处理人与他人、人与社会、人与自我的关系问题上，和谐都成为人们追求的首要目标，统摄着人们实践活动的具体行为，从而使自然、社会、人呈现一种和谐的氛围和较强的整体效应，促进环境的协调、社会的进步与人的全面发展。最后，文化融合的价值导向功能还表现在它对人们实践活动的反馈调节方面。在文化融合实践过程中，文化融合的主客体之间的作用是一种双向交流与反馈的动态过程，其反馈主要包括两个方面的内容：一是文化融合主体有目的、有意识地收集文化融合客体的相关信息、状态等的过程，这是文化融合主体反馈信息的主动行为；二是文化融合客体将自身的发展状况、发展阶段等情况"反映"给文化融合主体，这是文化融合主体反馈信息的被动行为。但是无论是何种方式或渠道的信息反馈，都受制于和谐的目的和要求。因此，根据反馈的信息与和谐的目标，采取相应措施，对文化融合实践活动的主体、客体、介体、环境等进行直接和间接调节，就成为文化融合实践不可或缺的一个基本环节。总体来说，以文化融合为价值导向，既是动态掌握和控制人们的思想与行为、实现和谐目标的重要前提与措施，也是提高文化融合实践能力的必然要求和重要途径。

（二）实践规范功能

文化融合的实践规范功能就是文化融合主体对实践活动的规定和范导

作用。具体而言，实践活动是主体在一定的价值取向、思想观念指导下的有目的、有意识、有计划的自我规范活动，是遵循一定实践规范的自我实现活动。而实践规范是对实践主体现实的实践活动产生影响、制约、范导效应的政治、法律、风俗习惯、道德观念、纪律、艺术、宗教、哲学等思想观念及其表现形式。

文化融合对实践的规范功能，从横向来看主要表现在四个方面。（1）文化融合对实践主体的规范；（2）文化融合对实践客体的规范；（3）文化融合对实践中介的规范；（4）和谐文化对环境的规范。

从纵向来看，文化融合对人们实践活动的规范功能主要表现在对实践的目的、过程和结果三个方面。

（三）精神整合功能

精神整合，就是以一种整体的道德理想、价值观念和精神力量来影响社会成员的精神世界，协调人们的心理状态，形成广泛的精神认同，从而建构有序的社会精神秩序。

在构建和谐社会中，对人的精神世界进行整合必不可少。人的精神世界只有经过整合，才能奠定坚强的精神基础，促进整个国家和民族的和谐与进步。

精神整合主要是通过多样文化的融合来实现的。

文化融合实现其精神整合的功能，需要着重处理好以下关系：首先，心理状态与外部环境的一致。文化融合的精神整合是一个动态的发展过程。在这一过程中，它会受到两大基本因素的制约和影响：一是外部环境；二是心理状态。文化融合的精神整合，就是要以和谐文化的理念为核心平衡这两大基本因素，让主体心理与外部环境之间进行不间断的信息交流，从而使人的精神世界得以科学整合。其次，"一元"导向与"多元"取向的协调。所以在处理"一元"与"多元"关系时，应以社会主义核心价值为导向，尊重社会成员的精神多样性，使其达到有机统一，形成精神合力。最后，目标精神与群众利益相结合。文化融合发挥其精神整合的功能，在精神上一定会存在特定的目标，即目标精神。目标精神能否发挥有效的整合作用，关键在于这个目标本身是否具有吸引力和感召力，是否真正代表广大人民群众的根本利益。只有当目标精神与群众利益相一致时，它才能发挥激励和导向作用，人们的思想和精神才能自觉与其保持协调。

（四）素质培育功能

人的素质的提高和全面自由发展是构建和谐世界的目的和要求，也是建设和谐文化的前提和结果。一般来说，人的素质在总体上可以分为思想道德素质、科学文化素质和健康素质，因而培育人的素质就是要促进思想道德素质、科学文化素质和健康素质的全面提高与共同发展。文化融合作为一种特定的观念体系，对这三方面素质的培育都起着重要的作用。

1. 思想道德素质的培育

文化融合可以帮助人们确立正确的政治方向、树立科学的思想观念与形成和谐的道德风尚。首先，政治思想集中体现了文化融合建设的性质和方向，其中政治理想、信念、立场、观点、态度等居于主导地位，是思想和行为的精神支柱。其次，在现代社会，人们要充分发展，不仅要有正确的政治方向，还必须具有现代的思想观念。再次，作为社会意识形态之一，道德是人们共同生活及其行为的准则和规范，它贯穿于社会生活的各个方面，如社会公德、职业道德、家庭美德等，其主要依靠社会舆论、传统习俗和人的内心信念的力量来调整和约束人们之间相互关系和个人行为，从而调节社会关系，对社会生活的正常秩序起保障作用。

2. 科学文化素质的培育

文化融合的发展有助于提高人们的文化知识和教育水平。现代社会，人们对科学知识的要求越来越高，文化融合作为一种重要的教育因素，在和谐社会建构中可以发挥积极的扶持作用。一方面，文化融合可以直接为社会提供文化产品。建设和谐文化，就需要创造更多的符合和谐要求、倡导和谐精神的文化产品，以满足人们日益增长的精神文化需要。另一方面，文化融合为社会提供更多的教育形式。文化融合的思想内容除了以说理的、抽象的方式直接表达出来外，还广泛蕴含于生动的艺术形象之中，以喜闻乐见的形式潜移默化地表现出来，如水中盐，蜜中花，无痕却有味，润物细无声。融合文化以这种间接的方式对人们的启发和教育，让人们不是被动地接受耳提面命，而是不由自主地内化于心、外化于行。这种根植于人们心灵深处的文化融合对和谐社会的建设将起到巨大的精神支撑作用。

3. 健康素质的培育

文化融合有助于人的生理和心理全面协调发展。从总体来看，人的健康素质主要包括身体素质和心理素质两方面，人的身体和心理健康协调发展，对个人而言，是一个人德、智、体全面发展的基础；对社会而言，它又是社会生产力的基础，是经济和社会可持续发展的重要保障，是文化融合建设的重要内容。

（五）思维塑造功能

构建和谐世界，我们应以会通融合为中介，善于运用和谐思维方式分析问题和解决矛盾。所谓和谐思维方式，是指从和谐的视域出发，以和谐为基本原则和价值取向，揭示和谐性、平衡性、协调性、有序性、互补性在事物发展中的作用，并以追求事物和谐发展为目的的一种思维方式或思维模式。

融合思维方式的基本特征为：（1）系统和生性。"和实生物，同则不继。"（《国语·郑语》）（2）差异和合性。融合是在差异和对立中存在的，也是在差异和对立中发展的。《国语·郑语》曰："以他平他谓之和，故能丰长而物归之。若以同裨同，尽乃弃矣。"（3）主辅序级性。任何一个事物，就其内部的阴阳对立面来说，它必然呈现"乾阳为主、阴坤为辅"的等差层级状态，这是事物有序和谐的结构特征。（4）生生平衡性。《周易·系辞上》："生生之谓易。"《管子·内业》："不和不生。"

从方法论的角度来看，融合思维方式是和谐文化的深层内核。因此，建设和谐文化，关键是要更新思想观念，转变思维方式，使崇尚和谐、维护和谐的理念和原则深入人心，并内化为人们的思维方式和行为习惯。（1）用和谐的思想认识事物；（2）用和谐的态度对待问题；（3）用和谐的方式处理矛盾；（4）用和谐的尺度评判实践。

三　实践理念原则

文化融合实践理念的过程，既反映文化主体对外部对象客体尺度的把握，又反映文化融合主体对自我内在尺度的把握。文化融合实践理念虽然反映的内容是客观的，但从本质上讲，它仍然属于主体的观念表征，因而又是主观的。所以建构文化融合的实践理念，就是科学把握和谐文化对人们实践活动予以规范、制约、引导的观念和原则问题。

（一）人本为先

构建和谐世界的进程中，随着人们对人的主体性地位和作用日益突出的理性思考，以人为本逐渐成为了社会发展的本质与核心。建设和谐文化，就必须坚持以人为本的思想理念和实践原则。以人为本与文化融合实践和谐社会中的"以人为本"是基于和谐的文化本体而言的。文化是人的根本，如果人没有了文化，以人为本的思想和原则都将是虚假的。马克思曾指出："人不是抽象的蛰居于世界之外的存在物。人就是人的世界，就是国家，社会。"这就是说，人不能离开人所创造的文化世界而存在，就犹如鱼不能离开水而生存一样。在和谐社会下，以人为本与文化融合实践是统一的，一方面，和谐文化是人得以立足的根本，对人的全面自由发展起着重要的作用；另一方面，以人为本的思想原则又促进了和谐文化的繁荣，推进了人类的文明进步。

（二）公平正义

公平正义是构建和谐社会的一个基本条件，也是和谐文化的重要实践原则之一。《中共中央关于构建社会主义和谐社会若干重大问题的决定》中指出："社会公平正义是社会和谐的基本条件，制度是社会公平正义的根本保证。"要实现公平正义，促进社会和谐，必须对社会公正的基本内涵有一个科学的理解，并将其贯彻到文化融合的实践当中去。在文化融合的实践过程中，公平正义作为一项重要的实践理念制约着社会成员的具体权利和义务，是人、自然、社会之间关系和谐的前提和保障，也是社会和谐的重要构成要素及其基本条件。

（三）诚实守信

诚实守信是文化融合实践理念的重要原则，体现了人的一种理性责任，并维系着人、自然、社会间的良性互动关系，是和谐社会正常运行的基石。诚实守信是和谐社会的文化底蕴。在文化融合实践中，诚实守信从观念到实践理念再到实践行为，构成了一个有着丰富内在机理的社会诚信体系。它可以调整人、自然、社会的现实关系，有利于建立与维护和谐的社会秩序，让全社会拥有普遍的认同，并形成相互信任的纽带。

（四）共建共享

从过程到目标、从原则到方法，共建共享思想贯穿于构建和谐世界的始终，为文化融合实践指明了道路、方向、方法和途径，符合党的根本宗旨和人民群众的共同愿望。当前，在文化融合实践和具体建设中，我们应着重解决以下方面的问题，真正做到在共建中共享，在共享中共建。①

---

① 韩美群：《和谐文化论》，中国社会科学出版社 2010 年版，第 172—175、198—247 页。

第七节　经济结构整合

经济结构整合是要素关系组合的总体特征，以八卦小成图的中宫表示。中宫卦是用归藏法求的。

一　农业经济结构整合

农业经济主卦与次卦均为䷝，其结构整合的小成归藏如图 8—1 所示。

☱	☲	☱
☲	☷	☲
☴	☲	☴

天医	文曲	天医
文曲	辅弼	文曲
廉贞	文曲	廉贞

图 8—1　农业经济结构整合

（一）整合以土地为中心

农业经济结构小成图归藏中宫为坤☷，☷为土地，为农业经济结构整合的总体特征。农业经济结构整合是以土地为中心而展开的。

1. 土地是农村资源的载体

农业作物、林业树木、牧业牲畜、渔业鱼虾等一切生物都是在土地上繁衍生殖的，土地是自然资源的载体；人文资源和人类活动都是在土地上开展的，土地也是社会资源的载体。

2. 土地制度是基本的经济制度

土地是农民基本的生产资料和家庭社会福利保障。生产资料所有制是社会制度的根本，社会福利保障是社会制度的基本。土地制度是社会经济制度的核心。

3. 围绕土地稀缺资源的替代配置关系是生产力的本质

生产力本质由最稀缺资源被替代的配置结构状态决定。在传统农业发展阶段，土地为最稀缺资源，为替代稀缺土地而形成的资源配置结构是传统农业生产力的本质；在现代工业发展阶段，资本为最稀缺资源，为替代稀缺资本而形成的资源配置结构是现代工业生产力的本质；在知识经济发展阶段，知识为最稀缺资源，为替代稀缺知识而形成的资源配置结构是知识社会生产力的本质。在工业化城市化未完成的发展国家农村，土地仍是最稀缺资源，由最稀缺资源被替代的配置结构状态决定生产力的本质。

（二）整合从信息服务开始

做事先易后难。农业经济结构整合也该如此。小成图归藏，巽宫为天医，艮宫与乾均落宫☳为元吉，因此农业经济结构整合应从信息服务开始。农民在生产前，急需有关科技和市场信息。

（三）组织是整合的重要力量

巽宫与坤宫落宫为☵，☵为组织。小成图归藏，乾宫为廉贞，乾宫落宫为元吉。廉贞为有形无形的影响因素。在农业经济结构整合中，组织发挥着重要作用。如果有形的正式组织不发挥作用，无形的非正式组织必然填补其空白，但发挥不全是正能量的作用。

（四）劳动、文化、计划、流通整合难度依次增加

小成图归藏，文曲分别出现在震宫、兑宫、离宫和坎宫，而各宫的状态分别为亨、利、悔与厉。整合遇到限制影响由小到大分别为劳动力、制度文化、经济计划、流通领域等。

劳动力整合比较容易，是因为劳动力不仅是被整合的对象，而且是整合的主体，有独立的思维决策能力，整合较土地和规定资产流动性高，阻力小。

制度是人们长期社会经济实践创造形成的行为规则，文化是指一个国家或民族的历史、地理、风土人情、传统习俗、生活方式、文学艺术、行为规范、思维方式、价值观念等。制度文化是人类之间进行交流的普遍认可的一种能够传承的意识形态，不同民族、地域、群落差异显著，整合较难。

经济计划专业技术性很强，整合较难。

（五）收入分配整合是关键

小成图归藏，坤宫现天医，但其落宫☵状态为吝，说明收入分配整合不易。收入分配与经济目标共同富裕有关，报酬分配制度又是经济制度的重要组成部分，而且报酬是经济动力之一。因此收入分配整合是经济发展的关键。

二　工业经济结构整合

工业经济主次卦为 ䷒，其结构整合的小成归藏如图 8—2 所示。

䷲	䷢	䷆	延年	文曲	禄存
䷗	䷗	䷆	破军	生气	禄存
䷖	䷗	䷆	廉贞	辅弼	破军

图 8—2　工业经济结构整合

工业经济结构整合与农业经济结构整合相当。工业与农业小成归藏九宫都有三宫为顺利。

（一）整合以资本为中心

工业经济结构小成图归藏中宫是艮，䷆为资本，震宫与乾宫同时落䷆为信息，为工业经济结构整合的总体特征。工业经济结构整合是以资本为中心，通过信息产业而展开的。

巽宫现延年，说明信息化的经久性。信息是对客观世界中各种事物的运动状态和变化的反映，是客观事物之间相互联系和相互作用的表征，表现的是客观事物运动状态和变化的实质内容。信息技术作为先进生产力的代表，深刻地影响着经济结构与经济效益。

信息产业是依靠新的信息技术和信息处理的创新手段，制造和提供信息产品、信息服务的生产活动的组合，是以计算机和通信设备行业为主体的 IT 产业，又称为"第四产业"，包括电信、电话、印刷、出版、新闻、广播、电视等传统的信息部门和新兴的电子计算机、激光、光导纤维、通信卫星等信息部门。主要以电子计算机为基础，从事信息的生产、传递、储存、加工和处理。

（二）整合从产业规划开始

整合在于规划。兑宫见䷢，䷢为规划。小成图归藏，离宫为文曲，离宫落宫☱为亨。因此工业经济结构整合应从产业规划开始。要制定正确的产业政策,合理配置资源,支持新兴产业,淘汰落后产能,建立企业进退机制,优化产业结构。

（三）充分发挥固定资产投资与企业制度文化的优势

小成图归藏,中宫为艮,艮宫落宫廉贞为元吉,兑宫落宫为利。要充分发挥固定资产投资与企业制度文化的优势。固定资产投资是工业发展的基础,企业制度文化是生产力黏合剂,一硬一软,刚柔兼备,促进工业逐渐强大。

（四）巩固发展动力

小成图归藏,破军分别出现在震宫与乾宫,而震宫与乾宫落宫为元吉。震宫是系统动力,又指劳动力,劳动积极性构成经济动力。

坤宫是收入,收入分配是原始动力结构。

（五）流通整合需要重点关注

小成图归藏,坎宫现辅弼,坎宫落宫为利。坎宫为流通领域,这是工业经济结构中较敏感的环节。发展滞后,影响融投资、要素流动、产品运输、商品交换与消费等;发展超前,特别是虚拟经济发展过度,则可能诱发金融危机。

三　物流业经济结构整合

物流业经济主次卦为☷☴,其结构整合的小成归藏如图8—3所示。

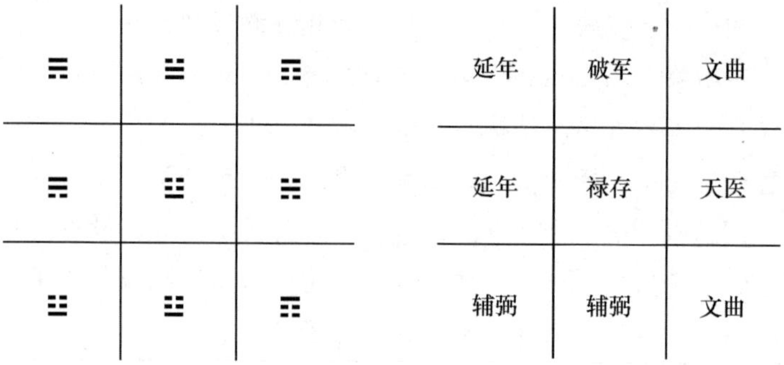

☷	☶	☱	延年	破军	文曲
☳	☶	☵	延年	禄存	天医
☶	☶	☴	辅弼	辅弼	文曲

图8—3　物流业经济结构整合

物流业经济结构整合比工农业经济结构整合容易。物流业小成归藏八宫有五宫为顺利,而工农业有三宫为顺利。

（一）整合以车运为中心

物流业经济结构小成图归藏中宫为☶为车运，震宫和巽宫为☴巽，☶为信息，为诚信，为物流业经济结构整合的总体特征。物流业经济结构整合是以车运为中心，通过信息与诚信而展开的。

诚信为物流业务营运之魂。用户与物流营运商签订合约时，都会期望对方信守合约。诚信更是各种商业活动的最佳竞争手段，是市场经济的灵魂，是企业家的一张真正的"金质名片"。商人认为，诚信是一种工具，而信用就是金钱。

信用是一种经济资源。信用是一种能为人们带来物质财富的精神资源。所以，在市场经济中，必须充分发挥这种无形资产的社会功能。德国社会学家马克斯·韦伯（Max Weber）指出伦理道德对社会经济的发展，是一种重要的"支持性资源"。

中华民族是最讲诚信的民族。认为诚信对自我修养、齐家、交友、营商以至为政，都是一种不可缺少的美德。人若不讲诚信，就会造成社会秩序混乱，彼此无信任感，后患无穷。正如《吕氏春秋·贵信》篇所说，如果君臣不讲信用，则百姓诽谤朝廷、国家不得安宁；做官不讲信用，则少不怕长，贵贱相轻；赏罚无信，则人民轻易犯法，难以施令；交友不讲信用，则互相怨恨，不能相亲；百工无信，则手工产品质量粗糙，以次充好，丹漆染色也不正。诚信是为人之道，是立身处世之本。

1. 诚信为立人之本

子曰："人而无信，不知其可。"认为人若不讲信用，在社会上就无立足之地，什么事情也做不成。

2. 诚信为齐家之道

唐代著名大臣魏徵说："夫妇有恩矣，不诚则离。"只要夫妻、父子和兄弟之间以诚相待，诚实守信，就能和睦相处，达到家和万事兴的目的。若家人彼此缺乏诚信、互不信任，家庭便会逐渐四分五裂。

3. 诚信为交友之基

只有"与朋友交，言而有信"，才能达到"朋友信之"，推心置腹、无私帮助的目的。否则，朋友之间充满虚伪、欺骗，就绝不会有真正的朋友，朋友是建立在诚信的基础上。

4. 诚信为政之法

《左传》云："信，国之宝也。"指出诚信是治国的根本法宝。孔子在足食、足兵、民信三者中，宁肯去兵、去食，也要坚持保留民信。因为孔子认为"民无信不立"，如果人民不信"自古驱民在信诚，一言为重百金轻"。

5. 诚信为心灵良药

古语云："反身而诚，乐莫大焉。"只有做到真诚无伪，才可使内心无愧，坦然宁静，给人带来最大的精神快乐，是人们安慰心灵的良药。

（二）整合从车辆营运开始

易者先行。物流业经济结构整合从最易处开始。小成图归藏，延年在震宫和巽宫，坎宫落☵为利，震宫为元吉，落宫巽为进出。只要车辆、飞机、轮船等运输工具完好，进出自如，就可以以此开始整合，带动全局。

（三）制度组织创新是整合的生命力

小成图归藏，兑宫为天医，落宫为贞。制度组织创新是物流业经济结构整合的生命力。物流营运，重在组织。随着现代信息网络技术的快速发展，网络交易猛增，各种物流网络组织大量涌现，交易规则频繁变更，物流业组织形式不断创新，促进了物流业快速发展。

（四）规划与调度为整合之难

小成图归藏，破军出现在离宫，离宫的状态为咎。随着物流量的急剧增加，规划与调度整合成为难题。规划无限空间是难题，调度海量运力更棘手。

（五）收入分配是整合的关键

小成图归藏，坤宫现文曲，落宫为厉。说明收入分配整合较难，收入分配主要依靠市场机制而实现，但由于市场失灵，收入分配均衡及公正和公平，还必须以政府和组织予以补充。报酬是经济动力结构组成之一，收入分配整合是物流经济发展的关键。

（六）基础设施建设是物流业发展之重

小成图归藏，艮宫现辅弼，落宫为悔，说明基础设施建设是物流业发展之重。基础设施对物流业的重要性是毫无疑问的，因此受到了各界的重视，但由于其投资大，建设期长，相对于高速增长的社会需求，往往显得滞后。无论如何强调基础设施建设也不为过。

第八节　合纵连横持续创新

文化融合创新实现世界和谐是全球社会文化发展的趋势。以易学为基因，滋生文化内核后，以核心价值普世化为轴，沿时轴不断吸收新文化科学成分，延伸其纵向结构，同时横向扩展文化学科门类，吸纳交叉文化学科可用要素，融会贯通，推陈出新。

一　法门

（一）"有"与"无"并重

老子《道德经》开章写道："道，可道，非常道；名，可名，非常名；无，名天地之始；有，名万物之母。故常无，欲以观其妙；常有，欲以观其徼。此两者，同出而异名，同谓之玄。玄之又玄，众妙之门……"

世界是物质的，物质存在粒子性和波动性两种状态（同出而异名），当在牛顿力学科学层次观察对象时，物质呈粒子态，它是有形的；有关信息是显性的，我们可以对它定义（可名）用以观其徼（状态、模式、结构、边界、终结、结果）；当在量子力学科学层次观察对象时，物质呈波的性状，它是无形的，有关信息是隐性的，对这种非常状态，我们用以观其妙（趋势、频率、概率、联系、程序、过程）；物质处在常态（有，粒子态），我们可以对其描述、分析和测度（可名），揭示其规律（可道）；物质处于非常态（无，波性态），其机理是一种非常道，我们只能利用现有技术将其隐性信息转换为显性信息，将非常道转换为常道。在这种信息传递、转变、转换（玄之又玄）中，重在把握转换的机制、关键和要领（门）。这种信息转换的法门就是周易八卦。

老子以此章为开端，用了八十一章的篇幅向世人展现其系统的哲学思想，为后世的哲学发展奠定了牢固的基础。老子的哲学理论几乎包容了所有的文化治理范畴。

老子关于"有"与"无"给出了许多命题，它揭示了宇宙的起源，万物的运行，人类实践活动、社会治理等规律。

世界无时无刻不是以有形与无形的方式表现的，人的任何活动，都是体力（有形）和脑力（无形）的整合，文化治理也是有形（法治）和无形（仁治）的结合。立法和司法有形文化不可缺少，但潜移默化无形文化的道德规劝更为重要。历史上众多大师就是从事伦理研究和思想教育的，如老子、庄子、孔子、子思、孟子、许行、墨子、淮南子、董仲舒、扬雄、王尧、韩愈、李翱、王荆公、邵康节、周濂溪、程明道、程伊川、谢上蔡、杨龟山、朱晦庵、陆象山、杨慈湖、王阳明、王夫子、黄宗羲等。现代制度经济学家诺思（诺贝尔奖获得者）也认为，意识形态是降低交易费用的主要方式，是制度的重要组成部分。可见，老子提倡的无形文化方式治理理论（无为而治）在世界文化多样性与和谐世界构建机制中的重要地位。

（二）阴阳平衡

阴阳平衡是生命活力的根本。阴阳互根互用、消长平衡、相互转化是文化发展变化的基本规律。

世界多样性文化融合中的体用与本末是一种阴阳对称关系，阴阳对称关系是宇宙最深层次本质，阴阳对称规律是社会的最根本规律，阴阳对称原理是科学的最基本原理。阴阳对称关系也是文化领域的本质。文化活动的任何一个方面、任何一个过程都存在着阴阳对称关系。其中，主体和客体的阴阳对称关系是基本的对称关系，社会的一切文化活动围绕着这个中心展开。一般文化范式就是阴阳对称的范式。阴阳对称关系也是不同文化体系主动与被动（阳为主动，阴为被动），决定与被决定（阳为决定，阴为被决定）快慢协调（快者为阳，慢者为阴）的关系，但这种关系不是绝对固定的，它们在一定条件下可相互转化。在牛顿力学层面的科学观来看，主客体关系一旦设定是不能改变的，只有纯客观的才是实证的，但在量子力学的科学观看来，主客体不可分，实证在于主客体的统一。因此，文化体系的融合，不是本民族文化吃掉异族文化，而是各民族文化在相互交流中确认共同活动空间，在共生空间内建立一种世界各文化体系共同接受的新范式。

（三）适度操作

凡事都有一个"度"。"过"和"不及"一样，都会给事业带来危害和损失。在世界文化多样性与和谐世界构建中，要科学定位不同文化体系体用与本末、主动与被动、决定与被决定关系各方，准确测定不同文化要素长短、轻重、快慢程度，及时调整其结构比例关系，确保文化多样性在稳定均衡的分殊融合中实现世界和谐。

二　路径

（一）路径依赖

路径依赖是指人们一旦选择了某个体制，由于规模经济（Economies of scale）、学习效应（Learning Effect）、协调效应（Coordination Effect）以及适应性预期（Adaptive Effect）等因素的存在，会导致该体制沿着既定的方向不断得以自我强化。一旦人们做了某种选择，就好比走上了一条不归之路，惯性的力量会使这一选择不断自我强化，并让你轻易走不出去。

融合世界文化多样性与和谐世界构建不必另辟蹊径，在"文化发展"与"和谐社会"有关研究基础上，启动以核心价值普世化为魂、文化内核为基（因）、民族文化为根、本土文化为体、外来文化为用、世情文化为鉴、国情文化为据、合纵连横融合创新的融合世界文化多样性与构建和谐世界机制，补充完善即可。

（二）范式路径

范式是一种理论方法体系，可作为科学领域内获得最广泛共识单位，我们可以用其来寻求世界文化融合体系的共同体或亚共同体。将世界文化与和谐的各种范畴、理论、方法和工具加以比较，求同存异，重新归纳、定义并相互联系起来。

世界文化与和谐社会体系研究对象和研究方向是一致的，可利用范式功能确定界定什么应该被研究、什么问题应该被提出、如何对问题进行质疑以及在解释获得的答案时应遵循什么样的共同规则。

（三）学科路径

世界文化与和谐社会体系融合应从哲学开始。哲学是揭示一般性规律的科学，各个学科都会应用到哲学知识，它是各学科发展的基础。在哲学领域里，世界文化重叠部分最多，同多异少，最易融合，历史上儒、释、道融合首先是从"道"的层次即哲学层次开始的，然后才到"器"的层次，即先理论学科，后应用性学科。

（四）范畴路径

文化融合与否，决定于核心范畴能否和合，融合路径应该首先从核心范畴，然后扩展到基础范畴，再到一般范畴。

历史上儒释道融合就是先从核心范畴仁、理、道开始的，它们适度调整其范畴的外延，以求共有空间，适时调整其范畴的目标和作用，以求方向的一致性和功能的相同性。

其轨迹大致为：第一，比较三者之异同；第二，锁定其核心范畴；第三，调整概念之内涵与外延；第四，在各家概念重叠处建立新范式；第五，在新范式基础上构建新体系；第六，在新体系中吸收消化各家思想。

（五）认知路径

文化融合遵从认知规律，先易后难。融合先从人们最熟悉的领域开始，然后触及不太熟悉的地方，再逐渐深入陌生区域。如在融合经济理论时，我们可以从生产力决定生产关系，经济基础决定上层建筑，上层建筑又反作用于经济基础及生产力等经济关系规律开始，逐步深入经济各个环节。

（六）系统路径

文化融合与和谐社会的构建，应该由点到线，由线到面，由面到体，逐层扩展；在新范式主体论后，将其新理论原理，从系统贯通到结构，以及构成结构的要素之间。

第九章

中国资源利用文化软实力传承发展范例

中国资源利用文化软实力若是优秀的，那必然会传承与发展，历史事实也证明了这一点，中国常平仓就是很好的例证。

五千年农业文明的中国，拥有像常平仓这样灿烂辉煌的文化软实力，后生应十分珍惜并结合当今实际发扬光大，以解决"三农"问题，稳定农业及国民经济。然而，在我们的农业和国民经济稳定理论和政策研究中却充满西方市场经济理念，很少提及常平仓，即使在系统介绍中国农业经济理论与政策的大中专教材中，也不见常平仓的只言片语。但是当我们饥不择食地吸收西方农业及国民经济稳定理论和政策时，有谁会想到，美国农业及国民经济稳定政策与法规的制定者们却直言，他们的理论依据来源于中国古代的常平仓。①

第一节　中国古代常平仓

常平仓（The Constantly Normal Granary or the Ever Normal Granary）是一种稳定农业及国民经济的制度，始于中国古代，随着农业经济发展及历史的演进，常平仓内涵不断扩充。循常平仓历史发展轨迹，我们可以窥见其产生、形成、发展和成熟的全过程。

一　周济之仓

常平仓产生前经过一个漫长的孕育阶段，即自然经济形态中的普通粮

---

① 李超民：《常平仓：美国制度中的中国思想》，上海远东出版社 2002 年版。陈凯：《中国常平仓制度的传承与发展：评〈常平仓：美国制度中的中国思想〉》，《中国农村经济》2005 年专刊。

仓。粮仓具有两个功能：一是为日常消费储存粮食；二是在丰年积蓄余粮供灾年所用。这样为生存所自发调节粮食余缺的行为能应对自然灾害稳定粮食供给。

古代粮仓，一般称贮谷的建筑为仓，贮米的建筑为廪。公元前2000年前，中国就已有仓廪体系的应用记载。《史记·五帝本纪》："尧乃赐舜絺衣，与琴，为筑仓廪，予牛羊。"

有仓廪，就需管理，为此政府专设官职，司其周济之能。《礼记·月令》："季春之月……命有司发仓廪，赐贫穷，振乏绝。"《周礼·地官司徒第二》曰："仓人：掌粟入之藏，辨九谷之物，以待邦用。若谷不足，则止余法用。有余，则藏之，以待凶而颁之。凡国之大事，共道路之谷积，食饮之具。"

二　平抑物价之仓

在商品经济出现以后，生产者与消费者均受市场价格所左右。当农业丰收后，粮食供过于求，价格暴跌，农业生产者破产；而当自然灾害降临，农业大幅减产，粮食供不应求，价格猛涨，消费者无钱购买，饥荒蔓延。西周政府设立的司稼官职，根据农业年成丰歉，决定粮食价格，周济紧急，平抑价格。

《周礼·地官司徒第二》："司稼：掌巡邦野之稼，而辨穜稑之种，周知其名，与其所宜地。以为法而县于邑闾，巡野观稼，以年之上下出敛法。掌均万民之食，而赒其急而平其兴。"

春秋战国时期，商品经济发达，市场繁荣，经济管理思想家大批涌现，其代表人物有管仲、范蠡和李悝等。汉唐经济持续稳定发展，又现桑弘羊和刘晏等经济管理大师。

（一）管仲理论经济学问

齐称霸国相管仲（前719—前645）重商兴农，富国强兵，治国有方。管仲经济管理思想成书为《管子》轻重篇，是经济学的经典。《管子·国蓄》曰："善者委施于民之所不足，操事于民之所有余。夫民有余则轻之，故人君敛之以轻；民不足则重之，故人君散之以重。敛积之以轻，散行之以重，故君必有十倍之利，而财之横可得而平也。"

物价是国民经济问题的中心。管仲认为，优秀的国民经济治理者，应时刻关注市场的供给与需求，并及时调节。当供过于求时，粮食价格

（轻）降低，国家应收购粮食并储备；而当供不应求时，粮食价格（重）上升，国家应将储备的粮食投放市场，平抑物价。这样市场平稳国家收入成倍增加。

（二）范蠡计量经济学问

越复国功臣范蠡（前536—前448）指出价格对商品流通发挥核心作用，建议政府利用平粜政策调节价格变动，以实现农民与市商双赢。《史记·货殖列传》记载为："夫粜，二十病农，九十病末。末病则财不出，农病则草不辟矣。上不过八十，下不减三十，则农末俱利，平粜齐物，关市不乏，治国之道也。"

范蠡指出，粮食价格如果是其生产成本（农户家庭劳力劳动报酬不在其内）的120%就会损害农民，但如果是其生产成本的190%就会损害工商业。如果把粮食价格限制在生产成本的130%—180%的幅度内，则对农业和工商业都有利。如能按照这样的法则管理经济，必然供给与需求平衡，市场稳定繁荣，这是治理国民经济的规律。

（三）李悝管理经济学问

魏强国宰相李悝（前455—前395）也认为米价太贵对消费者不利，米价太贱则对农民有害，他建议行"平粜法"，即控制米价在一个合理的水平。平粜之法为：把好年成分为上、中、下三等，坏年成也分为上、中、下三等。丰收年按年成的丰收情况，国家收购多余的粮食。歉收年则按歉收的程度，国家拿出收购的粮食平价卖出。上等歉收年卖上等丰收年收购的粮食，中等歉收年卖出中等丰收年收购的粮食，下等歉收年卖下等丰收年收购的粮食。《汉书·食货志》记述为：

> 粜甚贵伤民，甚贱伤农。民伤财离散，农伤则国贫。故甚贵与甚贱，其伤一也……是故，善平粜者必谨观岁，有上中下熟；大熟则上粜，三而舍一，中熟则粜二，下熟则粜一，使民适足，贾平则止。小饥则发小熟之所敛，中饥则发中熟之所敛，大饥则发大熟之所敛，而粜之。故虽遇饥馑水旱，粜不贵而民不蔽，取有余以补不足也。行之魏国，国以富强。

（四）桑弘羊财政经济学问

西汉巨资助武帝扩军开疆重臣桑弘羊（前152—前80）从元封元年

（前110）根据管仲和范蠡的思想以及李悝的经验，将政府税收体系的财产税的"均输"与平抑粮价的仓廪体系的"平准"结合进行。

均输。财产税。财产税程序分两部分。（1）算缗。让财主自报财产，按其值10%征税；（2）告缗。如财主不肯如实上报财产，隐瞒、转移等，知情者可告发。被告者，如查证属实，财产全部没收，本人充军一年，被没收财产一半分告发者。由于天下所缴赋税多为实物，边远地区将实物税长途运京，耗资巨大。各郡国诸侯都必须把本地的土特产品作为贡物输送封建中央，这不仅要征用大量农民从事劳役，妨碍农业生产，而且贡物运到京师后按市价售卖，有的还不够偿还转运的脚力钱。这是由于较远郡国交通不便，转运困难，贡品在长途运输中损坏或变质；另外有些贡品在当地为优品，运到京师后与其他地区同类产品比较，则属于劣品，其市场价格更不能抵偿运费。

为了克服这些弊端，桑弘羊创行均输。均输的具体内容是：在各郡国设置均输官吏，令工官造车辆，加强运输力量，各郡国应交的贡品，除特优者仍应直接运送京师外，一般贡品则按当地市场价格，折合成当地丰饶而价廉的土特产品，交给均输官，由他负责运到其他价高地区销售。各地应征的物品只运到邻境，邻境把这些物品接过来，加上自己的，再一起运到邻境的邻境，这样接力一般地运到京师，既可免除各郡国输送贡物入京的烦难，减轻农民的劳役负担，又可避免贡物在运输中损坏和变质，而且保持郡国运输费用均等，故为均输。

平准。《史记·平准书》对此描述为："置平准于京师，都受天下委输。召工官治车诸器，皆仰给大农。大农之诸官尽笼天下之货物，贵即卖之，贱则买之。如此，富商大贾无所牟大利，则反本，而万物不得腾踊。故抑天下物，名曰平准。"

桑弘羊设立大农部丞官数十名，分别掌管各郡国的大农事务，各自又在主要县分设立均输官和盐铁官，命原来商人承揽从该地区向外地贩运的税赋贡品，均由政府互相转输。召雇工官制造车辆等器物，都由大农供给费用。大农所属各个机构全部调运天下的货物，物贵则卖出，贱则买入。这样，富商大贾无从牟取大利，就会反本为农，而所有商品都不会出现价格忽涨忽落的现象。由于天下物品价格都受其管制的缘故，所以称之为"平准"。

桑弘羊财政多被人讥讽，但未加重人民负担而以巨资助汉武帝扩军开疆之历史功绩，莫能抹之，与桑弘羊政见当代相左者司马迁为之刻下了重重一笔，"敛不及民而用度足"。

汉宣帝时大司农中丞耿寿昌，把平准法着重施于粮食的收贮，在一些地区设立了粮仓，收购价格过低的粮食入官，以"利百姓"。当时边疆金城（今甘肃永靖西北）、湟水（今青海湟水两岸）一带，谷每石八钱，耿寿昌曾在这带地区收购谷物四十万斛。五凤元年到二年（前57—前56），耿寿昌鉴于过去每年从关东向京师漕谷四百万斛，用漕卒六万人，费用过大，建议从近处的三辅（今陕西中部地区）、弘农（今河南西部和陕西东南部地区）、河东（今山西沁水以西、霍山以南地区）、上党（今山西和顺、榆社以南、沁水流域以东地区）、太原等地籴谷以供京师，可省关东漕卒过半。这一措施收到成效后，耿寿昌又于五凤四年奏请在边郡普遍设置粮仓，"以谷贱时增其贾而籴，以利农，谷贵时减贾而粜，名曰常平仓。民便之"。常平仓遂作为一项正式的制度推行于天下。

（五）刘晏发展经济学问

唐朝兴国宰相刘晏（715—780）从政正逢"安史之乱，天下户口十亡八九"，"人烟断绝，千里萧条"，"太仓空虚，鼠雀犹饿"。8年的安史之乱后，唐王朝千疮百孔，经济濒临崩溃边缘，财政极为困难。刘晏采取一系列有效措施，复兴产业，开源节流，发展经济。使唐代财政逐步好转，国力提升。刘晏在职（764—779）15年间，国家人口户数从不到两百万（1 933 125）增长到近四百万（3 805 076）户，财政收入从不到四百万缗增加到一千三百万缗。

1. 改进漕运

唐代宗广德二年（764），刘晏受命接办漕运。但当时漕运废弛阻塞，关中缺粮上百万石，饥荒四伏，粮价暴涨。刘晏果断提出疏浚河道、南粮北调的宏伟计划。开始组织人力逐段疏浚由江淮到京师的河道，打造了两千艘坚固的大漕船，训练军士运粮，每十船为一队，军官负责押运。船工由经调为雇募。他不再征发沿河壮丁服役，而是用政府的盐利雇用船夫。他沿用过去裴耀卿的办法，改直法为段运法，将全程分成四个运输段，建转运站。使江船不入汴水，汴船不入黄河，河船不入渭水，提高了运粮效率，杜绝了翻船事故。为此又在扬州、汴口、河阴、渭口等河道的交界处设仓贮粮，以备转运。漕运改革后，比过去用江南民工直运的方法提高了效率，减少了损耗，降低了运费，免除了南方人民一项旷日持久的而又十分艰辛的劳役。江淮的粮食因此源源不断地输送到长安，每年运量达四十万石至五十万石，解决了粮荒还有所储备。

2. 改进盐政

唐初，实行自由贩卖，不收盐税。后实行国家专卖，官府大幅提高盐价，甚至贪官污吏还抓夫抓差无偿运盐，勒索百姓，中饱私囊。人民怨声载道，恨透食盐专卖。同时政府盐务机构庞大，开支惊人。他首先大力削减了盐监、盐场等盐务机构，又调整了食盐专卖制度，改官收、官运、官销为官收、商运、商销、统一征收盐税，改变了肃宗时第五琦规定的官运官卖的盐法。规定盐官统一收购亭户（专门生产盐的民户）所产的盐，然后加价卖给盐商，由他们贩运到各地销售。国家只通过掌握统购，批发两个环节来控制盐政。为防盐商哄抬盐价，在各地设立常平盐仓，以平盐价，这样一来，大批盐吏被精简，盐价下跌，万民称颂，税收也缴增。政府收取的盐利，原来每年只有六十万缗，到大历末年增至六百多万缗，占全国财政收入的一半，用以支付漕运费用和政府各项开支。

3. 建立物价信息系统情报网数据库

市场物价，瞬息万变。旧制粮价信息传递迟缓，常致决策失误。如发运司从郡县购粮，预先并不知道粮价的高低，需要郡县先将粮价真实禀报，然后根据粮价的贵贱，贵就少收，贱就多购。只有收齐了各郡县的粮价，才能审核数量发下执行。但等公文到达而粮价已经增高，结果违令高价收粮。

针对此情，刘晏建立物价信息系统情报网。他在诸道置设巡院官，选择勤廉干练的士人做知院官，管理诸巡院，诸巡院收集本道各州县气候变化，雨雪多少、庄稼好坏的情况。每季、每月、每旬都申报转运使司。刘晏所在处又招募善走的人，将各地物价即日即时迅速申报。"四方货殖低昂及它利害，虽甚远，不数日即至。"近处当天便知。

建立数据库，让粮食多、交通便利的郡县将数十年粮价的高低和所购粮食数的多少，各自开列为五等，详细地登记造册申报给主管机关，统一归发运司管控。粮价刚一确定，郡县不再需要禀告，即时开仓收粮。只要是第一类价就按第五等数收购，第五类价就按第一等数收购；第二类价就按第四等数收购；第四类价就按第二等数收购。同时派人将收购数量飞速报告发运司。这样，粮价低贱的地方自然会收购到最大数量，其余的地方各自按等级收购到适当的数目，再不会有收购不合理的事情。发运司综合各郡所收购粮食之数目作出计划，如果收储粮食过多，就减少价贵和路远地方的数量；如果还少，就增加价贱和路近地方的数量。从此以后，掌握粮价再也不会贻误时节，各自与本地粮食的丰歉相适应，当天就能敲定价格。

刘晏注重选拔、任用和培养财政专业管理人才。他以精明能干、忠于职守、廉洁奉公作为用人的标准。"晏常以办众务，在于得人，故必择通敏精悍廉勤之士而用之。"他认为："士陷赃贿弃于时，名重于利，故士多清修，吏虽洁廉，终无荣显，利重于名，故吏多贪污。"所以"他勾检书出纳钱谷，事至细必委之士类，吏惟书符牒，不得轻出一言。其属官虽居千里外，奉教令如在目前，无敢欺绐者"。他选用了几百名各种专才和实干家，分布各部门及各州县把关。史称"积数百人，皆新进锐敏，尽当时之选，趣督倚办，故能成功"。刘晏指挥的庞大理财系统，如臂使指，运动自如。

刘晏通道精儒，《旧唐书·刘晏传》载："晏有精力，多机智，变通有无，曲尽其妙。"刘晏"为人勤力，事无闲剧，必一日中决之"。由于刘晏能及时准确地掌握了全国经济和市场动态，并根据这些情报，调剂有无，平抑物价，扶持生产，积极救灾。他用"丰则贵取，饥则贱与"的办法，防止了谷贱伤农、水旱民散。同时又多购谷物菽粟运往歉收地区，贱价出售，换取农民的土产杂物转卖丰处，这样既救了灾，又不损国用，还刺激了生产。他在实践中总结了这样一条经验："王者爱人，不在赐与，当使之耕耘纺织，常岁平敛之，荒年蠲救之。"他认为"善治病者，不使至危惫；善救灾者，勿使至赈给"。刘晏救灾为了做到"应民之急"，还在其所辖各州县储粮三百万石，以作备荒之用。

刘晏认为人口增长是经济发展的源泉，他认为"户口滋多，则赋税自广，故其理财以爱民为先"（《资治通鉴》卷二百二十六）。大胆改革了过去只管收取金钱，不管人民死活的税收政策，实行了安定社会、发展生产财政方针。这一方针，对后世也产生了深远影响。

三　巩固农业稳定经济之仓

北宋宰相王安石（1021—1086）借鉴唐朝青苗钱制定青苗法改进常平仓，将常平仓扩展到财政金融和农业基础设施领域。在中央设立改革机构制置三司条例司，推行了青苗法、农田水利法和募役法等新法，形成王安石制度经济学问。

（一）制置三司条例司

宋朝的财政由三司（类似现代的财政部）掌握。神宗熙宁元年（1068），王安石设立制置三司条例司来作为三司的上级机构统筹财政，是当时最高的财政机关，此机关除了研究变法的方案、规划财政改革外，亦制定国家一年内的财政预算，并将财政收入列为法定形式执行。

（二）均输法

均输法最初由西汉桑弘羊提出试行，唐代以后各郡置均输官。神宗熙宁二年（1069）七月，为了供应京城皇室、百官的消费又要避免商人囤积，在淮、浙、江、湖六路设置发运使，按照"徙贵就贱，用近易远""从便变易蓄买，以待上令"的原则，负责督运各地"上供"物质。意在省劳费、去重敛，减少人民（税捐）负担。

（三）青苗法

宋朝初期，在各地设有常平仓和广惠仓，调剂人民粮食歉收时的食粮不足，但收效不大。宋仁宗时陕西转运使李参，《宋史·李参传》："部多戍兵，苦食少，令民自度麦粟之赢余，先贷以钱，俟麦粟熟输之官，号青苗钱。经数年，廪有余粮"，称之为"青苗钱"。王安石参照李参的经验，又在鄞县实验，效果良好。一县成功后着手全国推广。神宗熙宁二年（1069）九月，青苗法颁布实施，规定凡州县各等民户，在每年夏秋青黄不接之际，可到当地官府借贷现钱或粮谷，以补助耕作。借户贫富搭配，10人为保，互相检查。贷款数额依各户资产分五等，一等户不超过十五贯、二等户十贯、三等户六贯、四等户三贯、末等户一贯五百文。半年后加利息二分（20%）归还。出发点是以政府信贷抵制民间高利贷，降低农业风险，遏制官僚地主猖狂的土地兼并之势，巩固农村主户（自耕农）的地位。青苗法贷款，当年借款随春秋两税归还，每期取息2分，实际上贷款年利率高达40%，也算得上高利贷。但政府高利贷取代官僚地主高利贷，等于断了官僚地主兼并农民土地的生路，触动了地主官僚的核心利益，自始至终都遭到了地主官僚的极力反对。当然，青苗贷款采用"抑配"的办法，带有强制性，对不想借贷的农户来讲，无形中多了一种变相的税收，是一种负担。

（四）农田水利法

农田水利法规定各地兴修水利工程，用工的材料由当地居民照每户等高下分派。只要是靠民力不能兴修的，其不足部分可向政府贷款，取息一分，如一州一县不能胜任的，可联合若干州县共同负责。此法令在颁布之后的七年内，《宋会要辑稿》记载，全国兴修水利工程17 093处，收益民田达36 177 888亩。

（五）免役法

宋代职役名目繁多，主要由主户中的上三等户承担，但实施中下等户的稍富裕者无不充役，往往被职役压得倾家荡产，于是形成应役人户千方百计逃避职役，"贫者不敢求富"的反常现象。针对这种状况，提出"使民出钱雇役"的改革方案。神宗熙宁三年（1070）十二月，颁布免役法全国实施。免役法又称"募役法"：

1. 凡当役人户按户等高低出钱雇役，谓之"免役钱"；

2. 凡有产业物力者而不承担职役的人户出钱助役，谓之"助役钱"；

3. 州县政府所需役钱按雇役多少而定，在此数额以外多征两成（20%），谓之"免役宽剩钱"。

免役法实行后，一般平民的负担减轻。官僚及大地主因新增负担，坚决反对。也有的官府除征钱外，又假借名义科派差役，多征小户役钱，克扣雇值。

（六）方田均税法

方田，意指清丈土地。北宋初期，由于土地买卖兼并已久，地籍紊乱，富者田产日增而田赋并未随之增加，贫者田产日少而田赋并不随之减少。据《宋史》载，当时纳税者才十之三，甚而有私田百亩者，只纳四亩的税。各地田赋不均，地主富豪相率隐田逃税，赋税负担都加在了中小地主和农民身上。

宋仁宗时，大理寺郭谘首创千步方田法，在洺州肥乡县试行，据以免除无地而有租税者400家，纠正有地而无租税者100家，逃亡的农民又重新归来，稍后在个别州县继续试办，都是屡试屡止。王安石执政后于熙宁五年（1072）推行方田均税法。

方田均税法包括方田与均税两个部分：

1. 方田，是一种清丈土地整理田赋地籍的制度。具体办法是以东、西、南、北四边各千步，其面积相当41顷66亩。每年9月县令派人分地丈量，按照地势和土质的肥瘠分为5等，依地之等级和各县原来租税数额分派定税。至次年3月丈量完毕，公布于民。

2. 均税，是对清丈完毕的土地重新定税，做到：（1）纠正无租之地，使良田税重，瘠田税轻；（2）对无生产的田地，包括陂塘、道路、沟河、坟墓、荒地等都不征税。

首先，对已经耕种的各州、县土地进行清丈，核定各户占有土地的数量，并按照田地的地势、肥瘠，把田地划分等级，制定地籍，分别规定各等级的税额。

其次，编造方账、庄账、户帖和甲帖作为存案和凭证。田产和税额稍有转移，官给契，县置簿，并以所方之田为准。

王安石在京东、河北、陕西、河东等五路之地清丈了二百四十八万四千三百四十九顷田地，占当时全国征税田亩的54%。方田均税法不限于北方诸路，在南方许多地区也曾推行。

方田均税法的施行对社会发展起到了一定的积极作用，它消除了隐田逃税之现象，增加了赋税收入，一定程度地减轻了农民的负担，但它却侵害了豪强地主阶级的利益，遂遭到他们的强烈反对。

（七）市易法

针对商业行为中存在的市无定价，富商大贾从中操纵获利的状况，神宗熙五年（1072）三月，颁行王安石的市易法。

市易法规定：在汴京（今河南开封）设都市易司，边境和大城市设市易务（共21个）。设提举官（政府指派）和监官、勾当公事官（吸收守法的可合作的商人担任），招募诸行铺户和牙人充当市易务的行人和牙人，在官员的约束下担当货物买卖工作。外来客商如愿将货物卖给市易务，由行人、牙人一道公平议价；市上暂不需要的也予"收蓄转变"，待时出售；客商愿与市易务中的其他货物折合交换，也尽可能给以满足。市易法还规定：参加市易务工作的行人，可将地产或金银充抵押，向市易务贷款，由五人以上相互作保，向市易务赊购货物，酌加利润在市上售卖，货款在半年至一年内偿还，年利20%，过期不归另加罚款。

市易务平价收购市上滞销的货物，并允许商贾贷款或赊货，出钱收购滞销货物，市场短缺时再卖出。市易务通过控制批发与行人零售环节管理市场，物价贱时增价收购，物价贵时减价出售，平抑物价以调剂供求。并要商人以产业做抵押，向其借款，按规定收取息金。以"契书金银抵当"与"结保贷请"建立"合同签约"关系。招募行人、牙人，培养市场经营管理专业人员。将商业机制与金融机制相结合。把商富大贾的商业利益加以分割，限制奸商垄断居奇。这有利于稳定物价、商品交流和市场经济发展，也增加了政府的财政收入。

从管仲到王安石，历经 1700 年，常平仓趋于完善，成为稳定农业生产及国民经济的制度，并被世界各国所传承。

第二节　中国古代常平仓在美国的传承与发展

常平仓削峰填谷平抑物价稳定经济运行的功能，按现代物理学概念理解，它与电路中的电容器以充放电稳定电路运行一样，也与动力装置中的飞轮同理，它的地位是不可取代的。一组电路或一部运动装置，不管其如何简单与复杂，都必须设置电容器或飞轮，取之，电路或运动体就会剧烈振荡不能稳定运行。一个国家，不管其如何落后与发达都必须设置常平仓，反之，国民经济就会剧烈波动不能稳定运转。所以，常平仓既产生形成于中国，必然传承于世界各国。

中国是世界农业的发源地之一，公元前 5000 年已种粟，前 4000 年已种稻，前 1300 年前已种小麦。随着生产发展和粮食剩余增多，作物栽培和粮食储藏技术逐渐发达起来。到春秋战国时期，我国已具有先进的农业生产技术和健全的仓廪体制。进入商品经济较发达的北宋仓廪制度逐渐演进为巩固产业稳定经济的常平仓系列制度。在古物质和文化交流过程中，中国常平仓思想也以各种方式传播到东南亚、日本、欧洲和美洲各国。

一　常平仓在美国的传承过程

常平仓传承于各国的必然性，说明中国常平仓传承某一国只是一个时间问题，建立常平仓的早晚决定于关键人物发挥作用的大小。美国常平仓的建立归功于常平仓的传播人陈焕章和承接人华莱士。

1911 年，中国留学生陈焕章在其博士论文《孔门理财学：孔子及其学派的经济思想》中，全面系统地介绍了中国常平仓制度。当年，华莱士拜读了陈焕章的博士论文，对中国常平仓极为赞赏并大加宣传，后克服重重困难，在他 1933 年出任美国农业部长起，中国常平仓制度终于为美国所采纳。

（一）陈焕章学术影响

陈焕章（1881—1933），字重远，广东高要人。早年入万木草堂受业于康有为。光绪三十年（1904）中进士，1907 年赴美国哥伦比亚大学经济系留学，1911 年获哲学博士学位。1912 年发起成立孔教会，自任主任干事。1923 年任北京孔教大学校长。1930 年在香港创立孔教学院，自任院长。1933 年去世。主要著作有：《孔门理财学》《孔教论》和《孔教经世法》等。

陈焕章的博士论文 The Economic，Principles of Confucius and His School（《孔门理财学》）作为 "哥伦比亚大学历史、经济和公法丛书" 之一，以第 64 卷第 112 号、65 卷第 113 号于 1911 年由哥伦比亚大学分两册精装本同时在纽约和伦敦出版。

《孔门理财学》第二十九章 "政府调控供求"、第三十章 "政府对粮食的调控" 和第三十一章 "政府借贷及赈恤" 详细描述了中国古代常平仓式政府社会经济调控理论方法，引起美国政界和学术界人士的高度关注。

出版后第二年（1912），梅纳德·凯恩斯就在《经济学杂志》上为该书撰写书评；马克斯·韦伯在《儒教与道教》中已把《孔门理财学》列为重要参考文献；熊彼特在其名著《经济分析史》中特意指出了《孔门理财学》的重要性。

一个甲子后，1973 年美国卡莱萨拉出版社（Krishna Press）、1974 年美国戈登出版社（Gordon Press）、2002 年英国托马斯出版社（Thoemmes Press）和美国芝加哥大学出版社（Chicago University Press）、2003 年美国光明之源公司（Lightning Source Inc.）和太平洋大学出版社（University Press of the Pacific）等多家出版社以精装、软精装、平装形式重印了该书。

陈焕章《孔门理财学》正式出版近百年后，三家出版社将其翻译成中文出版。中译本分别为中央编译出版社 2009 年翟玉忠译本；中国发展出版社 2009 年宋明礼译本；中华书局 2010 年韩华译本。

（二）华莱士建立美国农业常平仓的历史地位

华莱士家族与中国有缘。毛泽东主席曾评论说，"对于外国人，像华莱士之类的，我们还是需要的"①。

华莱士家祖宗三代都叫亨利·华莱士。第一代华莱士（1836—1916）

---

① 毛泽东：《毛泽东文集》（第四卷），人民出版社 1991 年版，第 332 页。

出生于宾夕法尼亚州西部农场。当过农场主、农业记者、《艾奥瓦宅地》和《华莱士农民》主编、总统农村生活委员会委员。政治"左"倾，反垄断、反托拉斯、反特权，外交上提倡国际合作等，这些优秀品德影响其后代至深。

第二代亨利·C. 华莱士（1865—1924），《华莱士农民》主编、艾奥瓦州立学院的牛乳学教授。1921年农业危机严重，亨利·C. 华莱士临危受命哈定总统的农业部长。他认为这场农业危机的原因有两个：（1）战后世界农业恢复，美国农产品失去海外市场而过剩；（2）农业基础薄弱，产业组织不健全，对市场价格反应迟缓，生产与需求脱节。为此，他争得政府支持，国会1921年通过临时性《农业信贷法》和永久性的《1923年中间信贷法》。他在自己所辖部门建立农产品信息收发机构，指导农民及时调整生产计划。但农业贷款激励农业投资反而加剧了农产品过剩危机。

第三代亨利·A. 华莱士（1888—1965），1910年艾奥瓦州立学院大学毕业，从事玉米遗传育种、产业化及其商业化政策研究。1921年任《华莱士农民》主编。1923年华莱士杂交玉米大批量生产。1926年创办高产杂交玉米公司。1933年后相继就任美国农业部长、副总统和商业部长。亨利·A. 华莱士被誉为现代杰出的农业科学家、农业经济学家、出版家、社会活动家和政治家。

亨利·A. 华莱士一直对中国农业抱有极大兴趣，断定中国以占世界7%的耕地养活世界1/4的人口，其农作技术和制度必有过人之处。1911年，华莱士在得梅因（Des Moines）公立图书馆读到中国留美学生陈焕章的博士论文《孔门理财学》，找到了中国农业生命力之所在，对中国常平仓推崇备至。华莱士建议参照中国古代常平仓理论方法解决美国农业问题。1933年，华莱士就任农业部长，其建议得以实现。

二 常平仓在美国的传承发展

在亨利·A. 华莱士的力推及其思想影响下，美国先后出台了《1933年农业调整法》《1936年土壤保护和国内配额法》《1938年农业调整法》《1971年农场信贷法》《1987年农业信贷法》《联邦作物保险法》等法规，并设立相关政府职能机构，贯彻常平仓制度。

常平仓的基本功能是保证农业及国民经济稳定运行。随着农业及国民经济不断发展，决定与影响因素也逐渐增多。常平仓稳定农业及国民经济的手段也随着增多。现在常平仓已逐渐发展成为一系列法规的组合。

（一）从数量控制到结构控制

粮价控制是古常平仓的核心。《农业调整法》将粮价控制调整为工农产品比价控制，这不仅能实现粮价的稳定，同时也能保持工农业及其工人与农民之间利益关系的合理性；稳定粮食产量是常平仓的主要任务，《土壤保护与国内配额法》和《农业调整法》将单一的粮食产量控制调整为农业生产及其产品结构控制，确保了农产品（包括粮食）的长期稳定供应。

（二）简单层面方向组合扩展为多层次全方位整合

古常平仓，政府在市场层面上利用信贷和交易相结合方法稳定农业平抑农产品价格。《农业调整法》和《土壤保护与国内配额法》《农业信贷法》《联邦作物保险法》等从资源要素、产业组织、金融信贷、财政货币、作物保险、社会保障等多层次全方位整合方法稳定农业及国民经济。

（三）从政府单边行动转化为社会各方良性互动

古常平仓主要体现了政府对农业经济的调控行为，农民为被动接受者，虽然常平仓包含有鼓励因素，但尚未形成政府与农民的互动机制。《土壤保护与国内配额法》《农业调整法》《农业信贷法》和《联邦作物保险法》等法规对此大为改进，设立了许多条款，激励与约束生产者和消费者的行为，形成社会各方良性互动机制。

（四）引导产业走向可持续发展的道路

常平仓基本功能是稳定农业及国民经济，农业及国民经济能否长期稳定，不仅取决于经济调控手段的正常应用，而且决定于资源要素能否可持续利用。《土壤保护与国内配额法》《农业调整法》和《联邦作物保险法》等法规设置条款对保护土壤和节约资源等给予补贴金等奖励，以引导农业及各产业走可持续发展道路。

第三节　资源利用秩序运行调控

任何国家不管其经济发展程度如何，都必须设置常平仓。常平仓是稳定经济运行的一系列法规、政策、措施的整合，其理论体系的完善与操作系统的健全对经济稳定运行至关重要。中国现代常平仓在继承发扬其优良传统的基础上，已发展成为涉及人口、资源、产业、市场、社会等各个方面，甚至提升到国民、领土、主权、政治、军事、经济、文化、科技、生态、信息等安全层次的法规、政策、措施体系。但我国目前的常平仓式社会经济运行调控体系仍不能完全满足社会经济高速发展的需要，许多重大问题尚未理顺。因此，我们有必要研究其理论基础、运行模型和调控方式。力争在常平仓式政策措施整合、社会各方良性互动和可持续发展方面有较大改进，确保社会经济持续、稳定、健康发展。

一　常平仓是中国资源利用文化软实力的集中表现

常平仓包含着包容力、发动力、凝聚力、中和中正力、整合力，集中体现了中国优秀传统文化软实力。

（一）常平仓的包容力

常平仓保持经济社会稳定发展的差异最小化。一定程度的差异是发展动力来源之一。其前提是对差异的包容，维持经济形式的多样性和合适的经济差异度。

常平仓理论的奠基者齐国国相管仲鼓励发展加工业（第二产业）和服务业（第三产业），创立国营经济，依靠发展混合经济使齐国强盛而称霸。

生产方式和经济形式包容发展促使经济思想融合创新。刘晏和王安石是道家经济思想与儒家经济思想融合创新的典范；陈焕章和华莱士则是中国传统经济理论与西方经济理论融合创新的代表。

社会生产力决定了常平仓思想与常平仓制度的形成与内容，对应的常平仓思想又促进了多样的生产方式和经济制度包容性发展。常平仓思想是常平仓制度产生的催化剂；常平仓思想是常平仓制度形成的基础；常平仓思想是常平仓制度运行的润滑油；常平仓思想是常平仓制度发展的传动机；常平仓思想是常平仓制度完善的校正仪。

（二）常平仓的发动力

异性动生，同性静止。这是常平仓的哲学基础。常平仓允许维持经济差异性，就是要保持经济强劲的发展动力，而通过常平仓机制把这种经济差异性控制在一定程度内，则是保证经济社会的稳定性。

差异性引起经济要素的流动，要素的流动促进了资源配置优化，资源配置优化提高了经济绩效。

封建社会允许土地买卖，土地作为最基本的生产要素可以在经济主体之间流动，这种流动产生发展动力，也带来了经济高效。但是，土地买卖很快导致土地兼并，大量农民失去土地沦为流民，而工商业长期受压得不到发展又不能吸收农民就业，失地农民纷纷落草为寇，社会开始动荡。经济主体地位差异悬殊是经济社会不稳定的原因。为此，代汉建新皇帝王莽（前45—23）推行土地国有化改革，禁止土地买卖，禁止奴仆交易、禁止民间信贷，以此冻结土地兼并，但未获成功。失败原因众多，其中基本生产要素固化失之动力导致供给严重短缺是主因。虽有常平仓，但仓廪无粮，一切无从谈起。

常平仓的发动力是经济社会系统动力，来源于要素、结构和系统的优化。

（三）常平仓的凝聚力

常平仓的凝聚力体现在物质与精神统一下的两个相互联系的层面上，是"有"与"无"的哲学理念的表现。老子《道德经》讲："故常无，欲以观其妙；常有，欲以观其徼。"

徼，是常平仓的事物形态的仓廪，它将供过于求的粮食、待转运的物质和待兑现的期货储存，以备施用。平时的集聚，为的是战时的投放。

妙，是常平仓的精神形态的道，包括常平仓经营理念、运行机制和系统制度。不管经营者多么分散，诚信第一的理念是一致的；无论身处何职，稳中求快的操作要领是相同的；尽管制度政出多门，但保持不偏离总体目标下的交易费用最小化以及保障经济社会稳定发展的差异最小化的常平仓宗旨是不变的。

（四）常平仓的中和中正力

常平仓的中和中正力是经济社会运行的矫正力和优化力。经济社会运行的矫正源于其目标的定位正确，而优化又基于目标轴线的清晰。矫正与优化取决于差异大小的适度把控。

常平仓矫正力是对经济社会差异扩大化的有力控制。早在战国时期，范蠡就能建立经济运行调控机制，将粮价及社会经济各个环节控制在安全范围之内，韬光养晦，埋头生产，使一亡国经济迅速恢复元气并稳定发展，灭吴复国，撼天震地，万世传颂。

帝王将相能对中和中正力应用娴熟，普通生产经营者也深知其道。生产经营者都能给自己一个合理的定位，主动用王法规范自己的行为，不谋不义之财，不行非分之举，和气生财，事事中和中正，件件元、亨、利、贞。

（五）常平仓的整合力

常平仓的整合力是经济社会运行的稳定力和秩序力。经济社会稳定源于其要素、结构和系统的优化，而优化又基于其一定规则的有序化。社会政局稳定是一切资源的载体；经济系统秩序化是社会稳定的基本保障。

常平仓稳定力是对社会经济稳步前进中出现的差异扩大化和无序化的综合性适度控制。放生不能成其为脱缰之马；管制又不至于降低其行走速度。

常平仓整合成功与否取决于行政体系和操作系统的科学性。唐朝刘晏实施常平仓制度的丰功伟绩，在于其操作系统的完美。刘晏在公元764年至779年创造了人类社会经济运行调控领域多项世界第一。

（1）创立国家管理信息系统，信息充分透明；

（2）建立全国价格信息数据库，各地各类资物定价迅速、准确、合理；

（3）实现公务员廉洁高效。

二　资源利用系统模型

（一）自然模型

李耳《道德经》说："人法地，地法天，天法道，道法自然。"人效法地球，地球效法宇宙，宇宙效法规律，规律效法自然。只要人不干涉，自然会按照自身规律运行，保持生态平衡，经久不衰。如图9—1所示，自然运行状态的四面八方兼为元亨。

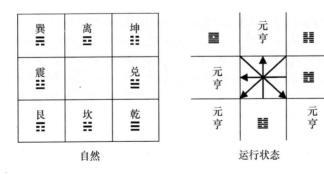

图9—1　自然模型

1. 南—北

南北方向，由北面南，向前行，得☲☵既济卦。

地球的能源来自太阳，而太阳离赤道最近，所以，北半球的所有生物都有向阳向南的本性。观一树，南边枝叶茂盛。看一房，多为坐北朝南，都是向阳使然。向南望，万物之所归也。

䷾既济，无论观上下之卦，还是看卦之六爻，兼得位，而且阴阳正配，这在整个宇宙64种运行模式中，是最亨通的，完美和谐至极。世界万物，各居其位，井然有序，和谐共存。

《象》曰：既济，亨，小者亨也。利贞，刚柔正而位当也。初吉，柔得中也。终止则乱，其道穷也。

2. 东—西

东西方向，由西面东，向左行，得䷐随卦。地球向左自转，地面之物由西向东行。

䷐随：元亨利贞，无咎。

元、亨、利、贞，谓之天德，乃自然界四大规律与机制。（1）元者，善之长。自然界之生物，善于适应环境者，进化长存。（2）亨者，嘉之会。大自然生物圈，是生物多种性的综合。异者长生，同者绝后。（3）利者，义之合。世界之生物，因利害关系而联合一体，个体带有群体的特征，失群个体，难存也。（4）贞者，主之坚。以强代弱，弱肉强食，自然界物竞天择的生存法则也。如插图9—2所示。

《象》曰：随，刚来而下柔，动而说，随。大亨贞，无咎，而天下随时，随时之义大矣哉！

3. 东南—西北

东南西北方向，由东南向西北，紫气东南来，东南风带来雨水，是生命之源，由此得风天小畜䷈卦。

䷈小畜，上卦巽☴为风，下卦乾☰为天，阴阳得配向心为元亨。外互离☲为太阳，六四一阴得位，为云带雨。巽☴乾☰相交，归藏得震☳为雷，阴阳相撞，闪电雷鸣，倾盆大雨。下互兑☱为泽，雨降大地，滋润万物。一派气候祥和、生机盎然之象。

4. 西南—东北

西南东北方向，由西南向东北，行地无疆。西南坐地为坤☷，东北靠山为☶，从而得地山谦䷎卦。

䷎谦，上卦坤☷为地，下卦艮☶为山，☷性阴下降，☶性阳上升，阴阳得配向心为元亨。植物生于土☷，落叶归根，果归藏于库☶，入土重生，周而复始，生命不止。

谦为亨通，《象辞》说，天道亏盈而益谦，地道变盈而流谦，鬼神害盈而福谦，人道恶盈而好谦。

大自然有四大物理法则：（1）物质自动从高密度空间向低密度空间扩散；（2）资源自动从过剩之处流向稀缺之处；（3）裸露在外的部分会受到无形的伤害，出头易损；（4）虚中生有，物壮则老。如插图9—3所示。

为人低调，谦逊之天道也。

（二）资源利用秩序模型

自从人类产生并不断开发利用自然资源以来，纯自然生态越来越少。社会经济系统是人类与自然相互作用的结果，其模型是自然形态（地盘）与社会经济形态（天盘）组成的结合体。

自然形态（地盘）与经济形态（天盘）组成的经济系统模型自古有之，文献记载最早出现在战国道家的一篇重要著作《月令》中，吕不韦编《吕氏春秋》时，将全文收录，作为全书之纲。汉初儒家又将它收入《礼记》中，其后遂成为儒家经典。但《礼记·月令》对经济社会运行模型描述简略，[①]后人只知该模型是一个农业和人事活动的多层次结合体。常平仓是对该模型的一个发展，但人们对其印象仍然模糊，既不清楚其各部分的经济社会含义，更不懂其具体结构和运行机制如何。几千年来，众多大师试图破解其谜，遗憾的是，至今未有文献公布其结果。

---

① 《礼记·月令》对世界描述大致如下：太阳最高，具有决定的意义。太阳的空间位置形成了四时，每时又分为三个月。四时各有气候特征，每个月又有各自的征候。与四时相对应，每时都有一班帝神，与时、月、神的变化相对，每个月各有相应的祭祀规定的礼制。五行与四时的运转相配合，春为木，夏为火，秋为金，冬为水，土被放在夏秋之交，居中央。四时的变化不仅由太阳所决定，而且受五行的制约。再下一个层次是各种人事活动，如生产和国家政令等。上述结构基本是同向影响，特别是农业人事交往，要受到太阳、四时、月、神、五行各种力量的制约。

1. 模型基础

自然形态用地盘表示，见插图9—1。图左是其结构，图右是其运行状态。因其变化为定数，故一般省略不画。

经济系统由天盘结构表达。经历史验证，生产环节用离☲，消费环节（包括交换、分配）用☵。生产为主，消费次之。生产居纵（经线），上下为☷。消费持平（纬线），左为☳，右为☴。经纬四卦归藏为☷，居中，反映经济经纬结构的实质。其状态如插图9—4所示。

插图9—4经济经纬说明，自由经济，运行状态欠佳，需要政府适度调控。

经济在自由发展条件下：（1）经济动力（震宫）为"亨"；（2）经济秩序（离宫）为"悔（渐吉）"；（3）产业组织（兑宫）和流通领域（坎宫）均为"厉"，（4）四飞宫☷、☳、☴、☶综合作用的结果状态为☷，即"生气"。自由经济优劣比值为53（优秀值为100）。

2. 参数选择

自由经济在产业组织兑宫和流通领域坎宫表现欠佳，政府应在这两个领域加以引导，促进其扭转劣势。

自由经济，在国家基础设施（艮宫）、收入分配（坤宫）、行政监管（乾宫）和信息服务（巽宫）领域留有空间，期待国家采取适当方式调节经济，确保国民经济持续稳定发展。

（1）基础设施（艮宫），可有八种方式选择，其状态分别为遁☶悔，咸☶元，旅☶厉，小过☶悔，渐☶元，蹇☶吝，艮☶悔，谦☶元。在优状态☷、☷和☷中，排除靠舆论宣传发挥作用的☷与☷，选定以资金投入建设基础设施的方式，即艮宫应落☷。

（2）收入分配（坤宫），也有八种方式选择，其状态分别为否☷厉，萃☷吝，晋☷利，豫☷厉，观☷吝，比☷贞，剥☷厉，坤☷吝。最优状态是晋☷，即艮宫应落☷。

（3）行政监管（乾宫），能有八种方式选择，其状态分别为乾☰悔，夬☰元，大有☰亨，大壮☰悔，小畜☰元，需☰凶，大畜☰悔，泰☰元。处佳状态☰、☰和☰中，排除靠舆论宣传发挥作用的☰与☰，选定以调节经济行为主体的利益关系的方式，即乾宫应落☷。

（4）信息服务（巽宫），共有八种方式选择，其状态分别为姤☴厉，大过☴吝，鼎☴利，恒☴厉，巽☴吝，井☴贞，蛊☴厉，升☴吝。在两优䷢和䷇中，信息服务由上向下流动的特征，巽宫应落☵。

3. 模型认定

将选定的☷、☲、☷、☵分别放入国家基础设施（艮宫）、收入分配（坤宫）、行政监管（乾宫）和信息服务（巽宫），可得到经济运行调控模型，如图9—5所示。

☵	☲	☲
☲	☱	☳
☷	☲	☷

宏观经济

贞	悔	利
亨	天医	厉
元	厉	元

运行状态

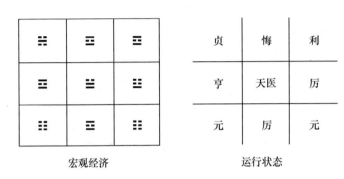

图9—5　宏观经济运行调控模型

图9—5为宏观经济运行调控模型。调控经济由离䷝、噬嗑䷔、比䷇、晋䷢组合而成。八宫两“元”两“厉”，亨、利、贞、悔各一。八飞宫归藏，综合状态为☱，即“天医”，较自由经济的“生气”，又前进了一步。调控经济的九宫优劣数值为67，较自由经济53而言，有较大的改进。图9—5离、噬嗑、比、晋四卦的内互卦大过䷛、蹇䷦、剥䷖、蹇䷦，其组合是深层次的经济运行，为微观观经济运行调控模型，如图9—6所示。

☶	☱	☵
☵	☳	☶
☶	☴	☷

微观经济

厉	利	贞
元	禄存 动生	厉
悔	贞	元

运行状态

图9—6　微观经济运行调控模型

图9—6的经济运行调控，八宫两“元”、两“贞”两“厉”，利与悔

各一。就宫归藏为☷，为禄存（动生）。调控经济的优劣数值为60。

部门经济运行调控根据各自特点设立，如农业经济模型为图7—1，工业经济模型为图7—2，物流业经济模型为图7—3。

经济运行调要适应天时地利的变化。天时用十天干的甲、乙、丙、丁、戊、己、庚、辛、壬、癸对应的☰、☱、☲、☳、☴、☵、☶、☷、☲、☷表示；地利用十二地支的子、丑和寅、卯、辰和巳、午、未和申、酉、戌和亥对应的☷、☶、☳、☴、☲、☱、☰、☵表达。天干与地支组成的六爻重卦归藏得三爻单卦，该单卦反映天时地利的状态，此状态又影响当时经济运行。

要根据天时地利对经济运行的影响做出适当调整，以促使经济社会更加高效稳定运行。如甲午年☰戊辰月☳归藏出的状态为☲，会降低宏观经济运行效率；而乙未年☷庚辰月☳归藏出的状态为☰，能提高宏观经济运行效率。

（三）模型评价

1. 目标合理

经济运行调控目标不是抽象的理念，而是实际操作可预期的理想结果。经济运行调控结果有八种：文曲、破军、廉贞、禄存（动生）、辅弼、生气、天医、延年。"延年"为发展顶峰，圆满、极致，即已无发展空间，因此不宜作为经济运行调控目标。"天医"指健康、茁壮成长、均衡发展、持续稳定，可作为经济运行调控目标。图9—5的经济运行调控模型实施结果为天医，经济运行调控目标合理。

天医是图9—5的经济运行调控的整体宏观结果，微观经济运行调控，见图9—6，八飞宫归藏，运行综合结果为☷，☷即"禄存"，禄存为扰动、发动、动生、活动，保持活力状态。经济运行深层调控目标合理。

经济调控，微观层次放开搞活，宏观层次收敛稳定。《礼记·杂记下》曰："张而不弛，文武弗能也，弛而不张，文武弗为也，一张一弛，文武之道也。"

2. 路径正确

为了搞活微观经济，政策效应广而优之，鼓励经济发展指令途径越长影响面越大；宏观层次，国家行政管理以效率为先，要求管理绩效大而运行成本小，简化管理环节，政策指令途径越短越好。图9—6微观经济运行调控飞宫路径长，图9—5宏观经济运行调控飞宫路径短，因此经济运行调控路径合理。

3. 技术可行

模型按照"道法自然"法则设计，遵循经济运行规律，从微观到宏观符合易学原理。只要掌握易学范式，一通百通，不会遇到技术障碍。

4. 系统完整

《礼记·月令》的农业经济社会运行是粗线条的理论模型（简称"月令模型"），隐藏着太多的秘密机关，两千年来未能破解。现今用易学范式把月令模型解剖，并将其系统科学化为资源利用秩序运行调控模型，如图9—7所示。

经济社会运行模型共分五层。最上层是"天时"，最下层是"地利"，中间第二、三、四层是"人和"，即生产关系。第四层为宏观经济，第三层为微观经济，第二层为经济环境。《荀子·王霸篇》曰："农夫朴力而寡能，则上不失天时，下不失地利，中得人和而百事不废。"孟子讲，天时不如地利，地利不如人和。故第二、三、四层是模型的中心。第二层是静盘，第三、四层是动盘。

第二层与第三层相结合，九宫各自有一个六爻重卦，由于其（第二层卦）下卦不变，因此第三层的六爻卦下卦省略不画，第三层的卦只有九宫各自的上卦。第三层的九宫卦构成微观经济社会结构，表示微观经济社会运行状态。中宫是微观经济社会结构的实质，为其运行调控的期望值。图示中宫为☷，即微观经济社会行调控重在保持活力。

第二层与第四层相结合，九宫各自有一个六爻重卦，由于其（第二层卦）下卦不变，因此第四层的六爻卦下卦省略不画，第四层的卦只有九宫各自的上卦。第四层的九宫卦构成宏观经济社会结构，表示宏观经济社会运行状态。中宫是宏观经济社会结构的实质，为其运行调控的期望值。图示中宫为☶，即宏观经济社会行调控重在安全稳定。

第一层与第五层相结合，反映时局对经济社会运行调控的各种影响，其变化归结为64种模式，用64卦表示。64卦又可归藏为8种形式，用八纯卦表达，分别为生气☶、天医☱、延年☲、辅弼☴、禄存☵、廉贞☳、文曲☳、破军☶。

宏观经济社会与微观经济社会运行状态各表现出8种形式，它们与时局的8种形式相结合，又得出8种状态。根据该8种状态的优劣，采取适当的措施改进之。

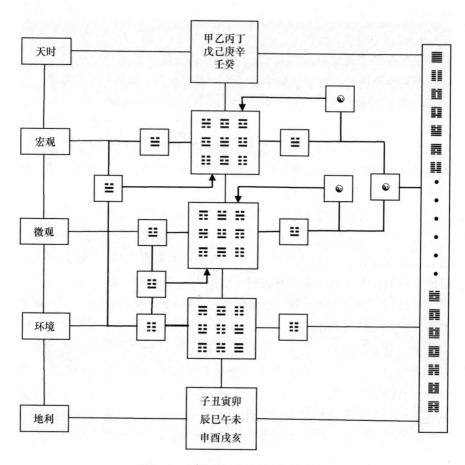

图 9—7　资源利用秩序运行调控模型

三　流通领域运行调控

（一）宏观

模型第四层第一宫，坎宫落☵，得火水未济䷿。上☲下☵阴阳相配而离心为厉，䷿六爻皆失位。幸得六五与九二阴阳呼应，减缓了"厉"的程度。

　　䷿未济，亨。小狐汔济，濡其尾，无攸利。

　　《象》曰：未济，亨；柔得中也。小狐汔济，未出中也。濡其尾，无攸利；不续终也。虽不当位，刚柔应也。

《象》曰：火在水上，未济；君子以慎辨物居方。

《象辞》："君子以慎辨物居方。"方以类聚，物以群分。治理者应从水火分离的卦象中学会慎重地分辨事物的群类，让它们各自居于该处的方位上。方位指事物变动各种变量大小高低的位置。位不当，必致混乱无序，秩序是事物规律变动的表现形式，也是事物有序变动的根本。如图9—8所示。

经济活动的流通一般指以货币作为交换媒介的商品交换。包括货币政策工具作用下的商品买卖行为以及相互联系、相互交错的各个商品形态变化所形成的循环总过程。

货币调控路径主要有四条：（1）通过调控货币供应总量保持社会总供给与总需求的平衡；（2）通过调控利率和货币总量控制通货膨胀，保持物价总水平的稳定；（3）调节国民收入中消费与储蓄的比例；（4）引导储蓄向投资转化并实现资源的合理配置。

对现有资源进行重新整合之后，实现价值的等效流通。价值流通是金融的本质，金融的核心是跨时间、跨空间的价值交换。金融调控是使金融机构、金融市场和市场基础设施运行良好，抵御各种冲击而不会降低储蓄向投资转化效率。

（二）微观

模型第三层第一宫，坎宫落☵，得☴☵风水涣。上☴下☵阴阳相配携手而来为贞。见图5—2、图5—3。

《象辞》："风行水上，涣。"春风吹行在水面上，均匀扩散，坚冰消融，化解壅滞。《尸子》卷上曰："水有四德，沐浴群生，流通万物，仁也。"汉桓宽《盐铁论·通有》曰："山居泽处，蓬蒿硗埆，财物流通，有以均之。"

流通是商品从生产领域向消费领域的运动过程，包括商流与物流两层含义，即商品的所有权转移与商品的实体转移。在转移过程中，价格犹如"风行水上"，其均匀一致化变动整合了各产品主体行为。如银行、证券、基金、保险、信托业的金融行为以及农业、工业、物流业、商业等的生产营销行为；它使社会生产过程永不停息周而复始地均衡运行。

四　收入与市场领域运行调控

（一）宏观

模型第四层第二宫，坤宫。收入分配。落☷，得☷火地晋。上☲下☷同性之分两利。火生土，以上惠下收入分配基本原则。收入分配政府作用不可替代，故《易》对䷢的解释路径为：八卦符号—文字符号—文化内涵—治国理念。

　　䷢晋，康侯用锡马蕃庶，昼日三接。

　　《象》曰：晋，进也。明出地上，顺而丽乎大明，柔进而上行。是以康侯用锡马蕃庶，昼日三接也。

"康"，☲上九为"广"，下互☶为手呈ヨ形，上互☵为水，此"水"穿透ヨ，即合成"康"字。"侯"者，公、侯、伯、子、男五等，侯居其二，因内卦☷，坤数二，故为"康侯"也。外卦☲居午宫，午为马。互☶为蕃，内卦☷为庶。☷为昼，☷数三，互卦䷢的☲☷相接，故称"是以康侯用锡马蕃庶，昼日三接也"。

"康侯用锡马蕃庶，昼日三接。""锡"古用同赐，"蕃庶"是蕃息而众多。"用锡马蕃庶"是说康侯用天子赐给的良种马去畜养繁殖，培养出大量的良马，功劳卓著，天子一天接见其三次。意为以上惠下，授人以鱼，不如授之以渔，国家惠民政策、技术和方法和以工代赈等远胜平调钱物也。如插图9—9所示。

国民收入分配指一国在一定时期内制定适合的工资、价格和财政等政策，确定积累基金与消费基金、必要产品和剩余产品之间的比例以及国民收入的产值、构成和增长速度，劳动生产率提高幅度和物质生产部门劳动者平均收入增长速度之间的对比关系等，将经济活动成果在各经济利益主体之间的初次分配、再分配和最终分配。

1. 初次分配

通过确定企业职工工资、奖金、福利费用、农民或其他劳动者收入、税金、利润、利息和企业税后利润、利润留成或公积金、公益金等促进生产投入报酬合理化。

2. 再分配

国民收入再分配是在初次分配基础上通过财政支出、信贷和价格体系而实施的分配。财政支出包括财政补贴、事业人员工资、科学研究费用以及各种公共开支；信贷指通过筹集社会闲散资金贷放给使用单位来实现再分配的过程；价格体系是国家通过指令性价格、指导性价格和市场调节价等多种价格形式实现国民收入的再次分配。

3. 最终分配

经过初次分配和再分配以后，国民收入最终分配落到积累和消费两个方面。主要是正确制定积累基金和消费基金的比例，使积累基金和消费基金的需求总额同国民收入供给总额相平衡，使积累和消费的价值形态和实物形态相适应，并安排好积累基金内部和消费基金内部的结构，以保证生产的不断扩大和群众生活水平的逐步提高。

（二）微观

模型第三层第二宫，要素报酬与市场。坤宫落☷，得水地比䷇。上☵下☷阴阳相配携手而来为贞，志同道合，相辅相成。

比䷇：吉。原筮，元永贞，无咎；不宁方来，后夫凶。

《象》曰：比，吉也，比，辅也，下顺从也。原筮，元永贞，无咎，以刚中也。不宁方，上下应也。后夫凶，其道穷也。

《说文》：比，密也。二人为从，反从为比。

"原筮，元永贞，无咎，以刚中也。"☵九五中位，众阴从之。"不宁方，上下应也。"☵为加忧，不得安宁，☷为方，降之而来，思虑权衡。通轻重之德，类秤之情。如插图9—10左所示。☵与☷阴阳得配，水附地上，故上下应也。

"后夫凶，其道穷也。"操作迟缓，可能丧失有利时机。如市场供需平衡点 e，过早供不应求，过晚供过于求，及时方吉也，如插图9—10右所示。

比䷇，比较也。在技术可替代范围内，比较资源稀缺性，稀缺程度高者，价格较高，少用；稀缺程度低者，价格较低，多用。以较便宜的资源替代较昂贵的资源，以实现生产者的资源投入边际技术替代率相等、边际产品转换率等于两种商品的价格之比、消费者的商品边际替代率等于这两种商品的边际转换率。

通过信息获取、信息传递、信息处理、信息再生、信息利用等手段，改进人们的生产方式、工作方式、学习方式、交往方式、生活方式、思维方式等，形成信息化生产力，推动经济社会持续稳定发展。

信息化生产力以信息产业发展为基础，建立信息科学技术研究与开发、信息装备制造、信息咨询服务等。

信息化生产力以信息网络体系完备为保障，建设信息资源、各种信息系统、公用通信网络平台等。

（二）微观

模型第三层第四宫落☶，为蛊卦☶。从一般的阴阳关系来讲，☶下☴上阴阳得配而分为厉，但从发展空间去考察，阴阳得配而扩展是"辟户谓之乾"也，为不断壮大之势，谓"大而无外"之"大亨"也。

　　　　蛊☶，元亨，利涉大川，先甲三日，后甲三日。
　　　　《彖》曰：蛊，刚上而柔下，巽而止，蛊。蛊，元亨，而天下治也。利涉大川，往有事也。先甲三日，后甲三日，终则有始，天行也。
　　　　《象》曰：山下有风，蛊；君子以振民育德。

蛊☶，☴顺而有所止☶，世之萎靡得以治理。蛊，整饬修治也。

苏东坡讲："器久不用而虫生之，谓之蛊；人久宴溺而疾生之，谓之蛊；天下久安无为而弊生之，谓之蛊。"《杂卦》云："蛊，则饬也。"饬，即治理整顿也。

☶蛊，上卦☶为三为丙，下互☴为丁，下卦☴为八为辛。☶3 + ☴8 = 11，去10用1，1为甲，以甲为节点，先甲三日癸壬辛，后甲三日乙丙丁。此六日吉利，用涉大川。唯戊己五黄都天和金神七杀庚金不宜用。另解为，先甲三日辛，其色白，养蚕（似☴）之吉象也；后甲三日丁，其色红，养蜂（象☶）之吉兆也。立甲用癸、壬、辛、乙、丙、丁，弃戊、己、庚。整饬修治要正本清源、吐故纳新和清正廉洁之。如图9—12所示。

☶蛊，下卦☴为进为入也，上☶为成终成始也，表示信息的有进有出、上下联动、循环不止。《象辞》"君子以振民育德"，《说文》曰："振，举救也，从手辰声，一曰奋也。"☶之☶为（扌），☶宫吮现辰，构成"振"也。☴居下卦，为民，为职工，为绳，结绳而治；☴为信息，为知识，为技术，为培训也。

微观经济信息运行调控重在企业。信息化以网络为媒介、客户为中心，将企业物质经济环境改变为以组织结构、技术研发、生产制造、市场营销、售后服务紧密相连在一起的物质与信息相结合的经济环境。它将彻底改变企业原有经营思想、经营方法、经营模式，通过业务模式创新、产品技术创新，或对各种资源加大投入，借助信息化提供强有力的方法和手段实现其经营目标，其成功的关键是企业不同成长阶段与信息化工具的有机结合。

建立学习型企业，更好地提高员工的学习能力，系统性地利用企业积累的信息资源、专家技能，改进企业的创新能力、快速响应能力，提高生产效率和员工的技能素质。

七　行政体系运行调控

第六宫☰，是经济社会的行政系统，模型第三层与第四层☰宫皆落☷，成泰卦☷。☷上☰下，阴阳得配而向心为元亨。如插图6—1所示。

（1）卦辞和《象辞》"小往大来"，强调行政的目的是追求"小往大来"的行为绩效。四两拨千斤，以最小的投入获得最大的经济社会效益。

（2）《象辞》："天地交，而万物通也。"☷上卦坤☷为地为降，下卦☰为天为升，天地能交感流通，万物吉祥、亨通。天地相交，万物化生；阴阳相交，流行亨通。行政的基本职能是上传下达，保持上下信息对称，透明，最大限度降低交易费用。

（3）《象辞》"上下交，而其志同也"，上下级相互交心，志同道合。在上位的人能谦恭卑下，在下位的人能顺应迎上，至诚交感，心志相合，故吉祥、亨通。

（4）《象辞》："内阳而外阴，内健而外顺，内君子而外小人。"☷内卦☰为阳为刚健，外卦☷为阴为柔顺。内卦刚爻为君子，外卦柔爻为小人。行政主管要身具崇高品德、清正廉洁和刚柔相济。泰☷兼具乾☰坤☷之性，即元亨利贞之德。元者，善之长，善于领导者，长治久安；亨者，嘉之会，能得到众人拥护，有很强的凝聚力；利者，义之合，即不取不义之财，无贪污受贿之点滴腐败现象；贞者，事之干，素质过硬，勇当重任，负责到底。如插图9—13所示。

（5）《象辞》："君子道长，小人道消也。"刚爻为阳、为大、为君子；柔爻为阴、为小、为小人。䷊泰☷在下是向上息长，☷在上是向下消退。行政体系要保持正气向上，邪气下降。

（6）《象辞》："天地交，泰。后以财成天地之道，辅相天地之宜，以左右民。"虞翻曰："后，君也，阴升乾位。"后是君王，因为帝位的六五是阴爻故称"后"。财通裁，义为断制，犹言制定。辅相是赞助的意思。宜是适合，这里指天地适合于万物的运行之道。左右是率领指导的意思。意为治理者要从天地交感流通中得到启示，要按天地运行的法则制定出经济社会发展的政策与规则，推及经济社会的各个环节上。助成天地之道的推行，来率领、指导民众的行动。

八　组织制度系统运行调控

（一）宏观

模型第四层第七宫☳，是经济社会的组织制度系统，☱宫落☳，成归妹卦䷵。☳上☱下，阴阳得配分之为厉。互卦上☵下☲，阴阳正配合之为元亨。

　　归妹䷵，征凶，无攸利。
　　《彖》曰：归妹，天地之大义也。天地不交，而万物不兴，归妹人之终始也。说以动，所归妹也。征凶，位不当也。无攸利，柔乘刚也。
　　《象》曰：泽上有雷，归妹；君子以永终知敝。

卦辞"征凶，无攸利"是因☳上☱下阴阳得配而离心，"天地不交，而万物不兴"。从内部互卦看，上互坎☵，下互离☲，阴阳正配向心相交，元亨，故称"归妹人之终始也"。

《彖辞》"说以动，所归妹也"，指☳男悦☱女，女☱悦男☳出嫁随男而归来也。

《彖辞》"征凶，位不当也"，内卦☱，六二阴位得阳爻，而九三阳位得阴爻；外卦☳，六四阴位得阳爻，而九五阳位得阴爻。位不当，要素层次上，处于无序状态，像一手捧绣球的姑娘，心神不定也。上☳中位阴爻驾驶下☱中位的阳爻，故"柔乘刚"，则"无攸利"也。

《象辞》"君子以永终知敝"。☳上互☵为核心，☵向下而来，为永，万物之所归也，下互☲为九宫之末，为终，故曰"永终"。☵为水为智，☲为日为分离，☳震之离，故余下"知"。☳为毁折为破旧，为敝，故曰"永终知敝"。谓少女☱出嫁，破身相许，永定终身，从此找到归属（组织），死心塌地、相夫教子、白头偕老而不渝也。如插图9—14所示。

归妹卦䷵，中心思想是通过组织制度将紊乱的要素当位有序化。归妹䷵问题是爻失位无序，从宏观层次考察，调整其上卦爻的位置，恢复六四和九五的阴阳爻，即变☱为☵，得节卦䷻。节䷻《象辞》曰："当位以节，中正以通，天地节，而四时成。节以制度，不伤财，不害民。"这清楚地表明，要素当位有序化是靠组织制度完成的。

组织是人们按照一定的目的、任务和形式编制起来的社会集团，组织不仅是社会的细胞、社会的基本单元，而且可以说是社会的基础。

制度一般指要求大家共同遵守的办事规程或行动准则，也指在一定历史条件下形成的法令、礼俗等规格规范。

组织制度系统运行调控就是要制定系统的法规条例和行为准则，定位法人和自然人的地位、活动空间、目的、任务和形式，促进经济社会结构优化及其变动的有序化。

（二）微观

模型第三层第七宫☶，是经济社会的微观组织制度系统，☶宫落☱，成损卦䷨。䷨上☶下☱，阴阳得配分之为厉。互卦上☷下☳，阴阳正配合之为元亨。见插图3—8。

（1）损䷨卦辞："有孚，元吉，元咎，可贞。"孚为诚信，有诚意减损自己去增益别人，则大吉大利，没有咎害，永保正固。人们经常犯的毛病是损人利己，久之微观组织必遭解体。故以诚信为基础，倡导毫不利己专门利人之德，是微观组织制度建设固本之道。

（2）《象辞》："利有攸往，曷之用？二簋可用享。"古代的祭享八簋为盛，四簋为中，二簋为简。说明微观组织人际交往，简朴为尊，礼轻人意重，如果人间交往礼重情薄，说明微观组织制度不正常。

（3）《象辞》："损益盈虚，与时偕行。"天地损盈益虚变化是自然规律。如月亮，十五日为月满，再向前就开始亏虚。时令，夏至昼长夜短，冬至则昼短夜长。微观组织制度系统调控，重在上下左右各行为主体的利益调节，盈满损之，亏虚益之，因时因地宜之。

（4）《象辞》："山下有泽，损。君子以惩忿窒欲。"山高泽深，泽越深山就显得越高。道德修养，减损身上缺点，像泽般低之又低；发场自身优点，像山样高之又高。惩忿窒欲，䷨，上卦☶为止为惩，下互☳震为忿同愤，上互☶为窒为控制，下卦☱兑悦为欲。微观组织要有严格的制度，惩恶扬善，廉洁自律，永葆青春。

九　基础设施领域运行调控

（一）宏观

模型第四层第八宫☷，是经济社会的基础设施领域，☷宫落☶，成谦卦䷎。☷上☶下，阴阳得配合之为元亨。见图3—4、图5—26、图5—27、图9—3。

（1）谦䷎上坤☷下艮☶，☷行地无疆，平☶山川沟壑，天险变通途。公路和铁路是基础设施建设的首要。

（2）谦䷎的☷与☶阴阳得配上下交通，上互☳与下互☵辟之乾为扩展。通信和水电煤气等是基础设施建设的重点。

（3）谦䷎之☷为财政收入，☷下行，交于☶固定资产。基础设施建设主要依靠国家财政预算支出。

（4）谦䷎上☷为市场，《象辞》"称物平施"通市场经济机制。基础设施建设允许非公有资本进入，要形成合理的多种经营经济结构。

（二）微观

模型第三层第八宫☶，是经济社会的微观基础设施领域，☶宫落☶，成艮卦䷳。☶上☶下，阴阳失配前行为之悔。互卦上☵下☳成解卦䷧，阴阳失配分之为利。

> 艮䷳，艮其背，不获其身，行其庭，不见其人，无咎。
>
> 《彖》曰：艮，止也。时止则止，时行则行，动静不失其时，其道光明。艮其止，止其所也。上下敌应，不相与也。是以不获其身，行其庭不见其人，无咎也。
>
> 《象》曰：兼山，艮；君子以思不出其位。

艮䷳，山山重叠，积累之象。☶为止，用于揆度时宜，当止则止，当行则行。因时因地制宜，《彖辞》曰"其道光明"。《象辞》："君子以思不出其位。"在其位谋其政，非分莫想也。定位准确，万物有序也。

基础设施建设要建立资本形成积累扩张的深化机制。资本不仅要加宽，并且须加厚。资本加宽，指投资增加，但资本有机构成（资本与劳动的比值）不变，唯资本数量扩张；资本加厚，为资本有机构成增长的投资增加。艮☶，两山叠加，表示资本投入保持连续增加，即资本替代劳动过程持续进行，如大型机械化施工代替群体手工作业。为此，需保持劳动力价格相对高于资本价格，即劳动力人力资本比物质资本还要稀缺，故廉价的资本替代昂贵的劳动力，这样就形成了资本积累不断深化机制。人力资本决定于教育、科技、医疗卫生、体育、文化等。交通和通信基础设施建设是重要，而教育、科技、医疗卫生、体育、文化等及其基础设施建设更重要。如插图9—15所示。

十　生产与计划领域运行调控

（一）宏观

模型第四层第九宫☲，是经济社会的生产与计划领域，☲宫落☲，成离卦☲。☲上☲下☲，阴阳失配前行为之悔。见插图5—1、图5—16、图5—17。

离☲，丽也。《序卦》讲☲的"丽"是附丽，通俗地讲就是"着落"，即附在上面。《象辞》"日月丽乎天，百谷草木丽乎土"，说明生产须有载体，这个载体就是土地和政局。土地及其制度是自然资源的载体；政局及其制度是社会资源的载体。只有这两个载体坚固了，生产才能稳定进行，故《卦辞》曰"利贞"，即利于正固。

《象辞》："重明以丽乎正，乃化成天下。"谓计划要符合规律。计划的使命在于其目标、战略、政策、程序、规则、方案和预算要"中正"，即计划须正确无误，这样才能亨通。

《象辞》"继明照于四方"，强调生产与计划的连续性。计划"明照于四方"与"化成天下"，在于计划是组织生存与发展的纲领，是组织协调的前提，是指挥实施的准则，是控制活动的依据。

（二）微观

模型第三层第九宫☲，是经济社会的生产与计划领域，☲宫落☲，成革卦☲。革☲从阴阳一般关系讲，上☱下☲，阴阳失配合之为之咎。互卦上☴下☴成姤卦☴，阴阳得配分之为厉。但从整个经济社会发展系统《易》考察，☲革占有重要的地位和作用，表现为元亨利贞。

☲☲ 革，己日乃孚。元亨，利贞，悔亡。

《彖》曰：革，水火相息，二女同居，其志不相得，曰革。己日
乃孚，革而信之。文明以说，大亨以正，革而当，其悔乃亡。天地革
而四时成，汤武六四，顺乎天而应乎人，革之时义大矣哉！

《象》曰：泽中有火，革；君子以治历明时。

☲☲ 革，下卦☲天干数为己，☲为日，故言"己日"。☲九五阳爻与六
二阴爻刚柔相济，对立统一，彼此信任，故有"孚"。革☲☲与蛊☲☲都讲变
革，但两者对事物的改进程度不同，蛊☲☲是改革，革☲☲是革命。古人认为
革命是"革除天命"，即"改朝换代"。一个朝代的建立都要接受天命，
称为"奉天承运"；一个朝代的灭亡，就是革除这种天命。改革不一定质
变，革命却是一种质变，是一次根本性的变革，或是一种重大的创新，事
物在新质上向前推进，故谓"元亨利贞"。改革创新，故言"悔亡"。《说
文》把革比喻为皮革，曰："革，兽皮治去其毛，革更之象。"也似新生
事物冲开束缚，破壳而出，茁壮成长。如插图9—16所示。

（1）☲☲，上卦兑☲为泽，泽是大水，下卦离☲为火，水火相遇，格
格不入，相互熄灭，故曰"革，水火相息"。古"息"同今"熄"。《说
文》："熄，畜火也。从火息声。亦曰灭火。"

"畜火"是保存火种，保存得好，火可再生息长。保存不好就会熄
灭。☲，是生产的极点，是再生产的起点。再生产的"火种"，就是生产
系统的十二个动力，反映到要素层次上，是要素产权明晰基础上的报酬合
理化。

（2）《彖辞》"己日乃孚，革而信之"，说明改革创新是一个渐进过
程。从"甲"开始，经"乙、丙、丁、戊"后，到"己"才能深入人
心，取信于众。为什么乙日、丙日、丁日、戊日不"孚"，一直等到己日
才"孚"呢？因为☲与☲"二女同居，其志不相得"，同性无生；而甲与
己相配，两者能成夫妻，生子有后也。《三命通会》曰："中央戊己土畏
东方甲乙木克。戊属阳为兄，己属阴为妹，戊兄遂将己妹嫁木家，与甲为
妻，故甲与己合。"甲己中正之合。

（3）☲☲，主爻九五中正，利于正固。上卦☲与上互☲阴阳得配相合
为元亨。《彖辞》"文明以说"，指下卦离为文明，上卦兑为喜悦。大变革

由暗乱变得文明，由怨恨变得喜悦，所以能"大亨以正"。改革创新可元亨利贞。

（4）《彖辞》"革而当，其悔乃亡"，是指革☲☱从大壮☳☰九二与六五调整而来。大壮☳☰五这个尊位被柔爻占据，二这个卑位由刚爻占据，该尊的不尊，该卑的不卑，位置不适当。变为革卦，尊位是九五，卑位是六二，位置经过变革而得当，所以忧悔消亡。说明生产是资源的优化配置。调换要素位置，调整资源配置结构是生产组织和计划的主要职责。

（5）《彖辞》"天地革而四时成"是讲天地之道。春天取代冬天，夏天又取代春天，秋天又取代夏天，冬天又取代秋天，不断变革才有一年四季，有四季才能成岁，所以大自然总是充满活力，生机勃勃，不停地向前发展，不然天地就会死寂。从社会现象讲也是如此，"汤武革命顺乎天而应乎人"，商汤王推翻了夏桀的统治，建立了商朝；周武王又推翻了商纣王的统治，建立了周朝。不断更代，这样才顺天道，应人心，生产力及经济社会这个机体才充满活力，生机勃勃，不断进步，不然社会就会僵化死寂。

（6）《彖辞》"革之时大矣哉"，无论生产活力，还是经济社会的活力，都是改革创新造成的，没有改革创新就会僵死，没有运动，也没有前进，也就没有时势可言，时势就是运动变化中的过程。

（7）《彖辞》"君子以治历明时"，从革☲☱可体悟出天地运动的规律，四季是相互取代，循环推演不断进化的过程。从它们的相互变革中观察天时的运动，把历法制定出来，察明天时运动的几微，颁告民众，让人们都按自然法则和经济规律组织生产，不断改革创新，促进经济社会持续稳定健康发展。

参考文献

中文参考文献

〔澳〕杰夫·刘易斯：《文化研究基础理论》，郭镇之等译，清华大学出版社 2013 年版。

〔德〕恩格斯：《自然辩证法》，人民出版社 1971 年版。

〔德〕费尔巴哈：《费尔巴哈哲学著作选集》（上、下卷），荣震华等译，商务印书馆 1984 年版。

〔德〕费尔巴哈：《基督教的本质》，荣震华译，商务印书馆 1984 年版。

〔德〕哈贝马斯：《公共领域的结构转型》，曹已东等译，学林出版社 2004 年版。

〔德〕哈贝马斯：《交往行动理论》（上、下卷），洪佩郁、蔺青译，重庆出版社 1994 年版。

〔德〕海德格尔：《海德格尔选集》（上、下卷），孙周兴编选，上海三联书店 1999 年版。

〔德〕海德格尔：《形而上学导论》，熊伟等译，商务印书馆 1996 年版。

〔德〕海森伯：《物理学和哲学》，范岱年译，商务印书馆 1981 年版。

〔德〕黑格尔：《精神现象学》（上卷），贺麟、王玖兴译，商务印书馆 1979 年版。

〔德〕黑格尔：《历史哲学》，王造时译，上海三联书店 1956 年版。

〔德〕黑格尔：《逻辑学》（上、下卷），杨一之译，商务印书馆 1966、1976 年版。

〔德〕黑格尔：《哲学史讲演录》，贺麟译，商务印书馆 1983 年版。

〔德〕开普勒：《世界的和谐》，张卜天译，北京大学出版社 2011 年版。

〔德〕康德：《实践理性批判》，韩水法译，商务印书馆 1999 年版。

〔德〕康德：《未来形而上学导论》，庞景仁译，商务印书馆 1978 年版。

［德］康德：《纯粹理性批判》，蓝公武译，商务印书馆 1960 年版。

［德］赖欣巴赫：《科学哲学的兴起》，伯尼译，商务印书馆 1991 年版。

［德］马克思、恩格斯：《费尔巴哈》，中央编译局译，人民出版社 1988 年版。

［德］马克思、恩格斯：《马克思恩格斯选集》（第 1—4 卷），中央编译局译，人民出版社 1995 年版。

［德］马克思：《1844 年经济学哲学手稿》，中央编译局译，人民出版社 1979 年版。

［德］马克思：《剩余价值理论》，中央编译局译，人民出版社 1975 年版。

［德］尼采：《权力意志·重估一切价值的尝试》，张念东等译，商务印书馆 1991 年版。

［德］文德尔班：《哲学史教程》（上、下卷），罗达仁译，商务印书馆 1989 年版。

［俄］鲁宾斯坦：《存在和意识》，赵璧如译，生活·读书·新知三联书店 1980 年版。

［俄］尼葛洛庞帝：《数字化生存》，胡泳、范海燕译，海南出版社 1997 年版。

［俄］普里高津：《从混沌到有序》，陈禹等译，上海译文出版社 1987 年版。

［俄］普罗诺沃斯特：《导论：从社会学和历史学的角度看时间》，《国际社会科学杂志》1987 年第 1 期。

［法］柏格森：《形而上学导论》，刘放桐译，商务印书馆 1963 年版。

［法］狄德罗：《狄德罗哲学选集》，江天骥、陈修斋、王太庆译，商务印书馆 1983 年版。

［法］列维—布留尔：《原始思维》，丁由译，商务印书馆 1981 年版。

［法］让·斯托策尔：《当代欧洲人的价值观念》，陆象淦译，社会科学文献出版社 1988 年版。

［法］萨特：《存在与虚无》，陈宣良等译，生活·读书·新知三联书店 1987 年版。

［法］萨特：《存在主义是一种人道主义》，《人道主义、人性论研究资料》（第三辑），商务印书馆 1965 年版。

［捷克］菲利佩茨：《社会与时间概念》，《国际社会科学》1987 年第 1 期。

［美］艾伦：《理解金融危机》，张健康译，中国人民大学出版社 2009
　　年版。

［美］爱因斯坦：《相对论原理——狭义相对论和广义相对论经典文集》，
　　许良英、范岱年译，科学出版社 1980 年版。

［美］保罗·萨缪尔森、威廉·诺德豪斯：《经济学》，萧琛等译，华夏出
　　版社 1999 年版。

［美］贝塔朗菲：《一般系统论》，林康义、魏宏森译，清华大学出版社
　　1987 年版。

［美］宾克莱：《理想的冲突》，马元德等译，商务印书馆 1983 年版。

［美］汉森：《发现的模式》，邢新力译，中国国际广播出版社 1988 年版。

［美］亨普尔：《自然科学的哲学》，陈维抗译，上海科学技术出版社 1986
　　年版。

［美］怀特：《分析的时代》，林任之译，商务印书馆 1981 年版。

［美］科林·里德：《金融危机经济学：如何避免下一次经济危机》，东方
　　出版社 2009 年版。

［美］里奇拉克：《发现自由意志与个人责任》，许泽民等译，贵州人民出
　　版社 1994 年版。

［美］露丝·本尼迪克特：《文化模式》，何锡章、黄欢译，华夏出版社
　　1987 年版。

［美］罗伯特·贝拉：《美国透视——个人主义的困境》，张来举译，社会
　　科学文献出版社 1992 年版。

［美］罗伯特·希勒：《终结次贷危机》，何正云译，中信出版社 2008
　　年版。

［美］迈克尔·巴尔：《中国软实力：谁在害怕中国》，中信出版社 2013
　　年版，第 7 页。

［美］梅里维尔：《美国的实用主义》，郭力军译，上海人民出版社 1958
　　年版。

［美］Martin A. Nowak：《进化动力学——探索生命的方程》，李镇清、王
　　世畅译，高等教育出版社 2010 年版。

［美］塞缪尔·亨廷顿：《文化的重要作用：价值观如何影响人类进步》，
　　新华出版社 2011 年版。

［美］泰勒·考恩：《创造性破坏：全球化与文化多样性》，王志毅译，上

海人民出版社 2006 年版。

[美] 汪翔：《危机与败局——金融风暴微观根源解密》，商务印书馆 2010 年版。

[美] 约瑟夫·克罗普西：《国体与经体》，上海人民出版社 2005 年版。

[美] 约瑟夫·E. 斯蒂格利茨等：《后危机时代的国际货币与金融体系改革》，江舒译，新华出版社 2011 年版。

[美] 约瑟夫·奈：《软实力》，马娟娟译，中信出版社 2013 年版。

[美] 詹姆士：《实用主义》，陈羽纶、孙瑞禾译，商务印书馆 1983 年版。

[墨西哥] 巴斯克斯：《实践的哲学》，白亚光译，黑龙江人民出版社 1987 年版。

[苏] 萨多夫斯基：《一般系统论原理》，贾泽林等译，人民出版社 1984 年版。

[英] 波普：《历史决定论的贫困》，杜汝楫、邱仁宗译，上海人民出版社 2009 年版。

[英] 吉姆·麦奎根：《文化研究方法论》，李朝阳译，北京大学出版社 2011 年版。

[英] 柯林武德：《历史的观念》，何兆武等译，中国社会科学出版社 1986 年版。

[英] 约翰·哈萨德：《劳动时间的质的范式》，《国际社会科学》1989 年第 4 期。

[丹麦] 玻尔：《原子物理学和人类知识》，郁韬译，商务印书馆 1964 年版。

[美] 玻姆：《现代物理学中的因果性与机遇》，秦克诚、洪定国译，商务印书馆 1965 年版。

[英] 布莱恩·斯诺登、霍华德·R. 文：《现代宏观经济学：起源、发展和现状》，佘江涛、魏威、张风雷译，江苏人民出版社 2009 年版。

[苏] 戈卢宾科：《必然和自由》，苍道来译，北京大学出版社 1984 年版。

[古希腊] 亚里士多德：《尼各马可伦理学》，廖申白译注，中国社会科学出版社 1990 年版。

[古希腊] 亚里士多德：《形而上学》，吴寿彭译，商务印书馆 1959 年版。

安虎森：《空间经济学原理》，经济科学出版社 2005 年版。

安虎森：《区域经济学通论》，经济科学出版社 2004 年版。

蔡方鹿：《朱熹经学与中国经学》，人民出版社 2004 年版。

蔡培元：《中国伦理学史》，上海古籍出版社1998年版。

蔡英田：《马克思主义真理观与当代中国实践》，安徽人民出版社2000年版。

车铭洲：《西欧中世纪哲学概论》，天津人民出版社1982年版。

陈谷嘉：《中国文明起源的特殊路径与中国古代民本思想》，《华夏文化》2013年第4期。

陈剑：《中华文化的基本精神》，《求是》2013年第11期。

陈筠泉：《马克思论科学在生产中的应用》，《光明日报》2001年7月17日。

陈凯：《论经济学理论体系融合创新》，《宁夏社会科学》2014年第5期。

陈凯：《科学发展观经济学范式生成解析》，《新型城镇化与河北科学发展》，经济科学出版社2014年版。

陈凯：《中国常平仓制度的传承与发展：评〈常平仓：美国制度中的中国思想〉》，《中国农村经济》2005年专刊。

陈凯、史红亮：《区域文化经济研究》，经济科学出版社2014年版。

陈凯、邓志峰：《二元经济论质疑》，《经济问题》1995年第12期。

陈守聪、王珍喜：《中国传统文化的价值与现代德育构建》，光明日报出版社2013年版。

陈太福：《经济哲学的沉思》，中国社会科学出版社2005年版。

陈先达：《历史唯物主义新探》，中国人民大学出版社1990年版。

陈晏清等：《现代唯物主义导引》，南开大学出版社1996年版。

陈征：《当代劳动的新特点》，《光明日报》2001年7月17日。

陈中立：《真理过程论》，中国社会科学出版社1984年版。

成中英：《易学本体论》，北京大学出版社2006年版。

程恩富：《政治经济学现代化的四个学术方向》，《学术月刊》2011年第7期。

程颢、程颐：《二程集》，中华书局2008年版。

程伟力、谭淞：《危机预测与转化研究》，经济管理出版社2011年版。

程扬：《中国社会和谐史鉴》，人民出版社2007年版。

楚成亚、徐艳玲：《传承·开放·超越：当代中国政治文化实证研究》，山东大学出版社2010年版。

单少杰：《主客体理论批判》，中国人民大学出版社1989年版。

丁立群：《交往，实践与人的全面发展》，《哲学研究》1992 年第 7 期。

丁忠毅、魏星：《孔子学院：中国国家软实力建设的有效平台》，《理论与改革》2011 年第 5 期。

董刚、赵宝虎、何灿：《文化软实力背景下的武术对外传播》，《运动》2009 年第 3 期。

董世峰：《近代哲学的价值学转向》，《学术研究》2002 年第 6 期。

都辉：《生产与生活：和谐世界的经济哲学》，海天出版社 2010 年版。

范伯格：《自由、权利和社会正义》，王守昌等译，贵州人民出版社 1998 年版。

范进等：《现代西方交往概念研究》，《哲学动态》1992 年第 6 期。

方先明：《金融危机解析：基于非线性经济学》，南京大学出版社 2010 年版。

房广顺：《马克思主义和谐世界建设论》，人民出版社 2011 年版。

冯海波：《上海世博的国家文化软实力透视》，《华北电力大学学报》（社会科学版）2011 年第 2 期。

冯友兰：《中国哲学史新编》（第 1—6 册），人民出版社 1982 年版。

冯志勇、李文杰等：《本体论工程及应用》，清华大学出版社 2007 年版。

盖坚科：《20 世纪末的合理性问题》，《哲学译丛》1992 年第 4 期。

高飞：《和谐世界与君子国家：关于国际体系与中国的思考》，世界知识出版社 2011 年版。

高峰强：《现代心理范式的困境与出路》，人民出版社 2000 年版。

高金萍、郭之恩：《孔子学院与公共外交》，《中国文化研究》2013 年第 4 期。

弓肇祥：《真理理论——对西方真理理论历史地批判地考察》，社会科学文献出版社 1999 年版。

管兵：《国家软实力、汉语热和孔子学院》，《武汉大学学报》（哲学社会科学版）2012 年第 3 期。

郭湛：《主体性哲学》，云南人民出版社 2002 年版。

韩经太等：《省鉴与传习：中国道德文化的传统与现实》，人民出版社 2013 年版。

韩美群：《和谐文化论》，中国社会科学出版社 2010 年版。

韩民青：《意识论》，广西人民出版社 1988 年版。

何建华：《分配正义论》，人民出版社 2007 年版。

何新：《何新论金融危机》，华龄出版社 2008 年版。

何新：《哲学思考》，时事出版社 2010 年版。

贺照田：《制约中国学术思想界的几个问题》，《开放时代》2002 年第
　1 期。

洪谦主编：《逻辑经验主义》（上卷），商务印书馆 1982 年版。

洪谦主编：《现代西方哲学论著选辑》，商务印书馆 1993 年版。

侯景新、尹卫红：《区域经济分析方法》，商务印书馆 2004 年版。

胡大平：《实践范畴的历史环境与历史唯物主义》，《南京大学学报》1999
　年第 3 期。

胡塞尔：《经验与判断》，邓晓芒等译，生活·读书·新知三联书店 1999
　年版。

胡塞尔：《欧洲科学危机和超验现象学》，张庆熊译，上海译文出版 1988
　年版。

花建：《中国软实力：全球化背景下的强国之道》，上海人民出版社 2013
　年版。

黄柑森：《哲学笔记与辩证法》，北京出版社 1984 年版。

黄楠森等：《马克思主义哲学史》，北京出版社 1989—1996 年版。

黄宗羲：《黄梨洲文集》，中华书局 1959 年版。

贾海涛：《试析文化软实力的概念和理论框架》，《岭南学刊》2008 年第
　2 期。

简新华：《发展经济学的最新发展：中国特色发展经济学》，《政治经济学
　评论》2011 年第 1 期。

简新华：《迈向现代化的中国经济发展丛书》，山东人民出版社 2009
　年版。

江畅、戴茂堂：《西方价值观念与中国》，湖北人民出版社 1997 年版。

江畅：《论价值观念》，《人文杂志》1998 年第 1 期。

江畅：《现代西方价值理论研究》，陕西师范大学出版社 1992 年版。

蒋东旭：《软权力与中国的文化安全探析》，《中国特色社会主义研究》
　2010 年第 5 期。

敬永和：《哲学基本概念的演变》，吉林人民出版社 1987 年版。

兰久富：《价值体系的两个核心价值观念》，《东岳论丛》2001 年第 1 期。

蓝爱国、马薇薇：《文化传承与文化消费》，北京大学出版社 2009 年版。

李安纲：《道德经》，中国社会出版社 2005 年版。

李安增：《马克思主义中国国化研究》，中央编译出版社 2009 年版。

李步楼等：《现代西方哲学中的真理观》，湖北教育出版社 1991 年版。

李超民：《常平仓：美国制度中的中国思想》，上海远东出版社 2002 年版。

李德顺：《价值论——一种主体性的研究》，中国人民大学出版社 1987
年版。

李德顺：《价值新论》，中国青年出版社 1993 年版。

李德顺：《价值学大词典》，中国人民大学出版社 1994 年版。

李德顺：《论信仰》，《前线》2000 年第 2 期。

李德顺：《马克思主义哲学范畴研究》，中国社会科学出版社 2010 年版。

李德顺：《实践的唯物主义与价值问题》，《南京社会科学》1996 年第
1 页。

李德顺：《真理与价值的统一是马克思主义的重要原则》，《中国社会科
学》1985 年第 6 期。

李芳凡等：《论作为唯物史观范畴的"交往"》，《江西大学学报》1991 年
第 3 期。

李峰：《阴阳五要奇书》，海南出版社 2006 年版。

李桂花：《自组织经济理论：和谐理性与循环累计增长》，上海社会科学
院出版社 2007 年版。

李京文：《知识经济：21 世纪的新经济形态》，社会科学文献出版社 1998
年版。

李景治：《中国和平发展与构建和谐世界研究》，中国人民大学出版社
2011 年版。

李俊峰：《能源与金融危机》，科学出版社 2010 年版。

李明华：《历史决定论的现代诠释》，广东人民出版社 1999 年版。

李申申、陈洪澜、孪荷蓉、王文礼：《传承的使命：中华优秀文化传统教
育问题研究》，人民出版社 2011 年版。

李晓灵、王晓梅：《软实力竞争浪潮下的中国电影国际竞争力体系及其因
素分析》，《北京社会科学》2009 年第 6 期。

李晓鹏：《大崩溃：正在降临的危机与金融风暴史》，北京邮电大学出版
社 2008 年版。

李智:《软实力的实现与中国对外传播战略》,《现代国际关系》2008 年第 7 期。

林夏水:《是辩证决定论还是非决定论?》,《哲学研究》2002 年第 7 期。

林晓平:《客家民间信仰与民俗文化》,中国社会科学出版社 2012 年版。

刘奔:《交往与文化》,《中国社会科学》1996 年第 2 期。

刘德定:《当代中国文化软实力研究》,人民出版社 2013 年版。

刘藩:《电影产业经济学》,文化艺术出版社 2010 年版。

刘放桐:《新编现代西方哲学》,人民出版社 2000 年版。

刘刚:《论交往在社会系统中的地位和作用》,《哲学研究》1991 年第 11 期。

刘浩铎:《和学:中国文化传承与开新》,九州出版社 2013 年版。

刘立群:《"本体论"译名辨正》,《哲学研究》1992 年第 12 期。

刘梦溪:《传统价值现代意义》,《光明日报》2011 年 10 月 31 日。

刘诗白:《论科技创新劳动》,《经济学家》2001 年第 3 期。

刘世锦:《中国文化遗产事业发展报告 (2008)》,社会科学文献出版社 2008 年版。

刘世锦:《中国文化遗产事业发展报告 (2009)》,社会科学文献出版社 2009 年版。

刘世锦:《中国文化遗产事业发展报告 (2010)》,社会科学文献出版社 2010 年版。

刘嗣水、刘森林:《现代价值观念的追求》,中国科学技术出版社 1995 年版。

刘文英:《中国哲学史》,南开大学出版社 2012 年版。

楼宇烈、黄匡时、冯佳等:《传统文化的误读与重建——楼宇烈教授专访》,《北京大学研究生学志》2010 年第 1 期。

卢德生:《民族文化传承中的社会教育运行机制研究》,中国社会科学出版社 2009 年版。

陆九渊:《陆九渊集》,中华书局 1980 年版。

栾文杰:《交往与市场》,社会科学文献出版社 2000 年版。

罗豪才:《弘扬中华优秀传统文化 增强民族认同感和凝聚力》,《中央社会主义学院学报》2007 年第 2 期。

罗建波、余意:《提升中国文化软实力的路径分析》,2008 年第 3 期。

罗石、白学龙:《跨区域价值观比较研究的特殊意义与方法》,《西安交通大学学报》(社会科学版)2001 年第 2 期。

罗素:《逻辑实证主义》,《外国哲学资料》(第七辑),商务印书馆 1984 年版。

罗素:《人类的知识》,张金言译,商务印书馆 1983 年版。

罗素:《西方哲学史》(上卷),何兆武、李约瑟译,商务印书馆 1982 年版。

罗素:《中国问题》,秦悦译,学林出版社 1996 年版。

罗志田:《近代中国史学十论》,复旦大学出版社 2003 年版。

洛克:《人类理解论》,关文运译,商务印书馆 1959 年版。

洛斯基:《意志自由》,董友译,生活·读书·新知三联书店 1992 年版。

马非白:《管子轻重篇新诠》(上下),中华书局 1979 年版。

马俊峰:《评估活动论》,中国人民大学出版社 1994 年版。

毛泽东:《毛泽东选集》(第 1—4 卷),人民出版社 1991 年版。

毛泽东:《毛泽东早期文稿》,湖南出版社 1995 年版。

牟宗三:《中国哲学十九讲》,吉林出版集团有限责任公司 2010 年版。

南怀瑾:《历史的经验》第三版,复旦大学出版社 2011 年版。

南怀瑾:《中国道教发展史略》,复旦大学出版社 2009 年版。

南怀瑾:《中国文化泛言》,复旦大学出版社 2011 年版。

尼采:《在世纪的转折点上》,上海人民出版社 1982 年版。

倪梁康:《自识与反思》,商务印书馆 2002 年版。

牛大勇等:《中华文化软实力:2011 年高山论坛文集》,红旗出版社 2011 年版,第 12 页。

牛顿:《自然哲学之数学原理》,郑太朴译,商务印书馆 1962 年版。

欧力同:《交往理论的演变:从近代到当代》,《上海社会科学院学术季刊》1995 年第 4 期。

庞学铨:《存在范畴探源》,上海三联书店 1994 年版。

庞元正:《决定论的历史命运——现代科学与辩证决定论的建构》,中共中央党校出版社 1996 年版。

庞卓恒:《唯物史观与历史科学》,高等教育出版社 1999 年版。

齐振海、袁贵仁:《哲学中的主体和客体问题》,中国人民大学出版社 1992 年版。

钱津：《国际金融危机对现代经济系的挑战》，经济科学出版社 2009 年版。

钱伟量：《"交往"与历史转折》，《江淮论坛》1996 年第 2 期。

乔安妮·马丁：《组织文化》，沈国华译，上海财经大学出版社 2005 年版。

秦立彦：《面对国家的个人——自由主义的社会政治哲学》，泰山出版社 1998 年版。

任平：《交往实践与主体际》，苏州大学出版社 1999 年版。

任平：《迈向 21 世纪的人类中心视界：交往实践观》，《江海学刊》1996 年第 2 期。

任仲文：《传承·开放·超越：文化自信十八讲》，人民日报出版社 2011 年版。

容中逵：《传统文化传承论：全球化时代中国教育的文化责任》，广西师范大学出版社 2011 年版。

商志晓：《论交往及其演进》，《理论学刊》1996 年第 2 期。

尚水编：《后现代主义文化与美学》，北京大学出版社 1992 年版。

邵雍：《皇极经世书》，中州古籍出版社 2007 年版。

邵雍：《邵雍集》，中华书局 2010 年版。

社会问题研究丛书编辑委员会：《文化安全与社会和谐》，知识产权出版社 2008 年版。

盛美娟：《中美宏观调控范式比较研究》，经济学科学出版社 2011 年版。

施皮格伯格：《现象学运动》，王炳文、张金言译，商务印书馆 1985 年版。

施忠连：《五缘文化：中华民族的软实力》，同济大学出版社 2013 年版。

石自强：《历次金融危机解密》，龙门书局 2011 年版。

叔本华：《作为意志和表象的世界》，石冲白译，商务印书馆 1999 年版。

舒明武：《中国"软实力"》，上海大学出版社 2010 年版。

宋建华：《中国文化知识精华》，中国戏剧出版社 2007 年版。

孙伯揆：《马克思的实践概念》，《马克思主义实践理论与邓小平理论的哲学基础》，南京大学出版社 1998 年版。

孙居涛、戴德铮：《当代世界经济、政治与文化》，武汉大学出版社 2010 年版。

孙寿山：《坚持改革创新以创业大发展推动文化软实力大提升》，张国祚：《2010中国文化软实力研究报告》，社会科学文献出版社2011年版。

孙伟平：《事实与价值》，中国社会科学出版社2000年版。

孙希旦：《礼记集解（全三册）》，中华书局1989年版。

孙显元：《论现代的规律观——或然决定论》，《社会科学战线》1988年第1期。

孙显元：《实践唯物主义视野中的物质》，《安徽大学学报》2001年第5期。

孙中山基金会、中国人民大学孔子研究院、中国孔子基金会：《从孔夫子到孙中山》，社会科学文献出版社2011年版。

唐光斌：《传统与现代的抉择：科学发展观对中国传统文化的继承与创新研究》，湖南人民出版社2009年版。

唐志君：《民族地区构建和谐社会路径研究》，民族出版社2007年版。

陶荣兵、刘红建、孙庆祝、徐小红：《北京奥运会对我国文化软实力的提升》，《首都体育学院学报》2009年第4期。

藤田昌久等：《空间经济学》，中国人民大学出版社2005年版。

佟德志：《比较政治文化导论：民主多样性的思考》，高等教育出版社2011年版。

童浩主编：《哲学范畴史》（上、下卷），河南人民出版社1987年版。

童天湘：《高科技与社会》，社会科学文献出版社2000年版。

汪大海、何立军等：《世界14次重大金融危机透视》，中国传媒大学出版社2011年版。

汪向东：《信息化：中国21世纪的选择》，社会科学文献出版社1998年版。

汪子嵩、王太庆：《关于"存在"和"是"》，《复旦学报》2000年第1期。

汪子嵩、王太庆编：《陈康：论希腊哲学》，商务印书馆1990年版。

王春法：《经济全球化背景下的科技竞争之路》，经济科学出版社2000年版。

王东、孙承叔：《价值和魅力的深刻源泉》，《教学与研究》1988年第1期。

王夫之：《老子衍庄子解》，中华书局2009年版。

王国斌：《转变的中国》，江苏人民出版社2008年版。

王洪军：《中古时期儒释道整合研究》，天津人民出版社 2009 年版。

王沪宁：《作为国家实力的文化：软权力》，《复旦学报》（社会科学版）1993 年第 3 期。

王路：《"是"之研究述评》，《哲学动态》1999 年第 6 期。

王秋石、丰羽：《全球金融危机：成因·对策·思考》，经济科学出版社 2010 年版。

王锐生：《真理、价值与实践》，《唯实》1999 年第 1 期。

王太庆：《我们怎样认识西方人的"是"》，《学人》（第四辑），江苏文艺出版社 1993 年版。

王玉恒：《析交往活动的多重关系》，《哲学研究》1993 年第 4 期。

王玉梁：《价值哲学新论》，陕西人民出版社 1994 年版。

文忠祥：《神圣的文化建构：土族民间信仰源流》，人民出版社 2012 年版。

乌丙安：《非物质文化遗产保护理论与方法》，文化艺术出版社 2010 年版。

吴笛：《经典传播与文化传承：世界文学经典与跨文化沟通国际学术研讨会论文集》，浙江大学出版社 2011 年版。

吴定求：《论原因、结果和必然性、偶然性的相互关系》，中国人民大学出版社 1988 年版。

吴国盛：《时间的观念》，中国社会科学出版社 1996 年版。

吴建国：《唯物辩证法对偶范畴论》，江苏人民出版社 1986 年版。

习近平：《全国宣传思想工作会议讲话》，《人民日报》2013 年 8 月 21 日。

习近平：《纪念孔子诞辰 2565 周年国际学术研讨会上的讲话》，《人民日报》2014 年 9 月 24 日。

夏保华：《技术创新哲学研究》，中国社会科学出版社 2004 年版。

夏思永：《民族传统体育文化传承与民族和谐社会建设关系研究》，西南师范大学出版社 2011 年版。

肖明、李培松：《现代科学意识论》，经济科学出版社 1993 年版。

肖前：《马克思主义哲学原理》，中国人民大学出版社 1994 年版。

肖前等：《实践唯物主义研究》，中国人民大学出版社 1996 年版。

肖帅：《论影视传媒的文化软实力》，《求索》2011 年第 1 期。

谢庆绵：《西方哲学范畴史》，江西人民出版社 1987 年版。

谢遐龄：《康德对本体论的扬弃》，湖南教育出版社 1987 年版。

休谟：《人性论》，关文运译，商务印书馆 1980 年版。

徐根初：《中华战略文化的传承与发展——首届中华战略文化论坛文集》，时事出版社 2008 年版。

徐显明等：《中国法制现代化的理论与实践》，经济科学出版社 2011 年版。

许斗斗：《拓宽知识经济研究的领域》，《哲学研究》1998 年第 6 期。

闫孟伟、杨谦：《马克思主义哲学物质观与现代自然科学》，《教学与研究》2001 年第 9 期。

阎学通、徐进：《中美软实力比较》，《现代国际关系》2008 年第 1 期。

杨伯峻：《论语注释》，中华书局 2006 年版。

杨淳伟：《中国"文化软实力"研究现状综述》，《中国文化研究》2011 年第 2 期。

杨承训：《中国特色社会主义经济学》，人民出版社 2009 年版。

杨耕：《物质、实践、世界：关于马克思主义哲学三个基本范畴的再思考》，《北京社会科学》2000 年第 3 期。

杨庆中：《周易经传研究》，商务印书馆 2005 年版。

杨适：《略说哲学史研究方法——读"陈康：论希腊哲学"》，《哲学研究》1991 年第 4 期。

杨学功：《场与有——中外哲学的比较与融通》，中国社会科学出版社 2002 年版。

杨学功：《决定论的哲学探讨》，《四川师范大学学报》1994 年第 9 期。

杨学功：《如何理解马克思的自然观》，《江汉论坛》2002 年第 10 期。

杨祖陶：《德国古典哲学的逻辑进程》，武汉大学出版社 1993 年版。

杨祖陶：《德国近代理性哲学和意志论的关系问题》，《哲学研究》1998 年第 3 期。

姚朝文、袁谨：《都市发展与非物质文化遗产传承》，北京大学出版社 2009 年版。

姚纪纲：《交往的世界》，人民出版社 2002 年版。

叶浩生：《现代心理学的困境与出路》，《国外社会科学》2002 年第 4 期。

衣俊卿、胡长栓：《马克思主义文化理论研究》，北京师范大学出版社 2012 年版。

衣俊卿：《文化哲学》，云南人民出版社 2005 年版。

衣俊卿：《现代化与日常生活批判》，黑龙江教育出版社 1994 年版。

衣俊卿：《现代性焦虑与文化批判》，黑龙江大学出版社 2007 年版。

于春松等：《文化传承与中国的未来》，江西人民出版社 2004 年版。

于桂芝：《和谐社会与马克思主义哲学中国化》，浙江大学出版社 2008 年版。

余原培：《马克思主义经济哲学及其当代意义》，复旦大学出版社 2010 年版。

俞吾金：《马克思物质观新探》，《俞吾金集》，学林出版社 1998 年版。

俞吾金：《寻找新的价值坐标》，复旦大学出版社 1995 年版。

俞吾金：《意识形态论》，上海人民出版社 1993 年版。

俞宣孟：《本体论研究》，上海人民出版社 1999 年版。

俞宣孟：《西方哲学中"是"的意义及其思想方式》，《中国社会科学》 2001 年第 1 期。

喻佑斌：《信念论》，学苑出版社 2002 年版。

袁贵仁：《价值学引论》，北京师范大学出版社 1991 年版。

曾国藩：《冰鉴》，中国画报出版社 2011 年版。

张岱年：《中国哲学大纲》，昆仑出版社 2010 年版。

张国祚：《2010 中国文化软实力研究报告》，社会科学文献出版社 2011 年版。

张华金主编：《自由论》，上海人民出版社 1990 年版。

张华夏：《决定论究竟是什么》，《中国社会科学》1993 年第 6 期。

张晖明、邓霆：《金融危机的马克思主义解读》，复旦大学出版社 2009 年版。

张立文：《宋明理学研究》，人民出版社 2002 年版。

张立文：《朱熹评估》，南京大学出版社 1998 年版。

张荔、罗春婵等：《金融危机救助：理论与经验》，中国金融出版社 2011 年版。

张明仓：《实践意志论》，广西人民出版社 2002 年版。

张岂之：《中国传统文化》，高等教育出版社 2010 年版。

张岂之：《中华优秀传统文化核心理念读本》，学习出版社 2012 年版。

张汝伦：《历史与实践》，上海人民出版社 1995 年版。

张生太：《企业核心能力的人力资本整合机制研究》，科学出版社 2006 年第 10 版。

张晓虎：《马克思主义哲学范畴研究：论价值观念的符号特征》，《探索》

1994 年第 5 期。

张效民、罗建波：《中国软实力的评估与发展路径》2008 年第 5 期。

张一兵：《马克思新唯物主义与哲学唯物主义的异质性》，《马克思主义研究》2000 年第 3 期。

张幼文：《金融危机后的世界经济：重大主题与发展趋势》，人民出版社 2011 年版。

张载：《张载集》，中华书局 1998 年版。

张志伟：《西方哲学史》，中国人民大学出版社 2010 年版。

赵敦华：《基督教哲学 1500 年》，人民出版社 1994 年版。

赵敦华：《西方哲学通史》（第一卷），北京大学出版社 1996 年版。

赵浩：《一本书读通金融史》，石油工业出版社 2011 年版。

赵红州：《大科学观》，人民出版社 1988 年版。

赵磊：《当前提升我国文化软实力面临的机遇和挑战》，《新远见》2008 年第 5 期。

郑涵：《中国的和文化意识》，学林出版社 2005 年版。

郑召利：《90 年代以来我国交往理论研究概述》，《哲学动态》1999 年第 4 期。

郑召利：《哈贝马斯的交往行为理论》，复旦大学出版社 2002 年版。

郑召利：《哈贝马斯和马克思交往范畴的意义域及其相互关联》，《教学与研究》2000 年第 8 期。

钟克钊：《价值观念十论》，南京出版社 1990 年版。

周大鸣、何星亮：《文化多样性与当代世界》，民族出版社 2008 年版。

周敦颐：《周敦颐文集》，中华书局 1990 年版。

朱葆伟等：《从现代科学的发展看决定论与选择论》，《光明日报》1987 年 3 月 16 日。

朱伯崑：《周易通释》，昆仑出版社 2004 年版。

朱德生、冒从虎等：《西方认识论史纲》，江苏人民出版社 1983 年版。

朱汉民、肖永明：《宋代〈四书〉学与理学》，中华书局 2009 年版。

朱熹：《四书章句集注》，中华书局 1983 年版。

朱熹：《朱熹全书》，上海古籍出版社、安徽教育出版社 2000 年版。

外文参考文献

Acemoglu, Daron, Simon Johnson, and James A. Robinson, 2001, "The Colonial Origins of Comparative Development: An Empirical Investigation", *American Economic Review*, 91 (5): 1369 – 1401.

Acemoglu, Daron, Simon Johnson, and James A. Robinson, 2002, "Reversal of Fortune: Geography and Development in the Making of the Modern World Income Distribution", *Quarterly Journal of Economics*, 117 (4): 1231 – 1294.

Acemoglu, Daron, Simon Johnson, James A. Robinson, and Pierre Yared 2004, "From Education to Democracy?", *Working Paper*, MIT.

Acemoglu, Daron and James A. Robinson, 2001, "A Theory of Political Transitions", *American Economic Review*, 91, No. 4, 938 – 963.

Acemoglu, Daron and James A. Robinson, 2002, "The Political Economy of the Kuznets Curve", *Review of Development Economics*, 6 (2): 183 – 203.

Aghion, Philippe, 1993, "Economic Reform in Eastern Europe: Can Theory Help?", *European Economic Review*, 37, 525 – 532.

Aghion, Philippe, Eve Caroli, and Cecilia Garcia-Penalosa, 1999, "Inequality and Economic Growth: the Perspective of the New Growth Theories".

Alan D. Schrift, *Twentieth-Century French Philosophy: Key Themes and Thinkers? Malden*, MA: Blackwell Publishing, 2006.

American Economic Review, Vol. 95, No. 3, pp. 817 – 830.

Andrew Cutrofello, *Continental Philosophy: A Contemporary Introduction*, New York and London: Routledge, 2005.

Anthony Kenny, A New History of Western Philosophy, Vol. IV, *Philosophy in the Mordern World*, Oxford: Clarendon Press, 2007.

Atkinson, A. B., and A. Brandolini, 2001, "Promise and Pitfalls in the Use of 'Secondary' Data-Sets: Income Inequality in OECD Countries as a Case Study", *Journal of Economic Literature*, 39, 3, 771 – 799.

Baicker K., 2005, "The Spillover Effects of State Spending", *Journal of Public Economics*, Vol. 89, 529 – 544.

Baily, F. G., 1971, "The Peasant View of Bad Life", in T. Shanin (ed.),

Peasants and Peasant Societies, Harmondsworth: Penguin Books.

Barro, Robert J. , 2000, "Inequality and Growth in a Panel of Countries", *Journal of Economic Growth*, 5, 1, 87 – 120.

Basu, Kaushik, 2001, "The Role of Social Norms and Law in Economics: An Essay on Political Economy", in Scott and Keates (eds.), *Schools of Thought*, Princeton University Press.

Benabou, R. , 1996, "Inequality and Growth", NBER Macroeconomics Annual, 11 – 76.

Ben-Ami Scharfstein, *The Philosophers: Their Lives and the Nature of Their Thought*, New York: Oxford University Press, 1980.

Benhabib, J. and A. Rustichini, 1996, "Social Conflict and Growth", *Journal of Economic Growth*, 1, 1, 129 – 146.

Benjamin, Dwayne, Loren Brandt and John Giles, 2006, "The Dynamics of Inequality and Growth in Rural China: Does Higher Inequality Impede Growth?", *IZA Discussiom Paper*, No. 2344.

Besley, T. and A. Case, 1995, "Incumbent Behavior: Vote-Seeking, Tax-Setting, and Yardstick Competition", *American Economic Review*, 85, 25 – 45.

Blanchard, Oliver and Andrei Shleifer, 2001, "Federalism with and without Political Centralization: China versus Russia", *IMF Staff Papers*, Vol. 48, 171 – 179.

Bourguignon, F. , M. Fournier and M. Gurgand, 1999, "Fast Development with a Stable Income Distribution: Taiwan, 1979 – 1994", *Serie des Document de Travaildu CREST*, No. 9921, INSEE, Paris.

Brandt, Laren and Xiaodong Zhu, 1998, "Soft Budget Constraints and Inflation Cycles: A Positive Model of the Macro Dynamics in China during Transition", Mimeo, University of Toronto, Oxford University Press.

Brian Duignan, *Modern Philosophy: From 1500 CE to the Present*, New York: Rosen Educational Publishing, 2010.

Brian Duignan, *The 100 Most Influential Philosophers of All Time*, New York: Britannica Educational Publishing, 2010.

Buchanan, J. M. , 1965, "An Economic Theory of Clubs", *Economica*, 31,

1 – 14.

Cai, Hongbin and Daniel Treisman, 2004, "Does Competition for Capital Discipline Governments? Decentralization, Globalization and Public Policy", University of Califrnia, Los Angeles.

Carter, Conlin A. , 1997, "The Urban-Rural Income Gap in China: Implications for Global Food Market", *American Journal of Agriculture Economics*, Vol. 79, pp. 1410 – 1418.

Chen, Aimin, 2002, "Urbanization and Disparities in China: Challenges of Growth and Development", *China Economic Review*, 13, 407 – 411.

Christina Howells, *The Cambridge Companion to Sartre*, London: Cambridge University Press, 2008.

Christine Daigle, *Existentialist Thinkers and Ethics*, Montreal, Quebec: McGill-Queen's University Press, 2006.

Christopher Hamilton, *Living Philosophy: Reflections on Life, Meaning and Morality*, Edinburgh: Edinburgh University Press, 2001.

Coase, R. H. , 1974, "The Lighthouse in Economics", *Journal of Law and Economics*, 17 (2), 357 – 376.

CSLS, 2003, "China's Productivity Performance and Its Impact on Poverty in the Transition Period", Centre for the Study of Living Standards Research Report 2003 – 07, Ottawa.

DeLa Croix, David and Matthias Doepke, 2004, "Inequality and Growth: Why Differential Fertility Matters", *American Economic Review*, 93, 4, 1091 – 1113.

Démurger, S. , Jeffrey D. Sachs, Wing T. Woo, Shuming Bao, Gene Chang and Andrew Mellinger, 2002, "Geography, Economic Policy and Regional Development in China", *Asian Economic Papers*, 1 (1): 146 – 197.

Djankov, Simeon, RafaelLa Porta, Florencio Lopez-de-Silanes and Andrei Shleifer, 2003, "The New Comparative Economics", *Journal of Comparative Economics*, 31 (4), 595 – 619.

Dominick Salcatore International Economics: Prentie-Hall Inyrtnsyional, Inc. , 1996.

Duddy, Thomas, *A History of Irish Thought*, London and New York: Taylor

& Francis Routledge, 2002.

Evidence for Rural China, *Journal of Development Studies*, 36, 82 – 99.

Fan, Shenggen, 2003, "Public Investment and Poverty Reduction, What Have We Learnt from India and China?", Paper Prepared for the ADBI Conference, "Infrastructure Investment for Poverty Reduction: What Do We Know?", Tokyo, June 12 – 13, 2003.

Fan, Shenggen, Linxiu Zhang, and Xiaobo Zhang, 2000, "Growth and Poverty in Rural China: The Role of Public Investments", EPTD Discussion Paper, No. 66, International Food Policy Research Institute, Environment and Production Technology Division.

Fan, Shenggen, Linxiu Zhang, and Xiaobo Zhang, 2002, "Growth, Inequality and Poverty in Rural China: The Role of Public Investments", Research Report 125, International Food Policy Research Institute, Washington D. C.

Fern Andez, Raquel and Richard Rogerson, 2001, "Sorting and Long-Run Inequality", *Quarterly Journal of Economics*, Nov., 1305 – 1339.

Fischer, Stanley and Alan Gelb, 1991, "The Process of Socialist Economic Transformation", *Journal of Economic Perspectives*, 5, 91 – 105.

Fishman, A. and A. Simhon, 2002, "The Division of Labor, Inequality and Growth", *Journal of Economic Growth*, 7, 117 – 136.

Forbes, Kristin J., 2000, "A Reassessment of the Relationship between Inequality and Growth", *American Economic Review*, 90, 4, 869 – 887.

Frederick Copleston, S. J., *A History of Philosophy: Volume IX: Modern Philosophy: From the French Revolution to Sartre, Camus, and Levi-Strauss*, New York and London: Image Books, 1994.

Frenze, C., 1996, "Income Mobility and Economic Opportunity", in E. Mansfield ed., *Leading Economic Controversies of 1996*, W. W. Norton & Company.

Fujita, M. and Dapeng Hu, 2001, "Regional Disperity in China 1985 – 1994: The Effects of Globalization and Economic Liberalization", *The Annals of Regional Science*, 35, 3 – 37.

Galor, Oded and Joseph Zeira, 1993, "Income Distribution and Macroeconomics", *Review of Economic Studies*, 60, 1, 24 – 52.

Galor, Oded and Omer Moav, 2006, "Das Human-Kapital: A Theory of the-Demise of the Class Structure", *Review of Economic Studies*, 73, 85 – 117.

Gao, T., 2003, "The Impact of Foreign Trade and Investment Reform on Industry Location: the Case of China", *Journal of International Trade and Economic Development*, 11: 367 – 386.

Glaeser, Edward L., Giacomo Ponzetto, and Andrei Shleifer, 2005, "Why Does Democracy Need Education?", *Working Paper*, Harvard University.

Glaeser, Edward L., RafaelLa Porta, Florencio Lopez-de-Silanes, and Andrei Shleifer, 2004, "Do Institutions Cause Growth?", NBER Working Paper 10568, http: //www. nber. org/papers/w10568.

H. J. Blackham, *Six Existentialist Thinkers*, London and New York: Routledge, 1952.

Hall, David L. and Roger T. Ames, 1999, *The Democracy of the Dead: Dewey, Confucius, and the Hope for Democracy in China*, Chicago and Lasalle: Open Court.

Hall, Robert E. and Charles I. Jones, 1999, "Why Do Some Countries Produceso Much More Output per Worker than Others?", *Quarterly Journal of Economics*, 114 (1): 83 – 116.

Hart, Oliver, Andrei Shleifer, and Robert W. Vishny, 1997, "The Proper-Scope of Government: Theory and an Application to Prisons", *Quarterly Journal of Economics*, Nov., 1127 – 1161.

Hoff, Karla And Joseph E. Stiglitz, 2004, "After the Big Bang? Obstaclesto the Emergence of the Rule of Law in Post-Communist Societies", *American Economic Review*, Vol. 94, 3, 753 – 762.

Hoxby, Caroline Minter, 1995, "Is There an Equity-Efficiency Trade-Offin School Finance? Tiebout and a Theory of the Local Public Goods Producer", NBER Working Paper 5265.

J. O. Urmson and Jonathan Rée, *The Concise Encyclopedia of Western Philosophy and Philosophers*, London and New York: Routledge, 1989.

Jalan, Jyotsna and Martin Ravallion, 1998, "Transient Poverty in Post-ReformRural China", *Journal of Comparative Economics*, 26, 338 – 357.

Jalan, Jyotsna and Martin Ravallion, 2000, "Is Transient Poverty Different? Evidence for Rural China", *Journal of Development Studies*, 36, 82 – 99.

Jin, H. , Y. Qian, and B. Weignast, 2005, "Regional Decentralizationand Fiscal Incentives: Federalism, Chinese Style", *Journal of Public Economics*, Vol. 89, 1719 – 1742.

Joan A. Price, *Understanding Philosophy: Contemporary Thought*, New York: Chelsea House, 2008.

John W. Cook, *Morality and Cultural Differences*, Oxford: Oxford University Press, 1999.

Jonathan Webber, *The Existentialism of Jean-Paul Sartre*, New York and London: Routledge, 2009.

Joseph S. N. , *Soft Power: The Means to Success in World Politics*, New York: New York Public Affairs, 2004: 11 – 15.

Joseph S. N. , Soft Power, *Foreign Policy*, 1990, 80: 153 – 171.

Joseph S. N. , *The Paradox of American Power: Why the World's Only Superpower Can't Go it Alone*, London: Oxford University Press, 2002: 5 – 11.

Joseph S. N. , The Future of Power, *Public Affairs*, 2011: 45 – 56.

Joseph S. N. , *The Powers to Lead*, London: Oxford University Press, 2008: 20 – 23.

Jurare Morkuniene, *Social Philosophy: Paradigm of Contemporary Thinking*, Washington: The Council for Research in Values and Philosophy, 2004.

Kanbur, Ravi and Xiaobo, Zhang, 2005, "Fifty Years of Regional Inequalityin China: A Journey through Central Planning, Reform and Openness", *Review of Development Economics*, 9, 87 – 106.

Kanbur, Ravi and Xiaobo Zhang, 1999, "Which Regional Inequality? The Evolution of Rural-Urban and Inland-Coastal Inequality in China from 1983 to 1995", *Journal of Comparative Economics*, 27, 686 – 701.

Kerm, P. V. , 2004, "What Lies Behind Income Mobility? Reranking and Distributional Change in Belgium, Western Germany and the USA", *Economica*, 71, 223 – 239.

Khan, Azizur R. and Carl Riskin, 1998, "Income Inequality in China: Composition, Distribution and Growth of Household Income, 1988 – 1995",

China Quarterly, June, 221 – 253.

Khor, Niny and John Pencavel, 2005, "Income Disparities and Income Mobil-ityin China", Paper presented at the conference on "China's Policy Re-forms: Progressand Challenges", Stanford Center for International Develop-ment, 9 September – 1October.

Kim, Tschangho John and Gerrit Knaap, 2001, "The Spatial Dispersion of E-conomic Activities and Development Trends in China: 1952 – 1985", *Ann Reg Sci*, 35: 39 – 57.

Klemperer, 1998, "Auctions with Almost Common Values: The 'Wallet Game' and Its Applications", *European Economic Review*, 42, 757 – 769.

Knight, John and Lina Song, 1993, "The Spatial Contribution to Income Ine-quality in Rural China", *Cambridge Journal of Economics*, Vol. 17, pp. 195 – 213.

Laura Duhan Kaplan, *Philosophy and Everyday Life*, New York and London: Seven Bridges Press, LLC, 2001.

Li Xin, Verner Worm, Building China's Soft Power for a Peaceful Rise, *Jour-nal of Chinese Political Science*, 2011, 16: 69 – 78.

Mark Poster, *Existential Marxism in Postwar France: From Sartre to Althusser*, Princeton, New Jersey: Princeton University Press, 1975.

Melanie Williams, *Empty Justice: One Hundred Years of Law*, *Literature and Philosophy*, London and Sydney: Cavendish Publishing Limited, 2002.

Philip Stokes, *Philosophy 100 Essential Thinkers*, New York: Lion Books, 2006.

Ramound Firth, *Elements of Social Organization*, London: Tavistock Publisca-tions, 1951.

Richard Kearney, *Twentieth-Century Continental Philosophy*, London and New York: Routledge, 1994.

Robert C. Solomon, *Continental Philosophy since 1750: The Rise and Fall of the Self (A History of Western Philosophy 7)*, Oxford and New York: Oxford University Press, 1988.

Robert C. Solomon, *Existentialism*, Random House, Inc. , 1974.

Robert C. Solomon, *Thinking about Feelings: Contemporary Philosophers on E-*

motions, Oxford: Oxford University, 2004.

Robert C. , David Sherman, *The Blackwell Guide to Continental Philosophy*, Oxford: Blackwell Publishing, 2003.

Robert D'Amico, *Contemporary Continental Philosophy*, Oxford: Westview Press, 1999.

Robert S. Pindyck Daniel L. , *Rubinfeld Microeconomics: Prentie-Hall Inyrtnsyional*, Inc. , 1996.

Simon Critchley, *Continental Philosophy: A Very Short Introduction*, Oxford: Oxford University Press, 2001.

Steven Earnshaw, *Existentialism: A Guide for the Perplexed*, Shanghai: Shanghai Foreign Language Education Press, 2009.

Ted Honderich, *The Philosophers: Introducing Great Western Thinkers*, Oxford: Oxford University Press, 1999.

Thomas R. Flynn, *Existentialism: A Very Short Introduction*, London: Oxford University Press, 2006.

Walter Kaufmann, *Existentialism: From Dostoevsky to Sartre*, New York: Meridian Books, Inc. , 1956.

Warburton Nigel, *Philosophy: The Classics, 3RD ED*, London and New York: Routledge, 2006.

Wilfrid Desan, *The Marxism of Jean-Paul Sartre*, New York: Doubleday & Company, Inc. , 1996.

Zaine Ridling, *Philosophy Then and Now: A Look Back at 26 Centuries of Ideas That Have Shaped Our Thinking*, Access Foundation, 2001.